Rosemarie Schuder

Der »Fremdling aus dem Osten«

Rosemarie Schuder

Der »Fremdling aus dem Osten«
Eduard Lasker – Jude, Liberaler, Gegenspieler Bismarcks

 verlag für berlin-brandenburg

Satz und Gestaltung: Moritz Reininghaus, Berlin

Covergestaltung und Bildbearbeitung: Margarita Krasnovskaja, Berlin, unter Verwendung des Faksimiles einer Einladung des Grafen von Bismarck-Schönhausen an den Abgeordneten zum Reichstag des Norddeutschen Bundes Eduard Lasker vom 20. April 1869, Bildarchiv Preußischer Kulturbesitz.

Gesetzt aus der Minion Pro.

Druck: Mercedes Druck GmbH, Berlin

ISBN: 978-3-86650-780-7

1. Auflage 2008
© Verlag für Berlin-Brandenburg GmbH
Stresemannstraße 30, D – 10963 Berlin

www.verlagberlinbrandenburg.de

»Bespricht man in unseren Tagen die Judenfrage in Deutschland, so kann man an dem Namen Lasker nicht schweigend vorübergehen, sowenig man auch von den Lebenden mit gleicher Rückhaltlosigkeit wie von den Toten zu reden Lust hat. Es war vorauszusehen, dass die stille Verwunderung über die führende Stellung, welche ein Jude im neuen deutschen Parlamentarismus einnahm, früher oder später laut werden und ihren Rückschlag haben musste, wie es jetzt geschehen ist. Aber nur die größte Oberflächlichkeit kann verkennen, dass ein Mann nicht diese Rolle in der freien Kunst der Politik so lange behaupten kann, ohne die herrschenden Züge aus dem Geist der Nation in sich aufgenommen zu haben.

Man könnte die Philosophie der Geschichte von Lasker's Laufbahn nicht schreiben, ohne sich an die Philosophie der jüngsten deutschen Geschichte zu machen. In den Grundzügen seines Charakters ist er das Gegenstück zu Heine. Dort das maliziöse und frivole genießende Weltkind, hier der von etwas unweltlichem Optimismus angehauchte, ernste, in der Askese stehende Idealist.

Als es dem großen Realisten Bismarck gelungen war, die deutsche Politik aus der Welt deutscher Abstraktion auf den konkreten Boden der Macht zu stellen, zog er den idealistischen Drang der Nation nach großer Gestaltung und großen gesetzgeberischen Zielen in die Dienste seines gewaltigen Beginnens. Das war die Blütezeit Lasker's, der mit den glänzendsten Waffen jüdischer Dialektik für den deutschen Idealismus eintrat und sich wegen dieser seiner, dem Realismus geleisteten Heerfolge mit dem abstrakten berliner Radicalismus entzweite.

Aber im Verlauf der Dinge schieden sich die beiden Elemente wieder voneinander, und die fortentwickelte Realpolitik des Kanzlers kehrte sich gegen seinen idealistischen Bundesgenossen, in welchem er die aus dieser Auseinandersetzung sich absondernde Fülle ›sittlicher Entrüstung‹ als eine auf allen seinen Wegen ihm entgegen sprudelnde Quelle unleidlicher Behinderung bekämpfen zu müssen glaubte. Natürlich siegte der Realist.«

Ludwig Bamberger
Deutschthum und Judenthum
In: *Unsere Zeit*, Februar 1880, Heft 2

Inhalt

Geleitwort

In der Geschichte der Neuen Synagoge kam es höchst selten vor, dass ein Verstorbener dort aufgebahrt worden ist. Von sehr wenigen ist mir dies bekannt, ja ich kann sie sicher an einer Hand abzählen.

Als wir zur Wiedereinweihung der Neuen Synagoge im Mai 1995 einen umfangreichen Begleitband vorlegten, wurde wohl kein einziger derartiger Fall erwähnt, mindestens ist mir keiner erinnerlich. Erst mit anhaltender Beschäftigung mit der Geschichte dieses Gotteshauses habe ich gelernt, dass dies in der Neuen Synagoge vorkam. Eduard Lasker hat diese Ehrung erfahren.

Am 24. Januar 1884 traf der Leichnam des am 5. des Monats in New York verstorbenen jüdischen Parlamentariers an Bord der *Neckar* in Bremerhaven, begleitet von seinem jüngeren Bruder, ein. Von dort wurde der Sarg mit dem Zug nach Berlin gebracht; hier wiederum kam er am 26. Januar um zwölf Uhr mittags auf dem Lehrter Bahnhof an. Ein *Who's who* Berlins, jüdische wie nichtjüdische Prominenz gleichermaßen, hatte sich auf dem Bahnhof eingefunden. Die Trauernden, »denen berittene Schutzleute den freien Raum schafften«, bewegten sich zur Synagoge in der Oranienburger Straße. Dort wurde »der Sarg unter reichem Blumenschmuck im Repräsentantensaal niedergesetzt« und an den folgenden Tagen »von zwei Wächtern bewacht«.

Ausführlich schildert die *Allgemeine Zeitung des Judentums* – und auch andere Zeitungen – die Feier, die am 28. Januar stattfand. »Das Ganze gehörte zu den imposantesten Trauerveranstaltungen, welche Berlin jemals für Angehörige bürgerlichen Standes gesehen hat. Wohl hunderttausend Menschen sammelten sich seit den Morgenstunden in den die Synagoge umgebenden Straßen ... in dem großartigen Leichenzuge.«

»Die Synagoge bot einen erhebenden Anblick, das Allerheiligste war schwarz drapiert, die Stufen, welche hinaufführen, mit schwarzen Teppichen belegt, schwere Vorhänge aus schwarzem Sammt mit Silberstickerei hingen von den Thüren herab. Altar und Kanzel waren mit weißen Damastdecken geschmückt; zu beiden Seiten der Stufen erhoben sich brennende Kandelaber. Vor dem Altar hatte man eine hohe Empore errichtet, darauf stand, von Blumen, Palmenzweigen und Kränzen überdeckt, der Sarg.« Unter den zahlreichen Reden sei die »geistig durchdachte wie zum Herzen sprechende Gedächtnisrede« von Rabbiner Pincus Fritz Frankl erwähnt, die in der Presse besondere Beachtung fand. »Laskers Leben und Wirken sei«, so führte der Redner aus, »ein lebendiger Beweis dafür, wie sich Judenthum, Vaterlandsliebe und Menschenthum in heiligem Dreiklang zu

9

wohlgefügter Harmonie zu einigen und zu verschmelzen vermöchten.« Mag die Zahl von 100 000 Menschen, die sich an der Neuen Synagoge versammelt haben, übertrieben sein; aufgrund verschiedener Berichte kann man aber davon ausgehen, dass zwischen 5 000 und 6 000 Menschen dem Sarg zum Friedhof in der Schönhauser Allee folgten; »ein Conduct, ebenso überwältigend durch die Feierlichkeit und Würde der Arrangements, wie durch die Wucht der sich betheiliegenden Masse«. So berichtete die orthodoxe Zeitung *Der Israelit*.

Am Abend fand in der Berliner Singakademie die offizielle Gedenkfeier statt. Nach einer Rede von Ludwig Bamberger, des einstigen Mitstreiters und hochgelobten Orators, erklärte der Parlamentarier Albert Hänel, dass er »nach dieser Rede nichts mehr zu sagen hätte«. Wann ist so etwas jemals geschehen? Hier wird auch gegenüber dem Verstorbenen eine Verehrung deutlich, wie man es selten erlebt.

Wem nun galt diese; wer war Eduard Lasker?

Die vornehmlich historisch orientierte Schriftstellerin Rosemarie Schuder hat sich gründlich mit Leben und Wirken des talentierten Parlamentariers und mutigen Publizisten beschäftigt. Sie beschreibt in ihrer Spurensuche nach Eduard Lasker die Entwicklung des »Fremdlings aus dem Osten«, als der er von den konservativen politischen Gegnern immer wieder bezichtigt und geschmäht wurde. Es handelt sich bei diesem Buch nicht um eine üblich erzählte Biographie. Die Autorin hebt vielmehr die Schwerpunkte des parlamentarischen und publizistischen Einsatzes Eduard Laskers hervor: sein Ringen um die Abschaffung der Todesstrafe, seinen Beitrag zur Reichseinigung 1871, Beratungen über das Jesuitengesetz 1872, Debatten um die Korruption bei der Eisenbahnprivatisierung (Gründungsschwindel) 1877, Bildungsdebatten 1878, die Beratungen über das »Sozialistengesetz« 1878 und dessen Annahme – nach Zögern und mit Widerwillen auch mit der Stimme Eduard Laskers –, Beratungen des ersten Krankenversicherungsgesetzes in Deutschland. In all diesen für Lasker aufreibenden Auseinandersetzungen sind deutliche Anzeichen der ambivalenten Haltung Bismarcks gegenüber seinem »Gegenspieler«, dem Juden Eduard Lasker, auszumachen.

Schön, dass dieses Buch nun vorliegt! Ich persönlich freue mich darüber, dass die Autorin damit in gewisser Weise auch an das gemeinsam mit ihrem Mann, dem unvergessenen Rudolf Hirsch, verfasste Standardwerk *Der gelbe Fleck – Wurzeln und Wirkungen des Judenhasses in der deutschen Geschichte*, erstmals Berlin (Ost) 1987, anknüpft.

Hermann Simon
Direktor der Stiftung Neue Synagoge Berlin – Centrum Judaicum

Der »Fremdling aus dem Osten«

Am 13. März 1884 geschah etwas Gespenstisches in Berlin. Ein Totengericht im Reichstag. Ein Mann, der seit achtundsechzig Tagen nicht mehr unter den Lebenden weilte, wurde dort in aller Öffentlichkeit vor den Abgeordneten und ausgewählten Zuhörern und Vertretern der Presse verurteilt.

Eduard Lasker. Reichstagsabgeordneter.

Der Rechtsanwalt und Politiker war am 5. Januar 1884 auf einer Reise durch die USA in New York verstorben. Jetzt, an diesem 13. Tag im März, hatte der Reichskanzler Fürst Otto von Bismarck für die endgültige Abrechnung mit seinem Gegenspieler die Tribüne des Hohen Hauses gewählt.

Bei den Zuhörern saß Baronin Hildegard von Spitzemberg, die enge Vertraute Bismarcks. Sie gehörte zu den Eingeweihten und wusste, heute wird der erst vor kurzem aus Friedrichsruh nach Berlin zurückgekehrte Fürst den »Fall Lasker« aufgreifen. Vor etwa einem Monat hatte die Baronin den Kanzler dort besucht. Das Anwesen war ein Geschenk Kaiser Wilhelms I. nach dem Sieg über Frankreich im Jahre 1871. Auch hier in Friedrichsruh ging Frau von Spitzemberg, die Tochter des Freiherrn und Rittergutsbesitzers Friedrich Gottlob Karl von Varnbüler, ihrer Leidenschaft nach, aufzuschreiben, was ihr von Belang schien. Ihre Aufzeichnungen reichten zurück in die Tage vor ihrer Heirat mit dem Diplomaten Carl von Spitzemberg am 18. September 1864. Als ihr Mann nach sechzehn Ehejahren starb, hatte sie sich nicht aus dem gesellschaftlichen Leben zurückgezogen. Und sie schrieb weiter und weiter.

So hatte sie am 15. Februar 1884 in ihr Tagebuch eintragen, bei ihrer Begegnung in Friedrichsruh habe sie den Fürsten »wohl und munter« im Gespräch erlebt. »Dann erzählte er mit sichtlichem Behagen, wie er die Adresse des amerikanischen Kongresses wegen Laskers Tod, die er dem Reichstag übermitteln sollte, zurückgeschickt.« Er habe ihr erklärt, allein der Gedanke, dem Kaiser ein Verlesen des Beileidsschreibens im Reichstag zu empfehlen, käme einem Verstoß gegen seine eigene Überzeugung gleich, »da er nach seiner dreißigjährigen Erfahrung Lasker nicht für einen so großen Mann und Wohltäter des deutschen Volkes halten könne.«

Das von Bismarck verworfene Dokument lautete in der Übersetzung: »Das Haus der Repräsentanten hat mit tiefem Bedauern von dem Tode des hervorragenden deutschen Staatsmannes Eduard Lasker gehört. Sein Verlust wird nicht allein von dem Volke seiner Heimat betrauert, wo seine feste und standhafte Vertretung von und seine Hingebung an freisinnige und liberale Ideen wesentlich die sozialen, politischen und wirtschaftlichen Verhältnisse dieses Volkes gefördert hat, sondern von den Freunden der Freiheit in der ganzen Welt.

Eine Abschrift dieses Beschlusses soll der Familie des Verstorbenen übersandt werden, ebenso dem in der Hauptstadt des Deutschen Reichs residierenden Gesandten der Vereinigten Staaten, um von diesem auf dem gesetzlichen Wege dem Präsidenten des gesetzgebenden Körpers mitgeteilt zu werden, dessen Mitglied er war.«

Es gab an diesem 13. März im Reichstag keinerlei Einwände, selbstverständlich auch nicht vom Präsidenten Albert Erdmann Karl Gerhard von Levetzow, als der Fürst vor dem Eintritt in die Tagesordnung sich das Wort nahm. So wollte es der Brauch, so war es jeder Abgeordnete gewohnt, stets hatte das Hohe Haus dem Reichskanzler Respekt entgegenzubringen. Und sollte er während der Ausführungen eines Abgeordneten unvermittelt den Sitzungssaal betreten, hatte der Redner zu schweigen, dann hieß es: »Das Haus erhebt sich.«

Der Fürst begann seine Rede mit einer gewissen Feierlichkeit vor sich selbst und seinem Amt: »Ich halte es für meine Pflicht, bei meinem ersten Erscheinen in diesem Hause, dem Reichstag die Gründe darzulegen, welche mich abgehalten haben, eine Mitteilung, die mir für den Reichstag von seiten des hiesigen Gesandten der Vereinigten Staaten zugegangen war, an Ihre Adresse gelangen zu lassen.« Bismarck berief sich auf seine Verbundenheit mit Amerika, schließlich habe er dieses preußische Erbteil aus der Zeit Friedrichs des Großen übernommen, »und seitdem ich an der Spitze der Auswärtigen Angelegenheiten von Preußen und Deutschland stehe, bin ich unausgesetzt bemüht gewesen, diese Beziehungen zu pflegen.« So konnte nach seinem Dafürhalten das gegenseitige Vertrauen von Land zu Land wachsen. Seine ablehnende Haltung gegen die Beileidsbekundung des amerikanischen Repräsentantenhauses erklärte er mit einem Hinweis auf einen geheimnisvollen »Jemand, der die Verhältnisse nicht näher kannte«. Der Fürst hatte in dem Schreiben einen für ihn unerträglichen Satz entdeckt, nun meinte er, gerade die hier benutzte Formulierung müsse dieser »Jemand« als »berechneten und beabsichtigten Stich auf die Regierungspolitik, die deutsche, ansehen«. Stets habe er als Kanzler getreu den kaiserlichen Anordnungen politisch gehandelt, dabei sei er jahrelang von Lasker bekämpft worden. Er betonte: »Hatte Lasker Recht, hat seine Politik wirklich für Deutschland den Nutzen gestiftet, der ihm in jenen Worten beigelegt wurde, dann hatte die Politik des Kaisers und die meinige Unrecht, denn ich hatte von Lasker nicht Förderung meiner Politik, sondern Opposition von Anfang an gefunden.«

Noch hielt der Kanzler den Satz, der sein Missfallen hervorgerufen hatte, zurück. Er wollte sich auch nicht auf vergangene Gemeinsamkeiten mit Eduard Lasker im Bestreben um die Einheit Deutschlands einlassen: »Ich habe nur die Gegenwart ins Auge zu fassen, und da mache ich darauf aufmerksam, dass der Abgeordnete Lasker Mitglied derjenigen Fraktion [Nationalliberale Partei] war, deren Existenzunterlage, so lange sie selbständig vorhanden war, nur die gemeinsame Abneigung gegen mich und die von mir vertretene kaiserliche Politik war.« Er hatte noch längst nicht das Ende seiner vorbereiteten Rede erreicht, als er sagte, er könne es den Amerikanern nicht übelnehmen, dass sie diese Beileidsadresse auf den Weg zu ihm brachten: »Sie haben es eben nicht gewusst, wer und was Herr Lasker war.«

Wer und was war Herr Lasker? Als habe die *Staatsbürger-Zeitung* eine solche Kanzlerfrage vorausgeahnt, hieß es dort bereits am 4. Oktober 1876: »Herr Lasker ist in der Tat ein Nationalunglück.« Das Blatt beurteilte sein politisches Wirken, wie er nach dem Krieg mit Frankreich 1870/71 den Gründungsschwindel aufdeckte und in diesem Zusammenhang auch Beweise brachte, wie durch Drahtzieher im Handelsministerium Konzessionen zum Privatisieren der staatlichen Eisenbahnen nach Gunst oder Ungunst verteilt wurden: »Kommt da der Mann aus dem Osten, Herr Eduard Lasker, und hält uns lange, lange Monologe darüber, dass er noch nie silberne Löffel gestohlen und Prospekte gefälscht, dass er noch nie Halsabschneiderei und Agiotage [das Börsenspiel mit Aktien] getrieben habe, und wir dummen, ehrlichen Germanen fallen vor dem Fremdling aus dem Osten in die Knie und beteten ihn an wie den Messias des neunzehnten Jahrhunderts.«

Der »Fremdling aus dem Osten« kam aus der Kreisstadt Jaroczyn, im preußischen Regierungsbezirk Posen. Dort, wo die Einwohner in einer katholischen Kirche und in einem protestantischen Gotteshaus und in einer Synagoge zu ihrem Gott riefen, erblickte er am 14. Oktober 1829 das Licht der Welt. Sein Vater Daniel Lasker gehörte als Besitzer einer Nägelfabrik und Teilhaber an einer Glaswarenfabrik, auch an einer Pottaschesiederei, zu den angesehenen Mitgliedern der jüdischen Gemeinde. Seine Mutter Rebekka hatte sieben Kindern das Leben geschenkt. Viele, die bei ihr Rat suchten, verehrten sie und nannten sie vertrauensvoll die kluge Riwke. Nach der überlieferten Tradition lernten die Söhne im Hause von Daniel Lasker schon in frühester Kindheit lesen und schreiben. Ein Hauslehrer war mit der Erziehung beauftragt: Dr. Löwenthal.

Und wie es manchmal so zugeht im Leben, auch wenn der Vater versichert, er ziehe keines seiner Kinder vor; eines, das ihm besonders ans Herz gewachsen ist, liebt er ja doch mehr als die anderen. So geschah es dann auch 1836 in Jaroczyn, dass Daniel Lasker seinen Sohn Isaak, den Zweitgeborenen, zu sich rief. Ein besonderer Gast war gekommen, und der Vater wollte gerade mit diesem Kind Ehre einlegen. Der Kleine schaute aus seinen dunklen, fast schwarzen Augen neugierig zu dem Besucher, dem beliebten Rabbiner Akiba Eger aus Posen. Von der Mutter hatte Isaak gelernt, seine Augen vor einem Gegenüberstehenden nicht niederzuschlagen. Es hieß sogar, im Wesen sei er ihr gleich, auch er habe wie sie »großen Verstand und heftiges Auffahren«.

Doch in diesem Augenblick sprach aus seinem Benehmen Bescheidenheit, zu überwältigend war die Aufmerksamkeit, die der ehrwürdige fünfundsiebzigjährige Gelehrte ihm schenkte. Der Ruhm von Rabbiner Eger ging weit hinaus über die Grenzen der heimatlichen Provinz. Wunderheilungen wurden ihm nachgesagt. Die jüdischen Gemeinden in Hamburg und in Berlin wandten sich in strittigen Fragen der Religionsausübung an ihn. Seine Unterweisungen in der Tradition des jüdischen Glaubens waren für seine zahlreichen Schüler unentbehrlich. Oft konnte er mit Lebensregeln, wie er sie aus dem Talmud schöpfte, im Alltag helfend eingreifen. Toleranz und Fürsorge kennzeichneten sein Verhalten. Respektvoll wurde er sogar von vielen Christen als »Papst der Juden« bezeichnet.

An diesem Tag im Jahre 1836 stand nun der siebenjährige Isaak vor Rabbiner Eger und erwartete, von ihm examiniert zu werden, ob er sich in der Welt des Talmud auskenne, in den Lehren und Gegenlehren, den Reden und Gegenreden, den mystischen Betrachtungen und genauen Rechtsvorschriften. Akiba Eger stellte keine Fragen, schon mit seiner ersten Bemerkung, wie nötig es sei, einer Pflicht pünktlich nachzukommen, begann er ein Gespräch. Isaak, der aufmerksame Schüler des Hauslehrers Dr. Löwenthal, dachte an das Beispiel aus dem Talmud über den Zeitpunkt für eine Pflichterfüllung, und er konnte die überlieferten Worte von David und der Harfe, die über Davids Bett hing, wortgetreu wiedergeben: »Als die Mitternachtszeit heranreichte, wehte der Nordwind und blies daran, und sie spielte von selbst. Sofort stand er auf und befasste sich mit der Tora, bis die Morgenröte aufstieg.«

Das Gespräch führte weiter zu einer Debatte der alten talmudischen Gelehrten über die »Schwirrenden«, über das Phänomen der zahlreichen unsichtbaren, Verderben bringenden Gespenster. Einer der Gelehrten meinte damals: »Jeder von uns hat deren Tausende an seiner Linken und Myriaden an seiner Rechten.« Die Frage, ob diese »Schwirrenden« etwa die Gestalt von Menschen annehmen können, erschien Isaak in diesem Augenblick nicht angebracht, er wollte nicht als ein vorlautes, verspieltes Kind gelten, so wird gerade dieses Phänomen für ihn weiter zu den Ungewissheiten gehören. Aber der Talmud hatte ihm doch den Blick für eine bestimmte Gewissheit des Lebens geöffnet, gültig über die Zeiten hinweg auch hier in der so entlegen erscheinenden Provinz des preußischen Königreichs: »Sei vorsichtig gegen die Obrigkeit, denn sie zieht den Menschen nur aus Eigennutz an sich heran; sie erscheinen als Freunde, jedoch nur dann, wenn dies zu ihrem Nutzen geschieht, zur Zeit der Not aber stehen sie dem Menschen nicht bei.« Dr. Löwenthal hatte in seinem Unterricht nicht vergessen, die Lasker-Kinder darauf hinzuweisen, wie der Talmud, dieses Werk voll Lebensweisheit, immer wieder bis in die Gegenwart von Judenfeinden zum Instrument ihres Hasses gemacht wurde. Seine Schüler sollten gewappnet sein.

An dem Tag, als Akiba Eger sein Gespräch mit dem Sohn von Daniel Lasker führte, erkannte er, dieses Kind hatte etwas von den sieben Eigenschaften eines Weisen, wie es im Buch »Sprüche der Väter – von den Propheten überliefert« festgehalten war: »Der Weise redet nicht vor dem, der ihm an Weisheit und Zahl – der Lebensjahre – überlegen ist; er fällt nicht seinem Nächsten ins Wort; er überstürzt sich nicht mit seiner Antwort; er fragt zur Sache und antwortet nach Gebühr; er spricht vom Ersten zuerst und vom Letzten zuletzt; weiß er etwas nicht, so sagt er, er wisse es nicht; er gesteht die Wahrheit ein.«

Dann geschah etwas Überraschendes. Der in der Sternenkunde erfahrene Rabbiner Eger begann für Isaak das Horoskop zu stellen. Er durfte sich auf das Wort des unvergessenen Gelehrten Samuel bar Nachman aus der frühen Zeit der mündlichen Überlieferung des Talmud berufen: »Ist der Mensch durch Frömmigkeit würdig, dann ist das Heer – der Gestirne – ihm unterworfen. Wenn nicht, ist er dem Heer unterworfen.« Er nahm für seine Berechnungen zur Zukunft dieses Kindes nicht nur die »magischen Quadrate« und die Zuordnungen der Planeten zu den Tierkreiszeichen zu Hilfe, für ihn war gerade das Jahr der Geburt, 1829, bedeutsam. Das Verhalten des Kindes hatte ihn sicher werden lassen, hier wird ein Würdiger heranwachsen.

Es konnte kein Zufall sein, dass im gleichen Jahr, nur wenige Wochen bevor Isaak das Licht der Welt erblickte, die hundertste Wiederkehr des Geburtstags von Moses Mendelssohn an vielen Orten festlich begangen wurde. Mit seinem Streben nach Gerechtigkeit gehörte er zu den Unsterblichen. Im Vertrauen auf Gott hatte Mendelssohn in seinen Schriften immer wieder vor Verfolgungen aus religiösen Gründen gewarnt und Bruderliebe angemahnt. Doch auch Jahrzehnte nach seiner Forderung, die Juden nicht aus der Gemeinschaft auszuschließen, die Verstoßenen nicht als Verstockte zu demütigen, galten die jüdischen Staatsbürger Preußens noch immer als minderwertig. Für Rabbiner Eger, in der von Berlin so entfernten preußischen Provinz Posen zu Hause, gehörte Mendelssohn als Vorbild zum Leben, und er war überzeugt, der kleine Lasker, der da vor ihm stand, geboren in diesem Jahr der Erinnerung, wird in der Welt der Erwachsenen seine Wege in Ehren gehen. Er sprach es aus wie seine Bürgschaft, wie eine Prophezeiung: Großes ist von diesem Kind zu erwarten. Und der Segen, der in diesen Worten lag, sollte Daniel Laskers Sohn sein Leben lang begleiten.

Es war kein Zufall, dass Vater Daniel seinem zweiten Sohn den Namen Eisek oder Jizchak gegeben hatte. Also Isaak. Es war die Erinnerung an den zweiten Sohn Abrahams, Kind der Sara. Abrahams Erstgeborener, Kind der Hagar, hieß Ismael. Mochte sein, dass Daniel Lasker mit dem Namen Isaak seine Ehrfurcht vor Gott dartun wollte in Erinnerung an Abraham, der die von Gott verhängte Prüfung auf sich genommen hatte, seinen Sohn Isaak zu opfern. Die uralte Geschichte von der Gottergebenheit galt als Grundsatz von entscheidender Bedeutung: Niemals darf ein Menschenopfer geschehen. Denn als Vater Abraham bereit war, das Gebot zu befolgen, schickte Gott seinen Boten, den Engel, mit der Weisung: Tue ihm nichts zu Leide. Und weil er die Probe bestanden hatte, wurde Gottes Segen über ihn und seine Nachkommen gebreitet. Es hieß von Isaak, dem Sohn Abrahams, er sei 180 Jahre alt geworden.

Von Isaak in Jaroczyn hieß es drei Jahre nach dem Besuch von Rabbiner Eger: »Der Hauslehrer Dr. Löwenthal, Übersetzer des Hiob, der vornehmlich im Talmud unterrichtete, erklärte, als der Knabe zehn Jahre alt war, er wolle gehen, der Junge könnte nichts mehr von ihm lernen.« So berichtete es später Laskers Freund Ludwig Bamberger in seinen *Geheimen Tagebüchern.* Als Vater Daniel so Erstaunliches über die Begabung seines Zweitgeborenen hörte, hoffte er, aus seinem Hause würde ein angesehener Talmudgelehrter hervorgehen. In dieser Zeit erwartungsvoller Freude auf die Entwicklung der heranwachsenden Kinder traf die Familie ein schweres Schicksal: Mutter Rebekka starb.

Eines Tages zeigte es sich, dass Isaak, anders als sein biblisches Vorbild, seinem Vater nicht so gehorsam war. Der Sohn aus dem Buch Genesis war ja mit auf den Weg zum Berg gegangen, wo das Brandopfer geschehen sollte. Während Vater Abraham das Feuer und das Schlachtmesser trug, hatte Isaak sogar das Holz geschleppt, noch unwissend, wer auf den Holzstoß gelegt werden sollte. In Jaroczyn handelte es sich keineswegs um eine ähnlich schwerwiegende Prüfung. Der Elfjährige sollte nur beim Bau der Synagoge helfen und einige Steine herantragen. Daniel Lasker ermahnte seinen Sohn, dieser Pflicht müsse er nachkommen. Isaak erwiderte, wenn es denn eine Pflicht sei, solle doch der Vorsteher der Gemeinde selbst Steine tragen. »Darauf leichte Züchtigung vom Vater. Beredet seinen älteren Bruder nach Breslau zu laufen. Abenteuerliche Reise. Zehn Tage dem Vater unbekannt. Dann Ankunft des Vaters.« Es habe keine Strafe für beide gegeben, wohl aber die in einem Wort ausgesprochene strikte Weisung: »Lernen.« Jahre später nahm Bamberger diese Geschichte in sein Tagebuch auf, so wie Max Lasker, der ältere Bruder, sie ihm erzählt hatte.

Einmal ging es in der Kinderzeit um ein Spiel, das nur mit besonderen Kenntnissen bewältigt werden konnte. Offenbar gehörte Isaak zu denen, die es darin zu einer gewissen Meisterschaft gebracht hatten.

Hermann Makower, der später als Leiter des Komitees zum Schutz verfolgter Juden das Waisenhaus der jüdischen Gemeinde im Berliner Vorort Pankow gründen wird, schrieb über dieses Spiel in seinen *Jugendererinnerungen*. Sein Vater war aus Makow in Russland nach Santomysl im Bezirk Posen eingewandert und betrieb ein kleines Handelsgeschäft. Er lebte bescheiden nach seiner Einstellung: Besser wenig ausgeben als viel verdienen. Aber er wies schon früh seinem Sohn Hermann den Weg in die Welt der Bücher mit Werken von Mendelssohn, Lessing, Schiller und Heine, so wie es auch im Haus von Daniel Lasker üblich war. Vater Makower war ein gastlicher Mensch, doch er duldete nur Besucher mit ordentlicher Aussprache. »Lobenswertes« habe er von Isaak Lasker und seinen Brüdern gehört, die in Santomysl ihren Onkel besuchten. Sie waren willkommen. Der achtjährige Hermann Makower und die Lasker-Kinder begannen einen Wettkampf: »Wir trieben folgendes Spiel: Nur einsilbige hebräische Wörter durften gesagt werden. Der Angeredete hatte mit einem Wort zu antworten, welches denselben Anfangsbuchstaben hatte, mit welchem das ihm zugewendete Wort geendet hatte. Die Kunst bestand darin, den Gegner zu nötigen, seine Antwort immer mit demselben Buchstaben zu beginnen. Derjenige, dessen Wortschatz zu Ende war, hatte verloren.«

In dieser Zeit, als das Spielerische in das Ernsthafte überging, wagte sich Isaak Lasker an die Übersetzung von Schillers *Die Teilung der Erde* ins Hebräische. Verlockend erschien, wie sich hier im Gedicht die Entwicklungsgeschichte der Menschheit als ein Gleichnis für gegenwärtige Zustände zu erkennen gab. Schiller zeigte, wie es zuging, als Gott Zeus den Erdbewohnern die Welt überließ, allerdings mit der Auflage: »Doch teilt euch brüderlich darein.« Es hat ein schnelles Ende mit der Brüderlichkeit. »Da eilt, was Hände hat, sich einzurichten.« Kaufleute, Bischöfe, Jagdherren und Landnehmer sind Eigentümer geworden. »Der Junker pirschte durch den Wald.« Nur ein Mensch hat sich an der Jagd nach Besitz nicht beteiligt: »Ganz spät, nachdem die Teilung längst geschehen, naht der Poet.« Er muss begreifen, dass auf dieser Erde kein Platz für ihn ist. Auf die Frage des Gottes, wo er denn gewesen sei, antwortet er mit dem Bekenntnis seiner Verlorenheit: »In deines Himmels Harmonie.« Schiller wollte es so, der Höchste hat den Poeten vergessen, doch die Einladung klingt tröstend: »Willst du in meinem Himmel mit mir leben, so oft du kommst, er soll dir offen sein.«

Für Isaak begann nach dem vollendeten dreizehnten Lebensjahr, nach der Bar-Mizwa, der feierlichen Weihe zum Sohn der Pflicht, eine neue Zeit in Breslau. Aufgenommen in die Welt der Erwachsenen, entschied er dort bei der Einführung in ein Vorgymnasium zunächst in eigener Sache und gab sich den Vornamen Eduard. In diesen Tagen der Vorbereitung zum Studium beherrschte ihn der Wunsch, Mediziner zu werden.

Von Breslau war es nicht allzu weit bis zu den Orten Peterswaldau und Langenbielau, wo aufständische Weber gegen ihre Handelsherren und Fabrikanten anrückten. Der Aufschrei der Verzweiflung von hungernden Menschen, denen immer wieder der Lohn für ihre Arbeit verweigert wurde, gehörte nun zu den Erfahrungen des Schülers Eduard Lasker. Am 7. Juni 1844 war in der *Schlesischen Zeitung* über den Aufstand zu lesen: »Die erforderlichen Maßregeln sind von seiten der Militär- und Zivilbehörden getroffen.« An Ort und Stelle hatte sich der kommandierende General Graf Friedrich Wilhelm von Brandenburg vom Einsatz seiner Soldaten überzeugt. Die *Allgemeine Preußische Zeitung* vom 10. Juni berichtete darüber: Mit den Aufständischen habe es keine gütliche Einigung gegeben, so dass schließlich das Militär »von seinen Waffen Gebrauch machen musste, infolgedessen mehrere Tumultuanten tot auf dem Platze blieben«. Vierundzwanzig schwer Verletzte wurden gezählt. Eine Frau, die etwas abseits stand, und ein Mädchen, das zum Strickunterricht gehen wollte, starben im Kugelhagel.

Im Februar 1847 bestand Eduard Lasker das Abitur und begann das Studium der Mathematik an der Königlichen Universität zu Breslau. Der Traum, eines Tages als Arzt bedrückten Menschen helfen zu können, war nicht vergessen. Doch vielleicht hatten die in Breslau noch immer spürbaren Folgen des Weberaufstands ihn zum Nachdenken über die Abhängigkeit von Arbeitenden gegenüber ihren Herren gebracht, denn mehr und mehr bedrängten ihn Nachrichten aus der Nähe und aus der Ferne vom Aufbegehren Verzweifelter gegen die Ungleichheit bei der Verteilung der Lasten des Lebens. Pläne tauchten auf, sich in das Tagesgeschehen einzubringen, getreu der Mahnung im Buch »Sprüche der Väter«: »Trete ich selber nicht für mich ein, wer tritt für mich ein? Wenn ich nur für mich bin, was bin ich? Wenn nicht jetzt, wann denn?« Die Belehrung aus dem nachfolgenden Spruch sollte ihm als Richtschnur dienen: »Versprich wenig und tue viel. Empfange jeden Menschen mit freundlicher Miene.«

Muttermilch

Im Juni 1847 reiste der Abgeordnete Otto von Bismarck-Schönhausen zur 32. Sitzung der Vereinigten Landtage nach Berlin. Bis zu diesem Tag hatte der am 1. April 1815 Geborene bereits manche Prüfung bestanden: im Friedrich-Wilhelms-Gymnasium, im Grauen Kloster zu Berlin und an der Universität Göttingen. Er hatte nach bestandenem ersten Examen im Fach Rechtswissenschaft als Auskultator, als Zuhörer bei Verhandlungen, am Berliner Stadtgericht gesessen, war nach Aachen versetzt worden, wurde als Referendar bei der Potsdamer Regierung beschäftigt, hatte sich als Einjährig-Freiwilliger im Gardejägerbataillon eingefunden, war zum 2. Jägerbataillon nach Greifswald gewechselt, hatte in Eldena Landwirtschaft studiert, war 1847 zu seinem nahe der Elbe gelegenen Geburtsort Schönhausen zurückgekehrt und hatte hier auch seinen Platz als Deichhauptmann eingenommen.

Als gewählter Abgeordneter kam er am 15. Juni 1847 zur Sitzung der Vereinigten Landtage und sprach am nächsten Tag in der Debatte zum »Entwurf einer Verordnung, betreffend die Verhältnisse der Juden«. Enthüllten seine Erklärungen vor diesem Gremium schon damals eine Wurzel zu seinem Verhalten gegenüber Eduard Lasker und gaben die Begründung, warum er als Reichskanzler so viele Jahre später vor dem Reichstag am 13. März 1884 den Mann aus Jaroczyn noch über den Tod hinaus verfolgte? Hasste der Christ den Juden? Wollte er die grundlegenden Gemeinsamkeiten verleugnen, die Gewissheit, alle sind Kinder Abrahams und können an der Zuversicht von der Auferstehung teilhaben?

Zweiunddreißig Jahre war Bismarck alt, als er während dieser Sitzung der Vereinigten Landtage auf einen Zusammenhang zwischen seiner »Muttermilch« und der Abneigung gegen Juden hinwies. Zur Debatte stand die Frage, ob den Juden in der preußischen Monarchie die volle bürgerliche Rechtsgleichheit mit den christlichen Untertanen gewährt werden solle. Ein Vermerk war angefügt: »Mit Ausschluss der im Großherzogtum Posen wohnenden«.

Bereits fünfzehn Jahre zuvor hatte der Historiker Leopold Zunz in seiner »Vorrede« zum Buch *Die gottesdienstlichen Vorträge der Juden, historisch entwickelt – Ein Beitrag zur Altertumskunde und biblischen Kritik zur Literatur- und Religionsgeschichte* die Frage aufgeworfen:

»Müssen, weil Pfaffentum und Inquisition, Despotie und Sklaverei, Tortur und Zensur allgemach abziehen, die Willkür des Faustrechts und des Mittelalters Unsinn allein in den Judengesetzen eine Wohnstätte behalten?«

Zunz forderte: »Es ist endlich Zeit, dass den Juden in Europa, insonderheit in Deutschland, Recht und Freiheit statt der Rechte und Freiheiten gewährt werde: kein kümmerliches erniedrigendes Vorrecht, aber ein vollständiges, erhebendes Bürgertum. Wir haben kein Begehren nach den geizig zugemessenen Rechten, die eine gleiche Anzahl von Unrecht aufwiegt; wir finden kein Behagen an dem mitleidig Zugestandenen, uns ekelt das erschlichene Privilegium an. Tief vor Scham sollte der erröten, den die Gunst durch einen Adelsbrief über seine Brüder im Glauben erhöbe, während das Gesetz mit brandmarkender Ausschließung ihm seine Stelle unter dem geringsten seiner Brüder im Vaterlande zuweist.«

All diese Bedenken und Hinweise aus dem Jahr 1832 waren zur Zeit der Landtagssitzung im Juni 1847 längst veröffentlicht und bekannt. Nun aber wandte sich Bismarck am zweiten Tag der Verhandlung über die Gleichberechtigung der »jüdischen Mitbürger« gegen den Abgeordneten aus Krefeld, Hermann von Beckerath, der seine Herkunft aus einer Mennonitenfamilie nicht verleugnete. Erzogen nach der Tradition dieser christlichen Glaubensrichtung hatte Beckerath in der Debatte am Tag vor Bismarcks Auftritt sich für die Gleichberechtigung aller preußischer Untertanen ausgesprochen: »Ich danke unserem weisen König, dass hier die Stimme des Landes sich erheben kann gegen einen letzten Versuch, mit welchem der enge mittelalterliche Geist noch einmal gegen die freiere wahrhaft christliche Weltanschauung hervorzutreten wagt.«

Auch der Abgeordnete Naumann, Oberbürgermeister von Posen, hatte sich am ersten Tag der Debatte zustimmend für die Gleichberechtigung geäußert: »Kein ehrlicher Mann wird sich an den großen Haufen kehren, der von Vorurteilen befangen ist.« Er meinte, dass intelligente Menschen aus dem Volk keine Verachtung für Juden empfinden, eher Mitleid, weil ihnen die gleichen Rechte verwehrt werden.

Bismarck wandte sich zunächst gegen Beckerath: »Ich muss öffentlich bekennen, dass ich einer Richtung angehöre, die der geehrte Abgeordnete von Krefeld gestern als finster und mittelalterlich bezeichnete.« Er enthielt sich auch nicht des maliziösen Seitenhiebs gegen die Glaubensrichtung der Mennoniten, »wie sie der Abgeordnete von Krefeld für die einzig wahre hält.« Es lag ihm fern, Verständnis für anders als lutherisch Denkende aufbringen zu wollen. So wie es seit dem 16. Jahrhundert an manchen Orten noch immer üblich war, blieb auch er, der Abgeordnete aus Schönhausen, in der Abneigung gegen Menschen befangen, die nach dem Beispiel ihres Namensgebers Menno Simon die Taufe von unmündigen Kindern, den Eid und den Kriegsdienst ablehnten.

Dem Oberbürgermeister Naumann hielt Bismarck entgegen: »Ich kann ferner nicht leugnen, dass ich jenem großen Haufen angehöre, welcher, wie der geehrte Abgeordnete aus Posen bemerkte, dem intelligenteren Teile der Nation gegenübersteht.« Er bereitete die Aussage vor, auf die es ihm ankam: Er gehöre zu »dem großen Haufen, welcher noch an Vorurteilen klebt, die er mit der Muttermilch eingesogen hat«. Dann fand er zu dem Ausspruch, der immer wieder gern für seine verständnisvolle Haltung Juden gegenüber erwähnt wird: »Ich bin kein Feind der Juden, und wenn sie meine Feinde sein sollten, so vergebe ich ihnen. Ich liebe sie sogar unter Umständen.« Jedoch aus dem anschließenden Satz war diese seine Liebe wieder verschwunden: »Ich gönne ihnen auch alle Rechte, nur nicht das, in einem christlichen Staate ein obrigkeitliches Amt zu bekleiden.« Nach längeren Ausführungen über seinen Begriff vom christlichen Staat wiederholte er: »Ich gestehe ein, dass ich voller Vorurteile stecke, ich habe sie, wie gesagt, mit der Muttermilch eingesogen, und es will mir nicht gelingen, sie wegzudisputieren; denn wenn ich mir als Repräsentanten der geheiligten Majestät des Königs gegenüber einen Juden denke, dem ich gehorchen soll, so muss ich bekennen, dass ich mich tief niedergedrückt und gebeugt fühlen würde, dass mich die Freudigkeit und das aufrechte Ehrgefühl verlassen würden, mit welchem ich jetzt meine Pflichten gegenüber dem Staat zu erfüllen bemüht bin. Ich teile die Empfindung mit der Masse der niederen Schichten des Volkes und schäme mich dieser Gesellschaft nicht.«

Der Abgeordnete aus Krefeld, Beckerath, erinnerte daran, dass viele Juden in den Jahren 1813 bis 1815 als Freiwillige bei den Befreiungskriegen gegen die Vorherrschaft Napoleons ihr Leben für ihr Vaterland geopfert hatten. Er berichtete von den Briefen eines jungen Freiwilligen, der bei Großgörschen gefallen war. Wiederholt hatte der Neunzehnjährige seiner Mutter von seiner »begeisternden Liebe zum Vaterland« geschrieben. Jetzt bei der Debatte um die Gleichberechtigung der »jüdischen Mitbürger« sprach Beckerath vom Schmerz der Mutter um ihren einzigen Sohn, ein Schmerz, der noch dadurch verschärft werde, dass das Vaterland sie als gleichberechtigt verleugne.

Bismarck entgegnete: »Bisher steht die Freiheit Deutschlands nicht so niedrig im Preise, dass es nicht der Mühe lohnte, dafür zu sterben, auch wenn man keine Emanzipation der Juden dafür erreicht.« Beckerath fand es empörend, das Leben eines Menschen für so gering zu achten, dass es ruhig geopfert werden könne, ohne ihm gerecht zu werden. Eine solche Auffassung zeige noch einmal Bismarcks mit der Muttermilch aufgesogene Selbstgerechtigkeit in seiner Abneigung gegen die jüdischen Mitbürger. Entschieden erklärte Bismarck: »Ich für meine Person werde mein Votum gegen den uns vorliegenden Gesetzentwurf geben.« In diesem Zusammenhang begründete er auch seinen Vorbehalt gegen die Juden in der Provinz Posen, bei ihnen sei die Sittlichkeit in Bezug auf das Eigentum fraglich, das sei »der Sorglosigkeit des polnischen Charakters« zuzuschreiben.

Die Abstimmung fand am 17. Juni statt. Die bürgerliche Rechtsgleichheit der jüdischen mit den christlichen Untertanen Preußens wurde verworfen.

»Das ist das Unglück der Könige, dass sie die Wahrheit nicht hören wollen«

Hatte etwa eine »Sorglosigkeit des polnischen Charakters« Eduard Lasker überwältigt, als er, der Neunzehnjährige, sich im Herbst des Revolutionsjahres 1848 auf den Weg nach Wien machte? Für den Vater musste der Vorwand ausreichen, dass er dort sein Studium fortsetzen wollte. Für ihn selbst war es ein konsequenter Schritt, sich in der österreichischen Hauptstadt den revolutionären Studenten der »Akademischen Legion« anzuschließen.

Längst hatte er sich neben seinem Studium dem Tagesgeschehen zugewandt und hatte im Sommer 1848 die Zeitung *Der Socialist* gegründet. Hauptthema seiner Artikel waren Überlegungen um die ungerechte Verteilung der Güter dieser Erde und die Forderung, endlich ein Studium von der Wissenschaft des Sozialismus einzuführen. Später wurde vermutet, das Blatt sei nicht sehr erfolgreich gewesen, auch müssten die Exemplare wohl als verloren gelten. Doch vielleicht war die Zeitschrift *Der Socialist* nach Berlin weitergereicht worden und kam dort unter dem gleichen Namen als Probeheft im Jahr 1849 neu heraus.

In dieser Zeit des Nachdenkens, wie es zu bewältigen sei, sich als Arzt den Patienten sorgend zuzuwenden und gleichzeitig die Krankheiten der Gesellschaftsordnung zu bekämpfen, gab es ein Vorbild: Dr. Johann Jacoby aus Königsberg, der mit seinem Leben und seinen Arbeiten bewies, beides ist nicht voneinander zu trennen, medizinisches und politisches Eingreifen. Schon lange vor dem Jahr 1848 war Jacoby als Arzt und gleichzeitig als Politiker bekannt geworden. 1830, als in Polen Aufständische die Errichtung einer unabhängigen Republik forderten, ging er dorthin. Er wurde an Ort und Stelle dringend in seiner Eigenschaft als Arzt gebraucht. Cholera war ausgebrochen. Unermüdlich half er länger als ein Jahr in verschiedenen Spitälern. Nach Königsberg zurückgekehrt, gehörte er zu den wenigen, die zum ersten Mal aus eigener Anschauung diese Krankheit wissenschaftlich beschreiben konnten.

Drei Jahre später bekämpfte Dr. Johann Jacoby auch die andere Krankheit, die aus dumpfem Urgrund wieder hervorgebrochen war: Judenhass. Einige Zeit hatte es den Anschein gehabt, dass als Folge der Französischen Revolution nun auch die Juden in deutschen Landen aus mittelalterlichen Zuständen befreit waren. Doch mit seiner Flugschrift: *Über das Verhältnis der Juden zu den christlichen Staaten* hatte jetzt der Herr Oberregierungsrat und Dichter Karl Streckfuß in Berlin diese alte Pestbeule wieder aufgebrochen.

Streckfuß forderte für die Juden eine »Einteilung«. Noch hieß es nicht Selektion. Die einen, Reiche und Gebildete, könnten unter Umständen als würdig für einige Bürgerrechte eingestuft werden, die übrigen, als unwürdig angesehen, sollten keinerlei Anspruch auf Gleichberechtigung haben. Gegen Streckfuß, dem von Zeitgenossen bestätigt wurde, er habe als Dichter und Erzähler sich einen bleibenden Platz in der deutschen Literatur erworben, wandte sich Johann Jacoby in seiner Schrift *Über das Verhältnis des Oberregierungsrates Streckfuß zu der Emanzipation der Juden*. In diesem Jahr 1833 erhob der Arzt aus Königsberg seine Stimme für die Gleichberechtigung der Juden mit den christlichen Bürgern und prägte den Satz: »Solange nur ein Recht dem

Juden entzogen wird, solange bleibt er ein Sklav.« Für die preußische Zensur galt Jacoby als tadelnswert, es sei strafwürdig, einen so renommierten, in Berlin tätigen Geheimen Oberregierungsrat anzugreifen.

Im Januar 1841 gab Jacoby anonym eine Flugschrift in Frage und Antwort heraus: *Vier Fragen, beantwortet von einem Ostpreußen!* Seine erste Frage hatte er in vier Worte gefasst: »Was wünschen die Stände?« Seine Antwort kam mit wissenschaftlicher Genauigkeit:»Gesetzmäßige Teilnahme der selbständigen Bürger an den Angelegenheiten des Staates.« Seine zweite Frage: »Was berechtigte sie?« Seine Antwort: »Das Bewusstsein eigener Mündigkeit und ihre am 22. Mai 1815 faktisch und gesetzlich erfolgte Mündigsprechung.« Seine dritte Frage:»Welcher Bescheid ward den Ständen?« Seine Antwort:»Anerkennung ihrer treuen Gesinnung, Abweisung der gestellten Anträge und tröstende Hindeutung auf einen künftigen, unbestimmten Ersatz.« Seine vierte Frage: »Was bleibt der Ständeversammlung zu tun übrig?« Seine Antwort: »Das, was sie bisher als Gunst erbeten, nunmehr als erwiesenes Recht in Anspruch zu nehmen.« Jede Antwort bekam als Zusatz kritische Betrachtungen zum Zustand der preußischen Justiz, der Polizei und der Zensur.

Die Schrift erregte landesweites Aufsehen. Dienstbeflissene Regierungsbeamte hielten die Ausführungen für einen Angriff auf den König. Nun wurde der Verfasser polizeilich gesucht. Dr. Johann Jacoby, überrascht und erfreut über die Wirkung der Veröffentlichung, wollte sich jetzt nicht mehr als Namenloser verstecken. Er hatte sich nicht vor der Cholera gefürchtet und nicht vor dem Judenfeind Streckfuß. Sollte er sich vor dem König fürchten? Er tat einen kühnen Schritt und brachte seine vier Fragen und vier Antworten zur Post, adressiert an seine Majestät, König Friedrich Wilhelm IV. von Preußen. Beigefügt war sein Brief mit dem Bekenntnis, er, der Absender, sei der gesuchte Ostpreuße und stehe zu seinen Worten, auch vor Gericht.

Erst wenige Monate regierte Friedrich Wilhelm IV. als König von Preußen. Sein Vater Friedrich Wilhelm III. war am 7. Juni 1840 gestorben. Nun konnte der neue Regent sich nicht entschließen, wie er sich dem beliebten Arzt gegenüber verhalten sollte, er wollte keine aufsehenerregende Verhaftung. Doch der streng konservative Innenminister Gustav Adolf Rochus von Rochow, Experte für das Gefängnis- und Zuchthauswesen, verlangte, es sollte in Königsberg der Prozess mit Anklage auf Hochverrat gegen Johann Jacoby eingeleitet werden. Er sprach vom »beschnittenen Ostpreußen«, der über »unbeschnittene Leute von alter Treue« Schande gebracht habe.

Rochow konnte für sich in Anspruch nehmen, am 15. Januar 1838 die Redewendung vom »beschränkten Untertanenverstand« der Welt geschenkt zu haben: »Es geziemt dem Untertanen nicht, an die Handlungen des Staatsoberhauptes den Maßstab seiner beschränkten Einsicht anzulegen und sich in dünkelhaftem Übermut ein öffentliches Urteil über die Allgewalt derselben anzumaßen.« Damals hatten sich die »Göttinger Sieben«, sieben Professoren der Universität Göttingen, gegen die Aufhebung der Verfassung durch den in Hannover selbstherrlich regierenden König Ernst August ausgesprochen und waren aus der Stadt verwiesen worden. Rochows Warnung galt den Bürgern, die sich für die ausgewiesenen Professoren eingesetzt hatten.

Die Königsberger widersetzten sich dem Ansinnen des Herrn von Rochow, in ihrer Stadt sollte kein Tribunal über den beliebten Arzt veranstaltet werden. Sie machten geltend, ein Hochverratsprozess gehöre an das Kammergericht von Berlin. So begann mit Zustimmung des Königs am 12. März 1841 der Prozess gegen Johann Jacoby in Berlin. Im Urteil des Berliner Kammergerichts vom 5. April 1842 wurde die Anklage auf Hochverrat fallengelassen. Doch weil Jacoby die Landesgesetze »unehrerbietig getadelt« habe, sei er schuldig. Er wurde zu einer Festungshaft von zweieinhalb Jahren verurteilt. Endlich aber erreichte er beim Oberappellationssenat des Berliner Kammergerichts 1843 die Aufhebung des Urteils.

Jacoby hörte nicht auf, in aller Öffentlichkeit seine Stimme für eine gerechte Verfassung zu erheben. Mit einer neuen Schrift aus dem Jahr 1843 unter dem Titel *Das königliche Wort Friedrich Wilhelms III.* erinnerte er an die Versprechen, die der Vater des regierenden Königs vor Jahrzehnten gegeben hatte, als er seine Untertanen zum Kampf gegen Napoleon gewinnen wollte. Drei Jahre später prangerte Jacoby die »Beschränkung der Redefreiheit« an.

Im November 1848 kam für den Arzt aus Königsberg der Tag, an dem er weit über die Landesgrenzen hinaus berühmt werden sollte. Als Mitglied des Vorparlaments in Frankfurt am Main gehörte er zu der Deputation, die zu einer Unterredung mit König Friedrich Wilhelm IV. gekommen war. Die fünfundzwanzig Abgesandten wollten Majestät ihre Vorstellungen von einem »volkstümlichen Ministerium« unterbreiten. Erst spät am Abend des 2. November wurden sie im Potsdamer Schloss Sanssouci zum König vorgelassen. Sie hatten ein Schriftstück vorbereitet, das nun von ihrem Sprecher, Hans Victor von Unruh, vorgetragen wurde. Am Ende der Lesung griff der hohe Herr wortlos nach dem Papier und wollte den Raum verlassen. Die Abgesandten waren von dem so deutlich gezeigten königlichen Unwillen überrumpelt.

Nur Johann Jacoby wagte es, Majestät anzureden. Dreimal sogar, wird berichtet. Zuerst sagte er: »Wir sind nicht bloß hierher gesandt, um Eurer Majestät eine Adresse zu überreichen, sondern auch, um Ihnen über die

»Der Abgeordnete Johann Jacoby in der Audienz auf Sanssouci: Das ist das Unglück der Könige, dass sie die Wahrheit nicht hören wollen,« Karikatur aus dem Kladderadatsch *vom 12. November 1848*

wahre Lage des Landes mündlich Auskunft zu geben.« Der Angeredete war schon an der Tür. Da fragte der Mann aus Königsberg: »Gestatten Eure Majestät uns Gehör?«

Immerhin erwiderte der König und sagte ein einziges Wort: »Nein.«

In diesem Augenblick, als Seine Majestät den Besuchern endgültig den Rücken zugewandt hatte, rief ihm Dr. Johann Jacoby laut und vernehmlich den Satz zu, der ihn berühmt machte: »Das ist das Unglück der Könige, dass sie die Wahrheit nicht hören wollen.«

Es gab geteilte Meinungen über das Verhalten des Arztes. Wer auf die Gunst der Oberen rechnete, erklärte öffentlich, Jacoby sei »ein frecher Jude«. Es sei äußerst ungehörig, unaufgefordert das Wort an den König zu richten. Aber er hatte die Herzen der vielen, auf die kein Strahl königlicher Gnadensonne herniederschien, gewonnen.

Die Sonntagsausgabe des *Kladderadatsch* vom 12. November 1848 widmete Johann Jacoby eine ganze Seite. Den Rahmen für sein Abbild geben nebeneinander gereihte kleine Formen, die wie Glühkugeln aussehen. Seine großen Augen im schmalen Gesicht blicken voll Zorn. Die

hoch erhobene rechte Hand mit warnend ausgestrecktem Zeigefinger
weist zu seinem hier als Überschrift gewählten Satz vom Unglück der
Könige. In der linken Hand hält er einen Zylinder. Die wehenden Rockschöße seines Fracks, den er eigens für den Empfang beim König trägt,
vermitteln die Entschiedenheit seiner schnellen Bewegung. Die Inschrift
unter der Abbildung zeigt in der letzten Zeile zwei Ausrufezeichen:

> »Die Ihr den Mann verleugnet, Euch zur Schmach
> Einlegend schnell demütige Verwahrung,
> Ihr wusstet nicht: was jener Edle sprach,
> Ist der Geschichte ew'ge Offenbarung.
>
> Weh' jedem, der der Wahrheit Wort verdammt!
> Der Sturm durchsaust die Wipfel schon im Grimme.
> Weh' Jedem, wenn der Blitz herniederflammt,
> Der nicht gehöret des Propheten Stimme!!«

Zwei Kämpfer in getriebenem Silber

An einem Morgen im November 1848 saßen drei Herren in Berlin zusammen, Bewohner der Wilhelmstraße. Bismarck war zu Besuch zum
Nachbarn, dem Juristen und Herausgeber der *Zeitschrift für geschichtliche Rechtswissenschaft,* Friedrich Karl von Savigny, gekommen, und
Graf Friedrich Ferdinand von Beust, der sächsische Legationssekretär,
hatte sich ebenfalls eingefunden. Sie redeten über das Ende von Robert
Blum, der als Vizepräsident des Frankfurter Vorparlaments die Mission
übernommen hatte, den Aufständischen in Wien die Grüße des Parlaments zu übermitteln. Dort, so hieß es in den Meldungen, habe Blum
sich hinreißen lassen, Seite an Seite mit Aufwieglern, mit Leuten wie
Studenten der »Akademischen Legion«, für den Umsturz des Kaiserrei-
ches und die Errichtung einer Demokratie einzutreten. Die siegreichen
Kaiserlichen verurteilten ihn zum Tode. »Gnadenhalber« war das Urteil
vom Hinrichten durch den Strang zum Erschießen mit Pulver und Blei
verwandelt worden. Am Morgen des 9. November wurde Robert Blum
auf der Brigittenau bei Wien erschossen.

Beust berichtete in seinen Erinnerungen über das Gespräch der Dreierrunde in der Wilhelmstraße: »Als ich die Äußerung tat, ich hielte die Hinrichtung Blums für einen politischen Fehler, fiel Bismarck sofort mit den Worten ein: ›Ganz falsch, wenn ich einen Feind in der Gewalt habe, muss ich ihn vernichten.‹ Dieses Ausspruchs habe ich mich mehr als einmal erinnert.«

Zweiundzwanzig Jahre später, am 8. August 1870, auf dem Weg zum Kriegsgeschehen in Frankreich, hielt sich Bismarck in Homburg auf. Zu seiner Begleitung gehörte der Schriftsteller Heinrich Edler Ritter von Poschinger. Der Fünfundzwanzigjährige gefiel sich in der Rolle des bewundernden Begleiters, er hatte sich vorgenommen, jeden Ausspruch des Kanzlers aufzuschreiben. Es wird seine Sammlung der *Tischgespräche* werden. Und er wird aus Aufzeichnungen anderer Augenzeugen Mitteilungen des Kanzlers zusammensuchen, die er dann unter dem Titel *Also sprach Bismarck* veröffentlichen kann. Als Bismarck an diesem Tag im August 1870 mit seinem Gefolge ein Gasthaus in Homburg zum Abendessen aufsuchte, sah er an der Wand eine Lithographie Robert Blums. Poschinger hielt den erstaunlichen Gedankensprung Bismarcks von Robert Blum zu Eduard Lasker fest: »Wenn der noch lebte, er würde nicht so radikal sein wie Lasker; er hat überhaupt manche gute Seite gehabt, besonders, dass er gar nicht sozialistisch angehaucht gewesen ist.«

In seinen *Erinnerungen* berichtete Bamberger über ein Gespräch unter vier Augen mit Bismarck im Hauptquartier von Versailles über die angestrebte Vereinigung des Norddeutschen Bundes mit den südlichen Ländern. Als Beauftragter der Regierung hatte Lasker bei Verhandlungen mit Vertretern des bayerischen Königs zu einer Übereinkunft für eine allgemeine Verfassung gefunden, die Bismarck entschieden ablehnte. Lasker habe, ohne ihn zu fragen, den Bayern zu viele Sonderrechte eingeräumt. Bamberger schrieb auf: »An jenem Tage war Bismarck sehr heftig erregt über den ihm bereiteten Widerstand, dessen Seele natürlich, und wie ihm bekannt, Lasker war. ›Wenn Robert Blum heute noch am Leben wäre‹, rief er einmal im Laufe des Zwiegesprächs aus, ›er wäre gewiss viel gemäßigter als Lasker.‹«

Es muss eine eigenartige Kraft von Lasker ausgegangen sein, dass Bismarck Jahrzehnte hindurch bis zum Ende seines Gegenspielers die Gedanken nicht von ihm lösen konnte. Wie tief die Animosität gegen

diesen Mann in seinem Denken verwurzelt war, bezeugt noch ein Ausspruch, den Poschinger aufschrieb: »Der Fürst, welcher sehr guter Laune war, zeigte seinen Gästen vor Tisch die kürzlich angekommene Kas-
sette aus Hanau, auf deren Deckel zwei Kämpfer in getriebenem Silber
zu sehen waren, ein großer und ein kleiner; der große, meinte er, werde
er wohl sein sollen, der kleine wahrscheinlich Lasker.« Allein der Anblick einer Gabe, die ihn erfreuen sollte, rief im Kanzler schon wieder
den Zwang hervor, sich über Eduard Lasker zu äußern.

Und als im September 1873 bei einem Tischgespräch die Rede auf
den Keller des Ministeriums bei einem Umbau kam, redete der Kanzler
abermals über den Abwesenden; es war, als befände er sich in einem
ständigen inneren Widerstreit mit dem »Fremdling aus dem Osten«.
Bamberger war unter den Zuhörern und berichtete in seinen *Geheimen Tagebüchern* über Bismarcks Keller im Ministerium: »Er habe da
den echten Sherry für seine Enkel deponiert, er berechne, es sei genug
da, dass er noch an diese komme. Er hoffe, es sei kein Unrecht an dem
Staat, wenn er diese Räume zu solcher Spekulation auf künftige Generationen benütze, obwohl Lasker vielleicht ein Unrecht darin finden
dürfte.«

»Das erschütterte Gleichgewicht«

In den Novembertagen des Jahres 1848 entkam Eduard Lasker den
Verfolgern, die nach dem Sieg der Reaktion in Wien überall nach Aufständischen fahndeten. Er fand zurück nach Hause, nach Jaroczyn.
Vielleicht konnte Vater Daniel auf seine Weise für den Zweitgeborenen
den Weg nach Breslau an die Königliche Friedrich-Wilhelms-Univer-
sität wieder öffnen, jedenfalls nahm sein Sohn 1850 dort als Student
erneut seinen Platz ein. Aber nach diesen Tagen der Hoffnung und der
Angst konnte Lasker an sein begonnenes Studium der Mathematik
nicht mehr anknüpfen, als sei nichts geschehen. Gegen alle Vorhaltungen, ihm als Juden sei am Ende die Laufbahn als Richter verschlossen,
begann er jetzt das Studium der Rechte. Das Verlangen war geblieben,
etwas Nützliches mit seinem Leben anzufangen, nützlich für andere,
für Bedrängte. Dann zog es ihn nach Berlin, dort bestand er im Mai

1851 das erste juristische Examen, das bedeutete für ihn, dass er, der Anfänger auf dem Gebiet der Jurisprudenz, als Auskultator am Berliner Stadtgericht zugelassen war, als Zuhörer bei Gerichtssitzungen.

Fast dreißig Jahre später gab er in seiner Abhandlung *Wort und Tat* noch einmal einen Rückblick auf die Zeit um 1848: »Mir steht vor Augen der Wendepunkt, seit welchem wir mühevoll das erschütterte Gleichgewicht zu befestigen streben. Wie der Föhn die Erstarrung löst, die Gewässer von den Höhen stürzen und untragbare Lasten mit sich reißen, so schlug das Wort ein, als zum ersten Mal berufene Vertreter des preußischen Volkes in mündlicher Rede zum Volke sprachen. Während die Krisis sich vorbereitete und vollzog, 1846 und 1847, befand ich mich in den Lebensjahren, welche für solche weltgeschichtlichen Katastrophen die regste Empfänglichkeit mit leidlichem Verständnis vereinigen. Niemals war das Wort mächtiger, als da die Überzeugung, welche bis dahin gewaltsam zurückgedrängt war, sich schlicht vortrug und Überzeugung in den Herzen anderer erweckte oder vorhandenen Überzeugungen den passenden Ausdruck gab, dem weitverbreiteten Missbehagen ein fruchtbares Streben anwies. Es war klar, dieses Volk wollte nicht länger gehorchen, ohne von der Rechtmäßigkeit des Befehls überzeugt zu sein.«

Lasker versuchte, auch vor sich selbst Klarheit zu gewinnen: »Die Versäumnisse von Menschenaltern waren nachzuholen, die leidenschaftliche Kraft des Umsturzes fehlte, die Umgestaltung wurde durch die Mittel der Diskussion erstrebt; vielleicht wäre dies gelungen, wenn den tragenden Kräften der Nation verstattet wäre, von einem Punkte aus planmäßig zu wirken. Aber alsbald kamen die Folgen der staatlichen Zersplitterung zum Vorschein.« In seiner Untersuchung über das Ende des nationalen Aufschwungs im Jahr 1848 fiel es ihm wahrscheinlich zu schwer, den Ort zu beschreiben, an dem er Robert Blum nahe gewesen. »Von Wien rede ich nicht ...«

Im Jahr 1848 war Adolph Menzel Zeuge der Märzrevolution in Berlin geworden. Längst galt er in eingeweihten Kreisen als begnadeter Künstler. Mit seinen lithographischen Blättern zu Goethes *Künstlers Erdenwallen* und dem Ölgemälde *Die Schachpartie* hatte er schon früh Aufsehen erregt. 1843 hatte er die zeitraubende Auftragsarbeit *Illustrationen zu den Werken Friedrichs des Großen* begonnen. Es sollten bis zum Jahr 1849 zweihundert Holzschnitte entstehen.

Doch in diesen Frühjahrstagen des Jahres 1848 musste der Dreiunddreißigjährige erst begreifen, dass er an seinem Vorhaben, die *Aufbahrung der Märzgefallenen* in Formen und Farben festzuhalten, gescheitert war. Er wollte das Geschehen mit Öl auf Leinwand deutlich machen. Es gelang ihm nicht, den Augenblick vom 22. März zu gestalten, wie König Friedrich Wilhelm IV. sich der Pflicht nicht entziehen konnte, die Märzgefallenen mit entblößtem Haupte zu ehren. Menzels Gemälde blieb unvollendet. Zu schwer und zu beunruhigend war die Nachwirkung des Erlebten.

Aber er hatte mit dem Malen begonnen. Das, was geschehen war, sollte registriert werden: Er sah an diesem Tag im März die Särge auf der Freitreppe der Neuen Kirche am Gendarmenmarkt. So nahm das Gebäude den größten Teil im Hintergrund des Bildes ein. Er sah die Trauerzüge, wie sie unter den Klängen von Trauermusik mit Fahnen herankamen, auch Angehörige der Bürgerwehr waren zugegen, sie trugen noch ihre Waffen. So berechnete er für die Menschenmenge etwa zwei Drittel der Bildfläche nach vorn auf den Betrachter zu. Er sah, wie neugierige Zuschauer die Treppen zum Schauspielhaus hinaufliefen. So bildete ein Teil dieses Hauses mit einigen im Bilde noch sichtbaren Säulen die Begrenzung auf der rechten Seite. Er sah Gleichgültige, die sich abwandten. So versuchte er, ihnen ein Gesicht zu geben.

Und über das alles breitete er das Lastende eines unerträglich grauen Himmels, den kleine weiße Wolken vergeblich aufzuhellen suchten. Das schreckliche Grau erschien wieder am vorderen Bildrand und auf der weiten, frei gebliebenen Fläche vor der Kirche mit den zu einer Pyramide aufgestellten schwarzen Särgen, als ersticke es alle Gedanken.

»Den Hinterbliebenen der Märzhelden« widmete Leopold Zunz in diesem Jahr 1848 seine Berliner Gedenkrede. Er ermahnte die Trauernden: »Trocknet eure Tränen an den Flammen der Liebe.« Er wusste, es gab für einen Menschen, der das Ende seines Nächsten beklagte, keinen Trost. Aber er hätte es nicht ertragen, zu diesem Ereignis zu schweigen. »Um edle Tote trauert Berlin, trauert Deutschland, um ihre Lieben trauern die Hinterbliebenen. Die in unseren Straßen einhergingen unbeachtet, die in Studierzimmern dachten und in Werkstätten arbeiteten, die am Schreibtisch rechneten und in Läden feilboten, wurden plötzlich Krieger und wir entdeckten sie erst in dem Augenblick, wo sie als Sterne verschwanden. Als sie verherrlicht wurden, da ver loren wir sie, und seitdem sie unsere Befreier geworden, können wir ihnen nicht danken.«

Mit harten Zügen zeichnete er die Lebensumstände, wie er sie vor den Tagen der Revolution empfand: »Groß und teuer sind sie uns durch ihren Tod geworden, als sie scheidend einen unermesslichen Reichtum auf uns ausschütteten, auf uns Alle, die wir arm, sehr arm waren.« Er schloss sich selbst bei seiner Anklage nicht aus: »Unser Haupt, einem brennenden Himmel gleich, lieferte keinen Regen großherziger Gedanken, und das Herz in unserer Brust, zu Eisen geworden, ward öde an menschlicher Empfindung. Eitelkeit und Wahn waren unsere Götzen, Schein und Lüge vergifteten unser Leben, Genuss und Habsucht diktierten unsere Handlungen; eine Hölle sittlichen Elends, in alle Einrichtungen des Lebens einfressend, machte ringsum den Luftkreis glühend, bis endlich schwarze Wolken heranzogen, das Gewitter heranstürmte im Volksdonner und die reinigenden Blitze in die Barrikaden und in die Lüge einschlugen.«

Er gebrauchte Redewendungen aus der Welt der Propheten und beschrieb doch sehr gegenwärtig eine für ihn als Mann des Wortes wichtige Folge der revolutionären Erhebungen: »In diesem Wetter sah ich den feurigen Wagen und die feurigen Pferde, welche die für Recht und Freiheit gefallenen Gottesmänner in den Himmel entführten; ich vernehme die Gottesstimme, welche die Namen eurer Lieben, ihr Weinende, adelt: Die freie Presse ist ihr Adelsbrief und unsere Herzen ihr Denkmal. Ein jeder von uns, jeder Deutsche ist ein Hinterbliebener, ein Trauernder, und ihr seid keine Verlassenen mehr.«

Er wollte die Zuversicht nicht aufgeben, dass jetzt in gemeinsamer Anstrengung ein Reich der Freiheit, auch der Religionsfreiheit, erstehen könnte: »Unsere Tränen werden ein Strom von Liebe, der allen Glaubenshass forttreibend auf seinen Fluten das Vaterland mit stolzer Sicherheit trägt. So lasset uns denn ein Gesetz machen gleich für Alle, und ein Herz bewahren, warm für alles Edle. Entfernen wir jede Einrichtung, die einzelne Schichten der Gesellschaft hintenansetzt, die einzelne Klassen drückt und verwundet, bleiben wir einig, werden wir wahrhaft.«

Die Liste der Verurteilten und der Entkommenen und der Gesuchten aus den Revolutionstagen im *Anzeiger für die politische Polizei Deutschlands* war lang und erstreckte sich weit über Städte und Dörfer. Die Bezeichnungen waren vielfältig: Hochverräter, Aufruhrstifter, politischer

Wühler, höchst gefährliches politisches Individuum, Volksaufwiegler, Insurgentenhäuptling, Sozialist der schlimmsten Art, Kommunist, Republikaner, radikal gesinnter Volksredner, Rebellenanführer, sehr gefährliches Subjekt in politischer Beziehung.

Die Überwachung war umfassend, zu den Verdächtigen gehörten neben vielen anderen Theologiestudenten aus Jena, ein Literat aus Weimar, ein jüdischer Religionslehrer aus Friedberg in Hessen, ein Schuhmachergeselle aus Annaberg, ein Buchbindermeister aus Augsburg, ein Lehrer aus Döbeln, ein Advokat aus Leipzig, der Bürgermeister von Borna, ein Schneidergeselle aus Dresden, ein Kaufmann aus Chemnitz, ein Arzt aus Weilburg. Ein Kaufmann aus Bremen bekam den belastenden Zusatz: »... machte häufig Reisen zu unbekannten Zwecken.« Das Verzeichnis vermerkte mit Akribie, welche Personen nach Frankreich, England, Amerika und in die Schweiz entkommen waren.

»Die Wirklichkeit des Lebens«

»Schaffe dir einen Lehrer«, lautete eine Forderung im Buch »Sprüche der Väter«. Eduard Lasker fand bei seinem Studium im Jahr 1852 an der Berliner Universität den Lehrer Rudolf Gneist. Der um dreizehn Jahre ältere Professor für Jurisprudenz bevorzugte bei seinen Vorlesungen das Gebiet des gegenwärtigen englischen Rechts. Mit dieser Methode, einem Gang durch englische Verhältnisse der Verfassung und Verwaltung, konnte er den Studenten den Blick für das Rechtswesen in Preußen schärfen, er brauchte keine genauen Vergleiche auszusprechen, die etwa zu Ungunsten der hiesigen Zustände gedeutet werden könnten. Er war vorsichtig. Wer unter seinen Zuhörern verstehen wollte, konnte verstehen, wie weit die Regierenden in Preußen etwa auf dem Gebiet des Parlamentswesens zurückgeblieben waren. Vielleicht weckte er mit seinen ausgedehnten Untersuchungen bei dem einen oder anderen, der zu seinen Füßen saß, das Verlangen, sich an Ort und Stelle in London zur Überprüfung seiner Lehrmeinung umzusehen.

Die Nachricht vom Tod des Vaters traf Eduard Lasker völlig unvorbereitet. Es hieß, er sei ein Opfer der Cholera geworden. Mit liebevoller Ehrfurcht schrieb er später über ihn: »Der Bildner meines Geistes, mein

Ernährer und weiser Erzieher.« Ein Abgrund der Ungewissheit tat sich vor dem Dreiundzwanzigjährigen auf. Wie sollte sein Leben weitergehen? War denn sein Versuch, sich auf dem Gebiet des Rechts zu beweisen, noch sinnvoll? Die Frage bedrängte ihn, ob er nicht doch die letzte Schwelle überschreiten sollte, um Eintritt in die Welt der christlichen Vorherrschaft in Preußen zu erlangen? Nun würde es den Vater nicht mehr kränken. Oder sollte er wieder Medizin studieren? Oder könnte es gelingen, sich auf schriftstellerischem Gebiet durchzusetzen? Oder sollte er auswandern, wie so viele? Aber wohin? Nach England? Und wovon sollte er dort leben? Es gelang ihm nicht, der anderen Forderung aus dem Buch »Sprüche der Väter« nachzukommen: »Entziehe dich dem Zweifel.«

Er wusste aus den Tagen seiner Studienzeit in Breslau einen Freund, dem er den Zweifel am Sinn seines Lebens mitteilen konnte: Wilhelm Cohn. Der Vertraute antwortete ihm am 13. August 1853 aus Ohlau, im preußischen Regierungsbezirk Breslau, und nannte die Gründe, die für einen Aufenthalt in London sprechen könnten: »In Deutschland wird es Dir außerordentlich schwer werden, eine andere als wissenschaftliche Richtung einzuschlagen, Dir aber als Unbemittelten können aus solcher keine materiellen Vorteile entspringen, wenn Du Dich nicht taufen lässt. Du weißt, wie ich darüber denke, aber ich glaube, Dich auch hinreichend zu kennen, um überzeugt zu sein, dass Dich ein solcher Schritt für Dein ganzes Leben mit einer gewissen bitteren Empfindung verfolgen müsste.«

Wilhelm Cohn riet ihm, sein Glück in England zu versuchen: »Endlich dem deutschen Elend, den traurigen politischen Zuständen den Rücken kehren zu können, das Stiefmutterland Preußen, das uns so schnöde behandelt, verlassen und in ein Land zu gehen, wo man in Wahrheit der Freiheit Odem in die volle Brust einsaugen kann. Ach, mein Freund, ich rate Dir zu gehen, und was tue ich mir mit meinem Rate! Ich hatte gehofft, es würde uns noch einstens vergönnt sein, nahe beieinander und miteinander zu leben und zu wirken. Nun ist es wieder mehr als je unwahrscheinlich geworden. Aber geh, geh.«

Nur wenige Tage später teilte Lasker seinem Freund mit, dass er nach England reisen wolle. Wilhelm Cohn antwortete am 18. August 1853 aus Ohlau: »Mein lieber Freund, in diesen Zeilen rufe ich Dir ein herzliches Lebewohl zu. Dass unser freundliches Verhältnis dasselbe bleiben wird, auch wenn das Meer zwischen uns liegt, bezweifle ich nicht. Und Du wirst es auch nicht unterlassen, mich bald von Deinem Schicksal in Kenntnis zu setzen.« Abschließend wünschte er: »Sei glücklich und erreiche das Ziel, das Du verdienst und das Deiner würdig ist. Immer dein treuer Freund Wilhelm Cohn.«

Ende August, vor seiner Abreise aus Berlin, schrieb Lasker in seinem Abschiedsbrief an Wilhelm Cohn, die Entfernung sollte an der Freundschaft nichts ändern. »Leb recht wohl und bewahre mir Deine Freundschaft, die mich stets glücklich und stolz machen wird. Dein Freund für immer.«

»Sei glücklich und erreiche das Ziel, das Du verdienst und das Deiner würdig ist.« Welches Glück, welches Ziel zeigte sich für Lasker, als er unbemittelt und unsicher über seine Berufsaussichten im Herbst 1853 begann, sich in London, dieser an Wundern reichen Stadt, umzuschauen?

London bedeutete zunächst das Wiedersehen mit seinem Bruder Max, dem es gelungen war, hier eine Familie zu gründen. Seine junge Frau Florine Weil hieß ihn herzlich willkommen. Max konnte ihm eine Arbeit als kaufmännischer Angestellter bei der Firma Krohn vermitteln. Aber die Tätigkeit befriedigte ihn nicht. Ihm lag nichts an der Beschäftigung mit Zahlen, mit Gewinn und Verlust, er suchte in seiner freien Zeit nach Menschen, die ihm einen anderen Lebensweg öffnen könnten.

Zwanzig Jahre später wird Lasker über seinen Aufenthalt in England schreiben. Er wird Erfundenes und Erlebtes vermengen und die Erzählung seinem Freund, dem Dichter Berthold Auerbach, zeigen. Er wird sich auf das Abenteuer einer Veröffentlichung einlassen, allerdings unter der Bedingung, es müsse anonym erscheinen. Auerbach, zu dieser Zeit durch seine *Schwarzwälder Dorfgeschichten* schon weithin berühmt, bewundert auch von Tolstoi und Turgenjew, wird das Buch mit seinem Vorwort versehen und mit dem Titel *Erlebnisse einer Mannesseele* herausgeben. Jedoch vor dem aufmerksamen Publikum wird der Verfasser nicht lange verborgen bleiben können. Und so wird die in Ich-Form erzählte Geschichte die Leser immer wieder verführen, hier einen Schlüssel zu Laskers Leben zu suchen.

»Auf einer meiner Reisen wurde ich bei einem Manne eingeführt, dessen weit bekannten Namen ich seit meiner Jugend verehrte.« Dieser Satz deutet auf den Dichter und Professor für Kunstgeschichte Gottfried

Gottfried Kinkel im Gefängnis, Holzstich,
1850

Carl Schurz während des amerikanischen Bürger-
krieges

Kinkel. Der in Oberkassel bei Bonn Geborene war vierzehn Jahre älter als Lasker. Als Sohn eines Pfarrers schien sein Weg vorbestimmt. Kinkel begann mit dem Studium der Kirchengeschichte und wurde Hilfsprediger der evangelischen Gemeinde in Köln. Nach dem Abbruch seiner Tätigkeit als Theologe fand er an der Universität in Bonn sein Wirkungsfeld, hier gab er Vorlesungen in Kunstgeschichte und Poesie. Es waren jedoch seine Gedichte über Ereignisse aus fernen und gegenwärtigen Tagen, die ihn weithin bekannt machten. Lasker erwähnte im Buch der *Erlebnisse*, wie Kinkel von den Folgen des Jahres 1848 erfasst wurde: »Die Stürme, welche in den deutschen Staaten die erste Auflehnung des Volksgeistes ankündigten, hatten ihn ergriffen und ins Ausland geschleudert. Die Mühseligkeiten des Aufenthalts im fremden Lande, die Sorge um die zarten Kinder, der Verlust der liebenden Gattin, welche dem Kummer der Verbannung erlag, hatten den Mut des Mannes nicht gebeugt.« Die Aussage über die Gattin scheint die Übereinstimmung mit Laskers Erlebnissen in London zu bestätigen, war doch Johanna Kinkel, geborene Mockel, am 15. November 1858 verstorben. Aber hier passt der Schlüssel nicht ganz, denn während seines Aufenthalts in London bis zum Jahr 1856 lebte sie ja noch. Oder hatte er bei seinen Besuchen Johanna vielleicht gar nicht kennengelernt, war der Hausherr ihrer schon damals so überdrüssig geworden, dass sie, körperlich beeinträchtigt, nur noch verborgen im Hinterzimmer gehalten wurde? Sie hatte sich an diesem düsteren Novembertag aus Verzweiflung das Leben genommen.

Auch sie hatte damals zu den Verdächtigen im *Anzeiger für die politische Polizei Deutschlands* gehört: »Johanna Kinkel, Ehefrau des Professor Kinkel, Schriftstellerin, wegen politischer Gefährlichkeit durch notorischen innigen Verkehr mit den bedeutenderen Individuen der deutschen Revolution und Demokratie 1850 aus Baden verwiesen.«

Um die Person Kinkels rankten sich manche Geschichten, wie er die orthodoxen Geistlichen in Bonn durch seine Heirat mit der geschiedenen Katholikin Johanna Mockel verärgerte, wie er sich darum von der Religion abkehrte, wie er sich 1849 dem pfälzisch-badischen Aufstand anschloss, wie er ein Jahr später, trotz seiner Reuebekundung vom Kriegsgericht zu lebenslänglicher Festungshaft verurteilt worden war. Die *Berliner Abendpost* hatte seine Worte wiedergegeben: Er distanziere sich vom »Schmutz und Schlamm, der sich, ich weiß es, leider zuletzt an diese Revolution gehängt hat«. Die spannendste Geschichte seines Lebenslaufes vollbrachte jedoch ein Student, dem es gelang, Kinkel aus dem Zuchthaus in Spandau bei Berlin zu befreien.

Der Student der Philologie und Geschichte Carl Schurz war aufgenommen worden in den Kreis für Literatur und Musik in Bonn, den Johanna Kinkel, die Frau des Professors, ins Leben gerufen hatte. Der Traum, wie sein Lehrer durch poetische Werke berühmt zu werden, erfüllte sich für Schurz nicht. Auch er hatte wie Kinkel 1849 am badisch-pfälzischen Aufstand teilgenommen. Nach der Niederlage war er in die Schweiz geflohen. Aber dann kam endlich der Ruhm zu Schurz, allerdings nicht im Bereich der Poesie: Die Befreiung Kinkels aus dem Zuchthaus Spandau in der Nacht vom 6. zum 7. November 1850 machte ihn zum »internationalen Helden«.

In seinen *Lebenserinnerungen* schilderte Schurz, wie er der Bitte von Frau Kinkel nachkam, ihren Mann zu retten. Im August 1850 reiste er unter dem Namen seines Vetters Heribert Jüssen nach Berlin. Er beschrieb den Ort des Geschehens: »Das Zuchthaus lag in der Mitte der Stadt – ein großes, kasernenartiges Gebäude, dessen kahle Wände von einem Tor und einer Menge Fensterluken durchbrochen waren –, auf allen vier Seiten von Straßen umgeben.« Die Jüdenstraße schien ihm für den Weg in die Freiheit geeignet. Vorsichtig begann er mit der Annäherung an Wachleute, die bestechlich sein könnten. Dann musste ein Pferdefuhrwerk mit Kutscher bereitstehen. Schurz hatte den sichersten Fluchtweg bis nach Rostock ausgeforscht, zu Schiff sollte es zunächst nach Schottland gehen, später nach London. Sicherlich hatte außer der baren Münze von Frau Johanna auch Kinkels berühmter Name geholfen, einen hilfreichen Aufseher zu finden, der wusste, wie das Tor aufzuschließen sei. In der Nacht vom 5. auf den 6. November misslang der Fluchtversuch, der entscheidende Schlüssel lag nicht am üblichen Platz. Der bereitwillige Wächter Brune wollte das Geld, das er dringend für seine Familie brauchte, zurückgeben. Doch er fand noch einen Ausweg: Der Gefangene sollte sich in der kommenden Nacht aus einer Dachluke abseilen. Schurz beschrieb den Augenblick der Rettung: »Und da stand er, lebendig auf seinen Füßen.« Brunes Mitwirkung wurde entdeckt, die Hilfe kostete ihn drei Jahre Gefängnis.

London blieb zunächst auch für Schurz ein Ort der Zuflucht. Johanna Kinkel war mit den Kindern nachgekommen. Später, viel später wird der rettende Student zum Minister des Inneren der Vereinigten Staaten von Nordamerika aufsteigen.

Vielleicht hoffte Lasker bei seinem Beginn in London auf dem Weg zu Kinkel, vom Meister des Wortes Zuspruch für seine eigenen schriftstellerischen Versuche zu finden. Er wurde vom Hausherrn eingeladen wiederzukommen. War das nun der Himmel? War Kinkel der Gott mit der Einladung: »Willst du in meinem Himmel mit mir leben, so oft du kommst, er soll dir offen sein«?

Wer sich an den Kinkel-Kreis gebunden fühlte und nicht den Zugang zum Emigrantenkreis um Karl Marx suchte, konnte nicht wissen, was dort von diesem Mann gehalten wurde. Bereits ein Jahr vor Laskers Ankunft in der Stadt an der Themse war die Kluft unüberbrückbar. Am 30. März 1852 hatte Karl Marx aus London an Friedrich Engels geschrieben, dass »Gottfried Christus Kinkel« seine Anhänger, auch »studiosus Schurz«, nach Frankreich, Belgien, Deutschland und in die Schweiz ausgeschickt habe, um für eine »Revolutionsanleihe« zu werben. Mit diesen Geldern und durch Unterstützung von Kreisen in Amerika sollte jetzt endlich die Revolution in Deutschland verwirklicht werden. »Fatal ist nur, dass diese Esel mit ihren renommistischen Umtrieben stets von neuem der Polizei Material liefern und die Lage unserer Freunde in Deutschland verschlechtern.«

Dann hatte Kinkel sich selbst auf die Reise nach Amerika gemacht. Über die »Kinkelianer« meinte Marx: »Das einzige, was sie noch einigermaßen zusammenhält, ist die Aussicht auf das erlösende Geld von Gottfried Christus Kinkel.« Marx berichtete Engels über einen Auftritt Kinkels während seiner Amerikareise in einem »Bourgeoiscircle« in Cincinnati; dort habe der Professor erklärt: »Marx und Engels seien keine Revolutionäre, wohl aber zwei Lumpen, die in London von den Arbeitern aus den Wirtshäusern herausgeworfen wurden.« Im Laufe der Zeit habe sich der Kinkel-Kreis gelichtet, schrieb Marx an Engels, man halte sich fern von »einem Kerl, mit dem man sich bloß blamieren könnte«.

Als Eduard Lasker zu Besuch in das Haus Kinkel kam, war der Revolutionsrausch dort erloschen. Es hieß nicht mehr: »Die Zeit der Feder ist vorbei, die Zeit des Schwertes ist gekommen.« Es blieben die Gespräche von der Sehnsucht einer Heimkehr nach Deutschland. Mit diesem Verlangen, wenigstens über die verlorene Heimat reden zu können, begann die rührende Geschichte einer Liebe zu der geduldigen, klugen und schönen Tochter des Gastgebers, die der Ich-Erzähler in seinen *Erlebnissen* Maria nennen wird. Die Einzige vielleicht, die ihn wirklich verstand, auch seine Scheu, sich zu binden.

Wann immer Lasker mit der Niederschrift seiner Erzählung begonnen haben mag, der Himmel über London blieb ihm unvergesslich. »Allein wanderte ich durch die Straßen der Riesenstadt den stundenlangen Weg nach Hause.« Für die Ahnung über das Vergängliche von Hoffnungen hatte er in seinen Worten ein Bild gefunden: »Der Mond kämpfte mit zerrissenem Gewölk und so oft er aus den Wolken brach, überleuchtete er das matte Licht der Laternen. Wie glich doch dieser Wechsel meinem Geschick. Und lauert nicht vielleicht die Wolke schon, welche es bald verhüllen wird?«

Den geheimnisvollen Wandel zur Dunkelheit beobachtete in dieser Zeit auch der Londoner Maler John Everett Millais. Er war wie Eduard Lasker im Jahr 1829 geboren. Sein Ölgemälde vom Mondaufgang zeigt ein unbestimmtes Leuchten über einer menschenleeren Landschaft. Die Laubbäume sind entblättert. Der flimmernde Widerschein des Mondes am Horizont gibt die Ahnung vom unerbittlichen Vergehen des Lichts.

Eduard Lasker scheiterte bei seinen Versuchen, sich in London zu behaupten. Die ungeliebte Arbeit als kaufmännischer Angestellter bei der Firma Krohn endete, als das Unternehmen in finanzielle Schwierigkeiten geriet. In Gottfried Kinkel fand er nicht den Förderer seiner literarischen Versuche. Der Meister hatte in öffentlichen Vorträgen oft genug erklärt, unter den zeitgenössischen Dichtern seien für ihn nur drei von wirklicher Bedeutung: Herwegh, Freiligrath und er selbst. Kinkel warnte seinen Gast davor, »die Poesie zu einem Tagebuch unserer Selbstentwicklung zu machen, denn dem Individuum ist nichts so reizend, als sich selber zuzusehen«. Zu wenig kannte der berühmte Literat vom Wesen seines Besuchers. Neben den Träumen, Anerkennung in der Welt der Literatur zu finden, lebte in ihm der Trieb, mit den Kenntnissen, die er bisher erworben hatte, anderen beizustehen. So gründete Lasker eine »Internationale Rechtshilfestelle«. Jedoch auch dieses Unternehmen erwies sich als verfehlt, Hilfesuchende kamen nicht. Die Hoffnung, durch irgendeinen Zufall hier zu einer sinnvollen Tätigkeit für seinen Lebensunterhalt zu kommen, erschien ihm mehr und mehr unvernünftig. Es lag nicht in seiner Natur, lange unentschlossen zu bleiben, konnte er doch, wann immer er wollte, zurück nach Berlin, wo er das erste juristische Examen bestanden hatte. Er gehörte nicht zu den seit 1848 polizeilich Gesuchten, denen eine Heimkehr verwehrt war.

Lasker wollte sich hier in London vom düsteren November des Jahres 1855 nicht niederdrücken lassen. Sein Entschluss stand fest, das Jurastudium in Berlin fortzusetzen, auch wenn der Abschied von Maria schwer fallen würde. Als Bestätigung für sich selbst schrieb er in kleinen aber energischen Schriftzügen auf ein Blatt, das als Grundlage für ein Tagebuch dienen sollte: »Am 24. November 1855 habe ich das Gesuch um Wiederzulassung zu einem Justizdienst an den Justizminister eingeschickt.« Er hoffte, noch im Dezember eine Antwort aus Berlin zu erhalten. Wie in einem Selbstgespräch gab er sich an dieser Stelle Rechenschaft über den Weg, den er von nun an gehen wollte: »Werde ich zugelassen, so soll diese praktische Rechtsbeschäftigung den Hauptinhalt meines Lebens ausmachen. Ich würde aber die Zeit bis zum letzten Examen zugleich darauf verwenden, mich darauf vorzubereiten, einmal ein gewissenhafter Volksvertreter sein zu können.« Dafür stellte er strenge Forderungen an sich selbst: »Wissenschaft, Belesenheit und Beobachtung und, im persönlichen Charakter, Bescheidenheit, Pünktlichkeit und fester Wille sind die wesentlichen Erfordernisse und Hilfsmittel zu einem höheren Wirkungskreise.« Gerade jetzt war er entschlossen, ein Tagebuch zu führen, früher sei es ihm oft missglückt. »Nun fühle ich mich älter, mutiger.« Die Aufzeichnungen sollten ihm helfen, »die Wirklichkeit des Lebens« deutlicher zu erkennen.

Natürlich schmerzte ihn der Abschied von seinem Bruder Max und seiner Schwägerin Florine. Hatte er doch auch die kleine Klara, deren Geburt er am 22. Januar 1864 begrüßen konnte, besonders in sein Herz geschlossen. Es gehörte zu seinen glücklichsten Stunden, wenn er die aufmerksamen Augen des Kindes beobachten konnte, wie es versuchte, die Welt zu verstehen.

Aus London wird Lasker die Erinnerung an einen anderen Menschen mitnehmen, dem er zwar dort nicht begegnet war, der aber als Vorbild gelten konnte für den Lebenstraum, die Kunst des geschriebenen Wortes zu beherrschen: Benjamin Disraeli. Es war also möglich, gleichzeitig als Politiker Verantwortung zu übernehmen und sich die Lust am Schreiben zu bewahren. Warum sollte es ihm, Eduard Lasker, nicht gelingen, seinen *Spiegel des Lebens* zu schaffen, so wie Benjamin Disraeli im Roman mit diesem Titel sich selbst als Figur unter dem Namen Contarini Fleming dargestellt hatte. Damals, bei der Veröffentlichung des Buches *Spiegel des Lebens,* war der in London Geborene achtundzwanzig Jahre alt. Zu dieser Zeit wurde in Jaroczyn gerade erst Laskers dritter Geburtstag gefeiert.

Der andere aber, Benjamin Disraeli, war auf Betreiben des Vaters im Jahre 1817 als Dreizehnjähriger getauft worden. Dennoch wurde er von seinen christlichen Mitschülern verachtet und eine Bande sogenannter Klassenkameraden bedrohte ihn immer wieder. Eines Tages jedoch gab es für die feindliche Clique eine böse Überraschung: Der junge Benjamin hatte in aller Heimlichkeit bei einem Boxmeister Angriff und Verteidigung gelernt. Als die Meute wieder auf ihn eindrang, streckte er den strebsamen Klassenersten zu Boden. Die Folge: Nicht die Angreifer, nein, Benjamin wurde aus der Privatschule des Reverend Dr. Cogan verwiesen.

Er kam dann zu einem Anwalt in die Lehre, schrieb für Zeitungen, allerdings ohne großen Erfolg. 1825 erschien sein erster Roman *Vivian Grey*, in dem der Einundzwanzigjährige die Schwierigkeiten seines Lebensweges aufgezeichnet und auch seinen Wunsch erklärt hatte, als Politiker auf die Geschicke des Landes Einfluß nehmen zu können. Das anonym herausgekommene Buch erregte wegen der kritischen Sicht auf die Londoner Gesellschaft einen Skandal. Es dauerte nicht lange, bis die emsigen Schnüffler in Disraeli den Verfasser erkannten und ihm das Leben mit hämischen Angriffen erschwerten. Er ging auf Reisen, kehrte für kurze Zeit zurück, dann machte er sich auf den Weg nach Jerusalem. Wieder in London, versuchte er abermals beides: schreiben und politisch wirken. Er wollte im Parlament das Konservative mit dem Demokratischen verbinden, doch erst nach mehreren Versuchen gelang ihm 1837 der Schritt ins Parlament. Zehn Jahre später veröffentlichte er das Buch *Tancred oder der neue Kreuzzug*. Noch einmal, wie schon im *Spiegel des Lebens*, tauchten in diesem Roman Erinnerungen an seine Reise ins Heilige Land auf. Der Blick auf Jerusalem, als er das geheimnisvolle Glitzern der Stadt im untergehenden Mondlicht erlebte, sollte auch die Leser verzaubern. Er hatte nichts vergessen, das Stöhnen des Windes, das Aufkommen eines weißen Nebelschleiers. Es war ihm gegenwärtig geblieben, wie der Schlaf sich über Jerusalem senkte.

Auch der englische Maler William Holman Hunt suchte in Ägypten und im Heiligen Land nach Antworten aus der Vergangenheit für die Gegenwart. In einem Aquarell zeigte er die Sphinx als »Wachsame«, die in der Hoffnung auf eine Welt der »Rechtschaffenheit und Freude« den Sonnenaufgang erwartet. Aber da der genaue Beobachter Hunt an Ort und Stelle erlebt hatte, wie die untergehende Sonne ihr Gesicht verdunkelte, verschwieg er auf seinem Bild nicht den Schatten: So muss die Sphinx nun unerlöst im Schlaf versinken.

Vielleicht dachte Lasker, als er in London von den Erfolgen Benjamin Disraelis hörte, noch einmal über die Taufe nach, immerhin war Disraeli jetzt Schatzkanzler im britischen Königreich. Doch die Lebenswege ließen sich nicht vergleichen. Der Vater hatte dem dreizehnjährigen Benjamin die Entscheidung abgenommen und war mit ihm zur gemeinsamen Taufe gegangen. Lasker, jetzt sechsundzwanzig Jahre alt, wusste, wie zutreffend die Worte des Freundes Wilhelm Cohn waren: »Ich glaube, Dich auch hinreichend zu kennen, um überzeugt zu sein, dass Dich ein solcher Schritt für Dein ganzes Leben mit einer gewissen bitteren Empfindung verfolgen müsste.«

Aber die Laufbahn als Richter in Preußen würde ihm als Ungetauften verschlossen bleiben, auch das wusste Lasker. Noch immer hieß es, keinem Christen könne zugemutet werden, vor einem Juden einen Eid abzulegen. Dennoch nahm er sich vor, sein Jurastudium bis zum Assessorexamen fortzusetzen. Er wird, um seinen Lebensunterhalt zu bestreiten, für Zeitungen Artikel über das Tagesgeschehen schreiben, kritische Betrachtungen wie damals in Breslau für seine Zeitschrift *Socialist*.

Spielbeginn

Wieder in Berlin. In diesem Frühjahr 1856 spürte Lasker nach seiner Rückkehr die eigenartige Stimmung bei denen, die nicht zu den oberen Schichten gehörten, eine Stimmung, in der sich eine Erwartung auf eine bessere Regierung und eine tiefe Resignation mischten. Zwar war er nun eingetaucht in den Alltag der Stadt an der Spree, doch in seinen Gedanken ging er wieder und wieder die Wege von London. Er schrieb an Marie von der Suche nach dem Land der »absoluten Rechtschaffenheit und Freude« und von der Hoffnung auf eine wirkliche Umgestaltung in Preußen. »Alle Zeichen der Vergangenheit, alle Begriffe der Gegenwart verbanden sich mit der neuen Welt, welche in mir lebte.« Seine Vorstellungen von dieser neuen Welt, wie konnte es bei seinem wieder aufgenommenen Studium des Rechts anders sein, kreisten vor allem um Verfassungsfragen. Er war glücklich über Maries mitfühlende Antworten, so offenbarte es später der Ich-Erzähler der *Erlebnisse*. Ihre Briefe waren ein Zeugnis für »eine verständnisvolle Gemeinschaft«. Dann traf ihn die Unglücksnachricht: Das Wesen, an dem sein ganzes Herz hing, Marie, war in London gestorben.

Der Ich-Erzähler aber wollte sich vom Schmerz nicht überwältigen lassen. Er ging unter die Menschen, ging zu den Gedemütigten und Gequälten. »Ich forschte den Quellen der Leiden nach, und immer tiefer zog es mich von den Schicksalen der Einzelnen hinein in die allgemeinen Schäden.« Doch er bemerkte auch, wie mancher unter dem Vorwand, helfen zu wollen, sich in den Vordergrund spielte: »Ehrgeizige jagten ihren Plänen nach, Eitle drängten sich in kleinen Kreisen an die Spitze und niedrige Selbstsucht berechnete ihren Vorteil.« Er aber wollte den vom Unglück Betroffenen helfen und suchte die »Gemeinschaft mit Gleichbestrebten«.

Nach bestandenem Examen galt er nun zwar als königlicher Gerichtsassessor, doch der Ungetaufte war nur für unbezahlte Hilfsdienste zugelassen. Ihm blieb die Arbeit mit dem Wort. Zunächst war es die *Deutsche Zeitung*, die seine kritischen Betrachtungen zur Tagespolitik in Preußen druckte. Die Themen, die seine Interessen berührten, waren vielfältig, über die »durchlöcherte Verfassung«, über Freihandel, über das Heer als bereitwilliger Vollstrecker des Willens der Aristokratie, über die Pressefreiheit und auch über den Anspruch des Herrenhauses als schützende Kraft für konservative Gruppierungen. Für die 1855 nach königlichem Beschluss eingesetzte Erste Kammer im Preußischen Landtag blieb seitdem der kennzeichnende Name: das Herrenhaus. Die Mitgliedschaft war vor allem dem Adel vorbehalten. Die hierher Berufenen sahen ihre vordringliche Aufgabe im Bewahren der alten Ordnung, wie sie vor 1848 herrschte. Gegen die Ansprüche dieser Herren war es für die gewählten Volksvertreter der Zweiten Kammer im so genannten Haus der Abgeordneten schwer, manchmal unmöglich, die eigene Meinung zur Geltung zu bringen.

Als im Verlaufe des Jahres 1858 König Friedrich Wilhelm IV. an einem unheilbaren Gehirnleiden erkrankt war, hatte er seinem Bruder Wilhelm die Regentschaft übertragen. Hoffnung auf mehr Verständnis für Rechtlose und Besitzlose kam auf, der Umschwung erhielt von ganz Kühnen die Bezeichnung »Neue Ära«. Nach dem Tod des Königs stieg die Zuversicht, dass mit der neuen Zeitrechnung die alten Mächtigen auf den Beamtenposten zur Rechenschaft gezogen würden.

Später beschrieb Lasker die Tage nach dem Beginn der Herrschaft unter König Wilhelm I.: »Aber als nach der Natur der Umstände und im Verhältnis der wirklichen Kräfte der Monarch seine Autorität wiedergewann, gebrauchte er sie zur Besetzung der Ministerposten und der obersten Verwaltungsstellen im Geiste des alten Systems.« Ganz im Sinne des verstorbenen Königs Friedrich Wilhelm IV., der den »Pöbel« verabscheut hatte, versah der Polizeidirektor von Berlin, Wilhelm Stieber, noch immer sein Amt. Eifrig, hart, gewissenlos.

Laskers Betrachtungen über den gegenwärtigen politischen Zustand in Preußen, oft auch im Rückgriff auf die Geschichte oder im Vergleich mit England, dem Land »gesegneter Staatseinrichtung und Staatsverwaltung«, blieben nicht unbeachtet. Die *National-Zeitung* öffnete ihm ihre Spalten für Leitartikel. Und er fand einen Mentor, den zehn Jahre älteren Juristen Heinrich Bernhard Oppenheim, der ihm, so lange er lebte, ein verständnisvoller Freund war. Auch Oppenheim gehörte zu den Revolutionären von 1848 und hatte seine Heimatstadt Frankfurt am Main verlassen müssen. Auch er hatte Zuflucht in der Schweiz, in England, in Frankreich gefunden. Auch er war nach Berlin gekommen. Auch er wollte mit dem Wort wirken und gründete 1861 die *Deutschen Jahrbücher für Politik und Literatur*. Allein schon mit dem Titel setzte er sich demonstrativ ab von den seit 1858 in Berlin erscheinenden *Preußischen Jahrbüchern* der Konservativen. Im Gegensatz zu Oppenheims Gründung, die schon nach wenigen Jahren das Erscheinen einstellen musste, wurden diese preußischen Blätter noch lange am Leben gehalten. Später wird der Historiker Heinrich von Treitschke zum Herausgeber der *Preußischen Jahrbücher*, und er wird in der Ausgabe vom November des Jahres 1879 seinen bisher hinter einer patriotischen Haltung verborgenen Hass in die Öffentlichkeit tragen. Er wird den Artikel *Unsere Aussichten* schreiben. Mit seinem hier verkündeten Satz – »Die Juden sind unser Unglück« – wird er zum Wegbereiter für Verbrecher, die sich von nun an auf ihn, den angesehenen Historiker, berufen können.

Aber jetzt, im Jahr 1861, entdeckte Oppenheim in den Veröffentlichungen von Lasker, der seine politische Heimat bei der Fortschrittspartei gefunden hatte, den Klang, den er für seine *Deutschen Jahrbücher* brauchte. In den Arbeiten, die er bisher von Lasker kannte, fanden sich Fragen, die auch ihn nicht losließen. Wer verbarg sich hinter dem Wort »liberal«? Waren es nur jene, die einen dritten Weg suchten, den Weg zwischen der Forderung nach einer demokratischen Regierungsform und dem Festhalten an den alten feudalen Strukturen? Was blieb in ihrem Auftreten vom Ursprung des Wortes, das freisinnig, vorurteilsfrei, auch edel und gütig bedeutete, im Gegensatz zu konservativ, zum unnachgiebigen Bewahren des Althergebrachten?

Die *Deutschen Jahrbücher für Politik und Literatur* brachten 1862 im vierten Band zwei Folgen der Betrachtungen von Lasker *Über Verfassungsgeschichte und Fragen des Staatsrechts in Preußen*. Sein Blick ging zurück zum Jahr 1848, zur »noch nicht besiegten Energie der Freiheitsbestrebungen«. Er untersuchte, wie in den folgenden Jahren »Altliberale« ins Parlament und zur Macht drängten. »Ob jene Männer Schlimmeres verhütet oder Schlimmeres gestiftet haben?« In ihrer Haltung einer »staatsklugen Mittelmäßigkeit« und in ihrem »eingeborenen Respekt vor der Exekutive« sah er die Ursache für die gegenwärtige Politik der Unterdrückung der Freiheit in Preußen. Mit Schärfe kennzeichnete er die Grenzen dieser Leute, wie sie »die Waffe der Rechtsverdunklung« benutzten. Aus dem Gegensatz zwischen Regierung und Parlament erkannte er Bestrebungen der Herrschenden, »die Rolle der Volksvertretung zu einem ganz wesenlosen Scheine herunterzudrücken«. Die unkontrollierte Ausübung der Regierungsgewalt charakterisierte er als »Willkür«, als »Missbrauch«. Er schrieb in eigener Verantwortung, das Wort »wir« benutzte er selten: »Mir aber scheint es wichtig, dass sowohl in der Wissenschaft als in der praktischen Politik die Einbürgerung des Prinzips verhütet werde, dass es Regierungsakte gebe, deren Kontrolle und Beurteilung der Volksvertretung entzogen sei.« Die Finanzkontrolle war für ihn der »Eckstein der populären Macht, ihre gewissenhafte Ausübung ist die vornehmste Aufgabe der Volksvertretung.«

Mit Sorge betrachtete er die Tendenz »der äußersten Reaktion«, auf die Regierung soweit einzuwirken, dass »der Einfluss des Abgeordnetenhauses absolut vernichtet werden soll«. Für diese Herren seien Volksvertreter überflüssig, vor allem bei der Erörterung um den Staatshaushalt. Lasker beschrieb ihre Methode: Wenn man schon das Recht der Volksvertretung zur Bewilligung der Ausgaben einhalten müsse, dann solle der Etat vorher im Herrenhaus unauffällig zurecht gemacht werden, besonders im Hinblick auf die Militärausgaben. Lasker erklärte: »Das ist die wahre Gestalt der konservativen Paladine.« Er blieb dabei: »Nur dem Abgeordnetenhause steht die Prüfung zu, ob eine von der Regierung verlangte Ausgabe ratsam sei, nicht dem Herrenhause.«

Im *Kapitel vom König* ging er zurück zum Jahr 1846, zur Regierungszeit des Preußischen Königs Friedrich Wilhelm IV., doch es war nicht zu übersehen, hier wurde auch die Gegenwart abgehandelt. Er erinnerte an das Wort des Königs von seiner Gewalt, mit der er die eine einzige gegen ihn gerichtete Partei unterdrücken könne. Lasker zitierte den Ausspruch: »Und diese Partei war das ganze Volk.« Er führte aus, wie die königliche Macht gegen die Forderungen des Volkes eine starke Stütze im »Junkertum« fand. Dieser Zustand war, so sah es Lasker, noch keineswegs vollständig vergangen: »Mit dem unbeschränkten Königtum stand es auf einer Stufe: Privilegien hier und dort, Königtum von Gottes Gnaden und Gutsherrschaft von Gottesgnaden.« Er betonte, die königliche Macht sei keine Allmacht, hier habe die Verfassung eine Grenze gesetzt. Im *Kapitel vom König* wies Lasker nach, zur Zeit der Herrschaft Friedrich Wilhelms IV. habe sich die Feindseligkeit der Regierung gegen das Parlament verhärtet.

Mit der Ernennung zum Staatsminister und Minister des Auswärtigen war am 8. Oktober 1862 für Bismarck der von ihm in seinen *Gedanken und Erinnerungen* so bezeichnete »Zwischenzustand« beendet. Lasker fand diesen Augenblick in der Geschichte für die innenpolitische Entwicklung äußerst bedauerlich, wie er Jahre später beim Nachdenken über seine Parlamentserfahrung schrieb: »Keine andere Wahl als die Bismarcks konnte unglücklicher sein für die Verständigung mit der Volksvertretung.« Doch Lasker blieb nicht bei einer einseitigen Betrachtung. In seiner Aufzeichnung registrierte er den »Mut und die frische Fröhlichkeit«, mit der Bismarck dem »Endziele« zustrebe, bei einer Einigung Deutschlands Preußens Vormachtstellung zu befestigen. Lasker bezeichnete die Art, wie Bismarck die Regierungsgeschäfte aufnahm: »Er begann das Spiel mit beinahe völliger Sicherheit des Erfolgs.« In diesem Spiel ließ Bismarck nie einen Zweifel an seiner Auffassung, »dass der Schlüssel zur deutschen Politik bei den Fürsten und Dynastien lag und nicht bei der Publizistik, in Parlament und Presse oder bei der Barrikade«. Bismarck sah jedoch in der Presse auch ein Instrument, mit dem er selbst durch Mittelsmänner die öffentliche Meinung beeinflussen konnte.

Im sechsten Band der *Deutschen Jahrbücher*, Januar bis März 1863, betrachtete Lasker die Art und Weise, wie Bismarck bei der Debatte über die Neuordnung des Heerwesens und der Dienstpflicht mit Gesetzesentwürfen umging. Es sei bereits bei der Vorlage des Entwurfs klar gewesen, kein Abgeordneter und kein Minister würde zustimmen. Also wurde eine neue Fassung ausgearbeitet. Lasker nannte diesen Ablauf »den wunderlich verflochtenen Gang des Militärdramas«. Aus seinem Einblick in Dokumente und Aktenstücke kannte er »die Kunst, wirkungslose Gesetze abzufassen«. Er stellte fest, die Regierenden seien bestrebt, an dem Zustand aus dem Jahr 1814 festzuhalten. Mit dem althergebrachten Satz »Der König führt den Oberbefehl über das Heer« sei dem Herrscher die unkontrollierbare Macht über die Geldmittel und die Verwendung der Truppen gegeben. Nichts anderes sei beabsichtigt, als zu einem schrankenlosen Absolutismus zurückzukehren.

Im Frühjahr 1863 war die Schrift *Das Recht des Herrenhauses bei*

Eduard Lasker, Holzstich, 1873

Otto von Bismarck-Schönhausen, Lithographie, 1863

Festsetzung des Staatshaushalts von Graf Adolph Heinrich von Arnim-Boitzenburg erschienen. Lasker schrieb seine Entgegnung für den siebenten Band der *Deutschen Jahrbücher*, April bis Juni 1863. Er benutzte die Briefform: *Das Herrenhaus und sein Finanzrecht – Eine Antwort an Graf Arnim-Boitzenburg.* Seiner höflichen, sachlichen Anrede war bei allem Ernst ein unverkennbarer Hauch von Ironie beigegeben, den er sich erlauben konnte, weil seine Ausführungen auf exakten Untersuchungen beruhten. Er brachte das Ergebnis seines Studiums der einschlägigen Akten in aller Ausführlichkeit. Manche, weniger Interessierte, mochten diese Methode als zu ausschweifend betrachten. So gründlich und gewissenhaft wird er auch später bei seinen Vorträgen und Parlamentsreden vorgehen. Auch wird er immer wieder auf geschichtliche Ereignisse zurückgreifen, vor allem auf die Zeit vor 1848 und auf die Folgen der revolutionären Bewegungen.

In seiner Antwort an den Grafen Arnim-Boitzenburg verwahrte er sich gegen den Standesdünkel des Adels. »Zu keiner Zeit bedürfen wir der vermittelnden Heiligen zwischen dem Throne und dem Volke.« Es gebe keinen Grund, auch nur einer Familie bevorzugten Standes »willigen Gehorsam« zu leisten. Lasker erinnerte daran, wie in der Zeit der Freiheitskriege von 1815 gerade jene, die nicht auf die Gunst der hohen Geburt verweisen konnten, aufopferungsvoll ihre Pflicht getan hatten. Ihnen jedoch sei kein Beweis einer Anerkennung zugestanden worden.

Jetzt seien vorwiegend Adlige in die Regierungsgeschäfte eingebunden. Er fragte: »Woher der Anspruch auf Staatsstellen und die Leitung im Heer?« Er fragte, welches Verdienst sie für diese Vorrechte aufweisen könnten und woher die politische Weisheit komme, sich im Herrenhaus gegen die öffentliche Meinung abzuschließen. Er fragte: »Das Herrenhaus soll Gesetzen die Weihe geben, sein Widerspruch Gesetzentwürfe beseitigen oder umgestalten. Aber wo ist sein eigener gesetzlicher Ursprung zu finden, wo ist die Quelle seiner Existenz?«

Er hatte die Mitgliedslisten und die Ministerialblätter durchgesehen und die Kategorien herausgefunden, nach denen die »Erblichen« und die Herren »Allerhöchsten Vertrauens« geordnet wurden. Er forderte Arnim-Boitzenburg auf, seine Argumente anzuhören: »Wenn Sie geneigt sind, mit mir auf das geschichtliche Material einzugehen, so stelle ich Ihnen die Wahl der Methode anheim.« Er nannte seine Bedingung für die Aussprache über die Rechte des Herrenhauses: Was bei Hofe zwischen den Ministern und Junkern im Geheimen abgesprochen war, wisse er nicht, wenn der Herr Graf dieses Dunkel aufhellen könne, wäre es begrüßenswert, das habe jedoch für einen Beweis der Rechtmäßigkeit des Herrenhauses auf Gesetzänderungen keinen Nutzen. Grundlage der Erörterung sollten lediglich Gesetzbücher und Schriftstücke über offen verhandelte Probleme sein.

Zu Laskers Blick auf die Entstehung des Herrenhauses gehörte die Untersuchung der Rolle von Friedrich Julius Stahl, der mit siebzehn Jahren seinen Namen Schlesinger abgelegt und die Taufe auf sich genommen hatte. Unermüdlich hatte Stahl seitdem die lutherische Glaubensrichtung vertreten. Und er hatte sein politisches Glaubensbekenntnis aufgebaut: Die Welt bestehe aus zwei Kategorien. Die eine Kategorie, »Revolution«, bedeute Unglauben und die Auffassung, alle Menschen seien vor dem Gesetz gleich; die andere Kategorie, »Legitimität«, bewahre den Glauben an den Sohn Gottes mit der unerschütterlichen Überzeugung, dass die Königsherrschaft über das Volk die gottgegebene Ordnung offenbare.

Dieser fromme Lehrsatz diente als Fundament für das Herrenhaus. So war Stahl nun nicht nur Mitglied des Preußischen Oberkirchenrates, der obersten Kirchenbehörde im Königreich, er wurde auch als Mitglied ins Herrenhaus berufen, ein unverlierbares Privileg bis zu seinem Lebensende 1861. Lasker zitierte in seiner Antwort an den Grafen Arnim-Boitzenburg die Worte Stahls aus dem Jahr 1858: »Unser Herrenhaus ist ein schöpferischer Gedanke seiner Majestät des Königs.« Stahl habe geglaubt, das Herrenhaus bedeute die Lösung der Probleme der Gegenwart. Als dann mit Hilfe des Herrenhauses die Landgemeinden wieder wie in alten Zeiten unter die Aufsicht der Gutsherren gestellt wurden, habe Stahl diesen Zustand als »Triumph der Ordnung« begrüßt. Lasker hatte bei seinem Aktenstudium herausgefunden, wie weit das Bestreben der adligen Herren in der Ausübung ihrer Politik ging. So hatte der konservative Hans Hugo von Kleist-Retzow gefordert, es sei für das Herrenhaus dringend notwendig, »die Kreistage zu schützen vor dem Eindringen jüdischer Elemente«.

In seiner abschließenden Betrachtung über *Das Herrenhaus und sein Finanzrecht* im neunten Band der *Deutschen Jahrbücher*, Oktober bis Dezember 1863, griff Lasker die Behauptung von Arnim-Boitzenburgs auf, man habe sich bei der Schöpfung des Herrenhauses an wichtige Vorbilder in England, Belgien und den Vereinigten Staaten von Nordamerika gehalten. Kein Oberhaus sei dort bei der Entscheidung über den Staatshaushalt Beschränkungen unterworfen. Lasker konnte dem Grafen, der doch sonst so vorsichtig zu Werke gehe, aus eigener Kenntnis der englischen Verfassung den Fehler nachweisen, das Haus der Lords habe nichts mit den Finanzgesetzen zu tun. Sarkastisch meinte er zum Anspruch des Herrenhauses auf das Recht, bei Festsetzung des Staatshaushalts entscheidend einzugreifen: »Seine Finanzpolitik ist ungefährlich, weil die Verfassung und der innere Grund der Dinge sie bedeutungslos machen.«

Für das Jahr 1863 darf der Blick aus den Augen von Hildegard von Varnbüler auf Bismarck hier nicht fehlen. Sie war in den Frühlingstagen mit ihrem Vater, Freiherr Friedrich Gottlob Karl von Varnbüler, aus Württemberg zu Besuch nach Berlin gekommen. Am 3. Juni hatte sie im Tagebuch ihren Weg durch die Stadt beschrieben: »Die Leute sind entsetzlich unelegant und uninteressant, und die Linden so klein und mager und so voll Staub, dass sie nicht grün, sondern grau aussehen.« Den Tiergarten bezeichnete sie als öde und vernachlässigt. Doch dann bekamen Vater und Tochter eine Einladung von Bismarck zum Tee in die Wilhelmstraße 76. Der Hausherr erschien ihr als »ein sehr großer, hübscher Mann mit energischem, fast trotzigem Gesichtsausdruck.« Bei seiner Frau Johanna, die sie freundlich empfangen habe, fiel ihr auf, sie sei »sehr einfach gekleidet«.

Mit diesem Tag, dem 3. Juni 1863, begann das gegenseitige Interesse am Austausch der Gedanken. Bismarck wollte den einflussreichen Politiker aus Württemberg, den Vertreter der Ritterschaft des Neckarkreises, schon am nächsten Abend wiedersehen. Es lag ihm offensichtlich daran, Varnbüler von seiner Neigung nach Österreich abzuziehen und ihn zu Gunsten Preußens umzustimmen. Auch galt es zu berücksichtigen, dass Varnbüler als ein entschiedener Förderer des Eisenbahnbaus galt; sein Wissen um wichtige Verbindungen für den Handel und für plötzlich notwendige Truppenbewegungen konnte nur nützlich sein. Hildegard von Varnbüler schrieb über den Besuch bei Bismarck: »Der ganze Ton des Hauses ist sehr einfach, natürlich, vornehm und hat mir sehr wohl gefallen.« Bismarck hatte erfahren, dass Varnbüler sich auf die Reise nach Wien vorbereitete. Nun wollte er den Freiherrn vorher noch einmal sprechen. Varnbüler folgte mit seiner Tochter der erneuten Einladung in die Wilhelmstraße. Dort trafen sie, wie die Tagebuchschreiberin berichtete, den Grafen Moritz Karl Henning von Blanckenburg und den Kriegsminister Albrecht von Roon. Es sei langweilig gewesen, das habe sich erst geändert, als die beiden Herren gegangen waren. Dann endlich sei es zu einem langen Gespräch zwischen Bismarck und ihrem Vater gekommen, während sie sich mit der Hausherrin unterhielt. Über die Reise nach Österreich und den Aufenthalt in Wien schrieb sie nur kurz. Die Begegnung mit dem österreichischen Außenminister bei einem Mittagessen habe ihr gar nicht gefallen. Aber dann, wieder zu Hause auf ihrem Landsitz in Hemmingen bei Stuttgart, gerieten ihre Aufzeichnungen über den 18. Oktober 1863 ins Schwärmerische: »Heute, als am 50. Gedenktage von Leipzig, ist große Feier in ganz Deutschland.«

Jahrzehnte zuvor hatte Goethe seine etwas boshaft zugespitzten Überlegungen für ein Monument zur Erinnerung an die Völkerschlacht unter *Politica* festgehalten:

Wolltet ihr in Leipzigs Gauen
Denkmal in die Wolken richten,
Wandert, Männer all' und Frauen,
Frommen Umgang zu verrichten!
Jeder werfe dann die Narrheit,
Die ihn selbst und andere quälet,
Zu des runden Haufens Starrheit,

Nicht ist unser Zweck verfehlet.
Ziehen Junker auch und Fräulen
Zu der Wallfahrt stillem Frieden,
Wie erhabne Riesensäulen
wachsen unsre Pyramiden.

Der Jubel bei den Erinnerungsfeiern von 1863 war kaum verklungen,
da gab die Nachricht vom Tod des kinderlosen Königs von Dänemark
Friedrich VII. neue Nahrung für die Frage der Loslösung von Schleswig-Holstein aus dem dänischen Herrschaftsbereich. Später beschrieb
Lasker die Zusammenhänge: »Diese Gelegenheit ergriff Bismarck, um
durch Preußen das deutschnationale Interesse an der Erhaltung Schles-
wig-Holsteins für Deutschland vor Europa vertreten zu lassen.« Lasker
meinte, um die wirklichen Gründe für einen gemeinsamen Waffengang
von Preußen und Österreich gegen Dänemark zu verschleiern, sei ein
Nebel ausgebreitet worden, unter dem auch Bismarcks Anspruch auf
die Vorherrschaft Preußens verborgen werden sollte.

Der Jubel ging weiter. So schrieb die Varnbüler am 6. Februar 1864
über den Krieg gegen Dänemark in ihr Tagebuch: »Herrliche Nachrichten aus Schleswig: Das Danewerk ist teils erstürmt, teils verlassen, die
Verbündeten sind in Schleswig eingerückt.«

Der Maler Wilhelm von Camphausen war zum Ort des Geschehens geeilt und zeichnete *Die Eroberung der Düppeler Schanzen*. Die
Darstellung von zahllosen Uniformierten, wie sie mit dem Bajonett in
den Händen bergan liefen, angetrieben von einem Offizier mit erho-
benem Säbel, als sei er bei dieser Eroberung ein Dirigent, diente als
Vorlage für einen Holzschnitt, geeignet zur Vervielfältigung. In seinem Holzschnitt *Das Schlachtfeld von Düppel* gab der im Siegesrausch
befangene Künstler auch dem Tod Raum. Da lagen sie nun auf einer
übersichtlichen Ebene unter wolkenverhangenem Himmel nebeneinander hingestreckt, die toten Feinde. Fast im Mittelpunkt zwei aufrechte preußische Krieger mit müden Gesichtern, als staunten sie, dass
sie noch leben, während die auf Pferdewagen geschichteten Leichen
davongefahren werden.

Als nach dem Sieg »Herr von Bismarck im Preußischen Landtag die
Kieler Bucht als Station zur Errichtung für die deutsche Flotte präsentierte«, war für Lasker der zielsicher ausgebreitete Nebel verflogen.

Das Schlachtfeld von Düppel, Holzschnitt nach einer Zeichnung von Wilhelm Camphausen

Im dreizehnten Band der *Deutschen Jahrbücher*, Oktober bis Dezember 1864, berührte Lasker mit seinem Artikel *Vor und nach der Regentschaft – Ein Beitrag zur preußischen Staats- und Rechtsgeschichte* zwei Themen, die für ihn von besonderer Bedeutung waren: Die Todesstrafe und die Pressefreiheit. Er untersuchte, wie vor sechs Jahren, als König Friedrich Wilhelm IV. erkrankte, die Erörterung um die Todesstrafe zum Tagesgespräch geworden war: »Das Dunkel, in welches die Natur der Krankheit gehüllt wurde, und die widersprechenden Nachrichten übten überall ihren mystischen Reiz aus.« Die Frage nach der Vollmacht des Herrschers war aufgetaucht. Wessen Wort hatte Geltung, das des kranken Königs oder das seines stellvertretend regierenden Bruders Wilhelm von Preußen? Besorgte Herren der Regierung hatten registrieren müssen, dass der Stellvertreter »noch kein Todesurteil bestätigt habe«. Ohne die Zustimmung des höchsten Regenten durfte auch nach dem Todesurteil eines Richters die Strafe nicht vollzogen werden. Die Frage nach den Gründen der Zurückhaltung von Prinz Wilhelm wurde in den Zeitungen so ausführlich erörtert, dass sich der Justizminister genötigt sah, »gegen das Andrängen der öffentlichen Meinung« einzugreifen.

Lasker beschrieb, wie in den Tagen der Ungewissheit über das Verhalten des Nachfolgers die Erörterung um die Todesstrafe mit der Pressefreiheit verknüpft wurde. In dieser Zeit vor der »Neuen Ära«

genügte es dem Justizminister nicht, »an den Patriotismus und die Besonnenheit der Redaktionen« zu appellieren, er ließ Tageszeitungen polizeilich mit der Begründung beschlagnahmen, sie »verletzten die Ehrfurcht vor dem König und die Achtung vor der Obrigkeit«.

In den Untersuchungen für seine Rückschau auf die letzten Tage des kranken Königs war Lasker das Verhalten des Oberstaatsanwalts Wilhelm Schwarck aufgefallen. Dieser hatte damals die Redaktionen aufgefordert, wenn sie sich über Maßnahmen der Polizei beschweren wollten, sollten sie sich direkt an ihn wenden. Lasker betrachtete das Verhalten des Oberstaatsanwalts als eine mit dem Justizminister abgesprochene, gegen die Presse gerichtete Neuerung für »eine wirksame Aufsicht über die polizeiliche Hilfstätigkeit«. Ein Jahr später wird Lasker Herrn Oberstaatsanwalt in der Öffentlichkeit begegnen.

In seinem Artikel über die Zeit vor und nach dem Beginn der »Neuen Ära« hatte Lasker auch noch einmal seine Aufmerksamkeit dem Herrenhaus zugewandt, wie die Volksvertretung gegenüber diesen privilegierten Regierungsvertretern in politische Bedeutungslosigkeit versunken sei: »Die ergebene Schar aus der Mitte des Abgeordnetenhauses war den Ministern zu folgen gewohnt.« Die Opposition habe gegen die Regierungsgewalt oftmals nur im »einmütigen Schweigen« verharrt.

Oberstaatsanwalt Schwarck und Polizeidirektor Stieber

Noch am Tag der Wahl zum preußischen Abgeordnetenhaus, am 14. März 1865, kam der Name Eduard Lasker zu den Polizeiakten der politischen Abteilung für den königlich preußischen Polizeidirektor: »Euer Hochwohlgeboren zeige ich hierdurch ganz gehorsamst an, dass bei der Abgeordneten-Wahl im 4. Berliner Wahlbezirk der Dr. Lasker von 408 mit 254 Stimmen gewählt worden ist.« Der polizeilich Beobachtete hatte für die Fortschrittspartei kandidiert. Einen Tag später ist in den Akten die Frage vermerkt: »Wo wohnt der Gerichts-Assessor Lasker, der im IV. Wahlbezirk als Abgeordneter gewählt worden ist.«

Legitimation für das Mitglied des preußischen Abgeordnetenhauses Eduard Lasker, 1865

Die Antwort: »Eduard Lasker, 14. 10. 29 zu Posen geboren, jüdischer Religion, ist Köthenerstr. 18 bei Klein gemeldet.«

In dieser Zeit gehörte der Jurist Carl Twesten zu den Wortführern der Fortschrittspartei. Sein Name war umwoben von der abenteuerlichen Geschichte seines Duells mit General Edwin Hans Karl von Manteuffel. In seiner Broschüre *Was uns noch retten kann* hatte Twesten 1861 die Leitung des preußischen Militärkabinetts durch Manteuffel »unheilvoll« genannt. Der General fühlte sich beleidigt und forderte Twesten zum Duell heraus. Twesten wich nicht aus, er wurde verwundet. Der Form halber wurde über Manteuffel ein kurzer Arrest in Magdeburg verhängt. Beobachter deuteten diesen Kampf, bei dem beide am Leben geblieben waren, als den Angriff eines Fortschrittlers gegen das von Gottes Gnaden errichtete Hohenzollernsche Herrscherhaus, gegen die festgeschriebene Tradition: Der König muss oberster Lenker des Staates und Kriegsherr sein. In Twestens Auffassung von einem parlamentarisch regierten Staat sah Lasker Anknüpfungspunkte an das Jahr 1848.

Später berichtete Ludwig Bamberger über Laskers Beginn als Abgeordneter und erklärte dabei das Geheimnis der politischen Wirkung seines Freundes: »Er war ein Mann des Rechts. Recht und Gerechtigkeit, das war die Göttin, die in seiner Seele lebte, von der sein ganzes Tun und sein ganzes Denken und Wirken zu begreifen war.« Auch Bamberger hatte sich zunächst für die Fortschrittspartei entschieden. Seine Herkunft aus einer wohlhabenden jüdischen Kaufmannsfamilie in Mainz ließ sich nie verleugnen, sein Auftreten war immer weltgewandt. Auch er stand 1848 auf der Seite, die Bismarck zeitlebens fremd und zuwider blieb. In jungen Jahren hatte sich Bamberger nach beendetem Jurastudium den Revolutionären angeschlossen. Seine Zeitungsartikel gegen reaktionäre Strömungen und seine begeisternden Reden für Fortschritt und Menschenrechte erregten weithin Aufsehen. Wegen seiner Beteiligung am badisch-pfälzischen Aufstand wurde er von den Siegern zum Tode verurteilt. In Abwesenheit. Er sollte auf dem Marktplatz von Zweibrücken hingerichtet werden. Bambergers Fluchtwege führten ihn über die Schweiz nach England, Belgien und Holland. Endlich fand er seinen Platz in Paris als Leiter des Bankhauses Bischoffsheim & Goldschmidt. Aber es blieb der Wunsch, nach Deutschland zurückzukehren. Doch solange der Vollzug der Todesstrafe beim Betreten deutschen Bodens ihn bedrohte, konnte er das politische Geschehen in seinem Heimatland nur aus der Ferne beobachten.

Im Sommer 1864 waren sich Bamberger und Lasker im Hotel »Jungfraublick« in Interlaken begegnet. Damals hatte der sechs Jahre ältere Bamberger das Verhalten des Freundes als etwas »Lehrhaftes und Apostolisches« empfunden. Erst später, in der Zeit der Gemeinsamkeit, in der neugegründeten Nationalliberalen Partei, war er zu der Einsicht gekommen, dass auch auf diesen Eigenschaften Laskers Überzeugungskraft beruhte.

In den kalten Tagen von 1884, als der Reichskanzler das Beileidsschreiben aus Amerika zum Ableben von Lasker zurückwies, brachte Bamberger in seiner Gedenkrede den Beweis für das von ihm entdeckte Geheimnis der politischen Wirkung seines Freundes: »Ich selbst fand dieser Tage in den Akten seines Lebens, die ich nachschlug, um mir diesen reichen Lebenslauf wieder zu vergegenwärtigen, die ersten Spuren seines öffentlichen Auftretens verzeichnet, und dies war ein Akt der Vindikation [Verteidigung] des Rechts und der Gerechtigkeit.«

Den Augenblick des Entschlusses von Lasker, sein Wort in die Waagschale zu werfen, wollte Bamberger nicht in Vergessenheit geraten

Ludwig Bamberger, Fotografie, 1871

lassen. »Es war dies in einem Berliner Wahlbezirk, in dem liberale Wahlkandidaten für das Abgeordnetenhaus zu Anfang des Jahres 1865 aufgestellt werden sollten; es präsentierte sich ein Staatsanwalt mit Namen Schwarck als Kandidat der Liberalen. Da trat aus der Versammlung dieser noch von niemand gekannte, unscheinbare Mann auf und opponierte gegen diese Ernennung; er brachte in Erinnerung, dass dieser Kandidat im Prozess Stieber eine eigentümliche Rolle gespielt hatte. Er brachte den Kandidaten ins Verhör, vor der Versammlung, mit der ganzen Schnelle und Behendigkeit seines juristischen Vermögens nahm er ihn in ein Kreuzverhör, und der Erfolg war, dass drei oder vier Stimmen für diesen Kandidaten abgegeben wurden, der rein und intakt in die Versammlung getreten war; ein erster Akt der Rache und Sühne der öffentlichen Gerechtigkeit war es, mit dem unser Freund im öffentlichen Leben debütierte.«

Es gehörte ein sicheres Unabhängigkeitsgefühl dazu, einen Mann wie Wilhelm Schwarck, Oberprokurator des königlich-preußischen Appellationsgerichts, in der Öffentlichkeit zur Rechenschaft zu ziehen. Mit seinen Fragen an den Wahlkandidaten Schwarck erinnerte Lasker an den November 1860, als Wilhelm Stieber, der gefürchtete Chef der königlich preußischen Polizei, sich selbst vor Gericht wegen Überschreitung der Amtsbefugnisse verantworten musste. Damals hatte es ein eigenartiges Spiel zwischen dem Vertreter der Anklage, Oberstaatsanwalt Wilhelm Schwarck, und dem Angeklagten Wilhelm Stieber gegeben. Sie beschuldigten sich gegenseitig.

Nur mit seinen genauen Kenntnissen über dieses Geschehen in den Novembertagen fünf Jahre zuvor konnte Lasker sich gegen den Wahlkandidaten Schwarck durchsetzen. In der Zeit, als er die täglich erscheinende *Deutsche Zeitung* mit publizistischen Beiträgen versah, konnte man dort auch Betrachtungen über die Verhandlungen aus dem Jahr

1860 vor der Kriminalabteilung des Königlichen Kammergerichts gegen Stieber lesen: »Wir vernahmen mit Staunen aus dem Munde eines hochgestellten Beamten, des Herrn Oberstaatsanwalts Schwarck, eine Darstellung der maßlosen Übergriffe und Rechtsverletzungen.«

Der Oberstaatsanwalt hatte damals mit seiner Einschätzung über die Amtsführung des Polizeidirektors Stieber nicht nur Verwunderung erregt, er war auch gefeiert worden als ein Mann, durch den Preußen das Vertrauen der »deutschen Brüderstämme« gewinnen könnte. Schwarck habe gezeigt, wie »moralische Eroberungen gemacht werden«. In diesen vergangenen Tagen hatte Oberstaatsanwalt Schwarck die durch Stieber vertretene Polizeigewalt »ein vollständiges System schrankenloser Willkür« genannt und gesagt, »aus leichtfertigen und geradezu frivolen Verdachtsgründen« habe die Polizei »widerrechtliche Beraubung der Freiheit erzwungen«. Das Gesetz zum Schutz der persönlichen Freiheit vom 12. Februar 1850 habe Stieber für »unanwendbar auch in Berlin« gehalten, ja sogar noch bei der Verhandlung ein »dummes Gesetz« genannt. Fast händeringend hatte Schwarck vorgebracht: »Die Justiz musste mit dem Polizeichef um die Erlaubnis feilschen, nach den Gesetzen verfahren zu dürfen.« Schwarcks Rolle war als die eines Ehrenmannes erschienen, der als Oberstaatsanwalt seine Pflicht erfüllt, das Unrecht zu bekämpfen. Dabei war ihm beides gleichzeitig gelungen: Ankläger und Retter zu sein. Er hatte zu Bedenken gegeben, Stieber müsse auch zugestanden werden, er habe nur nach den Vorschriften gehandelt, wie sie damals unter König Friedrich Wilhelm IV. üblich waren. Schwarcks Doppelspiel bei diesem Prozess hatte den von Eingeweihten erwarteten Freispruch für Stieber erbracht.

Im Verlaufe der Gerichtsverhandlung war der angeklagte Polizeidirektor als »gekränkte Unschuld« aufgetreten: Er habe sich, wie übrigens ebenso der Herr Oberstaatsanwalt, den Anweisungen der Regierung gefügt, als Polizeibeamter sei er »zum blinden Gehorsam verpflichtet«. Zu seiner Entlastung hatte Stieber auf das Jahr 1848 verwiesen. Zur Niederschlagung der revolutionären Übergriffe in Berlin musste bereits damals die Befugnis der Polizei für ein notwendiges hartes Durchgreifen erweitert werden. Der Prozessbeobachter der *Deutschen Zeitung* hatte damals berichtet: »Wir meinen übrigens, dass Herr Stieber wohl getan hätte, das Jahr 1848 nicht zu berühren. Es ist unvergessen, dass er damals in Demokratie gemacht hat und in den Märztagen mit der bald darauf sehr verpönten deutschen Fahne in der Stadt umhergezogen ist. Als der politische Wind aus einer anderen Richtung zu blasen begann, war Herr Stieber nicht der Letzte, welcher seinen Mantel nach dem Winde zu drehen wusste, und – es hat geholfen.«

Zehn Jahre lang hatte Stieber das Amt als Polizeichef innegehabt. Sein ganzer Hass galt den Bestrebungen demokratischer Kräfte. Rastlos war er unterwegs gewesen, als es galt, Material herbeizuschaffen gegen die in Köln als Landesverräter angeklagten Kommunisten; der Prozess dauerte vom 4. Oktober bis 12. November 1852. In London hatte Stieber versucht, aus dem Umfeld von Karl Marx belastende Schriften zu ergattern. In Paris war er auf der Jagd nach Beweisen für sein *Protokollbuch*, dabei kam es ihm auf Entstellungen, Fälschungen, auf Einbruch und Diebstahl nicht an, um die Anklage gegen die Mitglieder des Bundes der Kommunisten wegen Landesverrats zu erhärten. Stieber hatte sein Amt zu einem offenbar allgegenwärtigen Apparat der Überwachung ausgebaut. Marx erwähnte den Aufpasser in seinem Brief vom 2. Februar 1859 aus London an Lassalle in Berlin zur verspäteten Ankunft eines Manuskripts: »Unter allen Umständen also hat die preußische Regierung – vielleicht Freund Stieber – 3 Tage das Manuskript durchgestöbert.«

Am 7. Januar 1861 schrieb Engels aus Manchester über die Wandlungen in Deutschland an Marx in London: »Der König Wilhelm I. wird sich nun wohl auch ehrlich blamieren. Wenn er den Berlinern sagt, manches wäre geschehen, was nicht recht sei, so ist damit wohl die notwendige Entlassung Stiebers gemeint.« Tatsächlich wurde Stieber zur »Disposition gestellt« und musste auf Befehl des Königs nicht nur sein Amt, sondern auch die Stadt verlassen. Das alles geschah in den Tagen, die zu Bismarcks »Zwischenzustand« zählten. Damals, als Gesandter in Petersburg und Paris bis zur Berufung in die Regierung König Wilhelms I., war Bismarck stets ein aufmerksamer Beobachter der Zustände im Inneren des Königreichs Preußen. Er befürchtete Schwierigkeiten für den neuen Regenten und meinte in einem Schreiben vom 2. Juli 1861 an Kriegsminister Roon: »Die Pression der Dämpfe im Inneren muss ziemlich hoch gespannt sein, sonst ist es gar nicht verständlich, wie das öffentliche Leben bei uns von Lappalien wie Stieber, Schwarck ... u. dergl. so aufgeregt werden konnte.«

Dass der fast allmächtige Polizeichef Stieber sich selber vor Gericht verantworten musste, konnte wohl nur für jemanden fern von Berlin als Lappalie gelten. Oder der Beobachter gehörte zu den Wissenden über das Spiel Schwarck–Stieber. Bismarcks Interesse an Stieber war geweckt, zumal der zur Disposition Gestellte in Petersburg auftauchte. Es konnte Bismarck nicht verborgen geblieben sein, wie es dem ehemaligen preußischen Polizeichef gelungen war, sich als Lieferant von Informationen dem russischen Auswärtigen Amt zur Verfügung zu stellen. Zur gleichen Zeit hatte Stieber jedoch auch den preußischen König mit Geheimberichten bedient in der Hoffnung, als nützlicher Amtsträger nach Berlin zurückkehren zu dürfen. Und wieder war es so: »Es hat geholfen.«

Mit der Berufung Bismarcks zum Ministerpräsidenten und Minister des Auswärtigen war der von vielen als »Neue Ära« bezeichnete Zeitabschnitt beendet, die »Konfliktsperiode« begann. Hinter diesem Wort verbargen sich die Auseinandersetzungen zwischen der preußischen Regierung und den Volksvertretern. Streitpunkte waren vor allem die Ausgaben für die Reorganisation des Heeres. Es gehörte zu Bismarcks ersten Schritten als Ministerpräsident, Stieber an seine Seite zu rufen.

Nun also, Anfang des Jahres 1865 bei der Aufstellung der Wahlkandidaten für das Abgeordnetenhaus, erinnerte Lasker mit seinen Fragen den zur Wahl vorgeschlagenen Schwarck an die »eigentümliche Rolle«, die er als Oberstaatsanwalt damals in der Sache Stieber gespielt hatte:

War nicht Stieber Ihr Idol?

Die Frage stellt sich für Sie nicht?

Sie weichen aus.

Der Wahlkandidat: Es mag sein, dass ich unwissentlich nicht die Wahrheit gesagt habe.

Ich glaube das nicht.

Der Wahlkandidat: Ich halte es für unwahrscheinlich, aber ich kann dieses, wie so vieles andere nicht ausschließen. Zu viele haben mitgemacht um, wie sie sagten, Schlimmeres zu verhüten.

Der Wahlkandidat: Ich glaube nicht, dass Sie recht haben. Mein Weg ist vielleicht nicht gerade gewesen. Aber dass man mich jetzt ultimativ auffordert, mich zu meinem Verhältnis zu Stieber zu äußern, das lässt doch Menschenfreundlichkeit vermissen.

Am Ende fehlten Wilhelm Schwarck die erforderlichen Stimmen zum Einzug in das Abgeordnetenhaus. Aber Stieber, Schwarcks Idol, wird an der Seite Bismarcks aufsteigen. Der Regierende wird an seiner Auffassung festhalten, die Erregung über das rigorose Verhalten des Polizeidirektors Stieber als Lappalie zu betrachten. Er wird die Aussage in der *Deutschen Zeitung* als Geschwätz abtun, es seien während Stiebers Amtsführung Zustände bekannt geworden, »welche jedem Preußen, der es ehrlich mit seinem Vaterlande meint, die Schamröte auf die Wangen treiben müssen«. Unter Bismarcks Augen wird Stieber ein Heer von Informanten aufbieten, weit über die Grenzen Preußens hinaus. Die geheimen Berichte seiner Kontaktleute in Österreich und Frankreich werden für die preußische Regierung zur Vorbereitung der gewünschten Kriege unentbehrlich sein. Auch werden Stiebers Spitzel in den Regierungen von Bayern, Baden, Württemberg, Hessen und Sachsen Hinweise liefern, wie die Verantwortlichen dieser Länder sich im Kriegsfalle verhalten würden. Stieber wird bis zum Jahre 1866 die notwendigen Unterlagen über die Truppenstärke der Österreicher liefern, er wird die Gegenden kennzeichnen, wo der geringste Widerstand erwartet werden kann, wie etwa in Böhmen nahe der Mündung des Flüsschens Adler in die Elbe bei der Stadt Königgrätz. Er wird in diesem Krieg gegen Österreich im Hintergrund bleiben und den Ruhm Bismarck und den Feldherren überlassen, vor allem dem »Kriegsmeister« Moltke.

Und am 3. Juli 1866 nach der Schlacht von Königgrätz wird auch Stieber oben auf der Höhe in der Nähe des Königs Wilhelm I. sein, wenn die Militärmusiker unter der Leitung von Johann Gottfried Piefke den Preußenmarsch aufklingen lassen: »Ich bin ein Preuße, kennt ihr meine Farben, sie weh'n mir stolz schwarzweiß voran.« Längst vergessen, wie Stieber sich demokratisch gab und mit der »sehr verpönten deutschen Fahne« in den Farben Schwarzrotgold im März 1848 durch Berlin lief.

Der Staboboist der preußischen Armee, Piefke, war schon im Krieg gegen Dänemark zu Ruhm gekommen, als Preußen und Österreicher gemeinsam die Düppeler Schanzen erstürmt hatten. Zur Siegesfeier am 18. April 1864 waren vier Musikkorps versammelt, und Piefke hatte den *Yorckschen Marsch* von Beethoven mit dem Säbel dirigiert. Damals hatte er zwei Düppel-Märsche komponiert, dem *Düppel-Schanzen-Sturm-marsch* hatte er die Melodie zum Lied *Steh' ich in finstrer Mitternacht* eingefügt.

Zwei Jahre später, am 3. Juli 1866, wird Piefke bei der feierlichen königlichen Abendtafel seine neueste Schöpfung, noch im Kampfgetümmel ersonnen, mit drei Musikkorps vortragen. Majestät wird im Siegestaumel verlangen, das Klanggebilde dreimal zu wiederholen: den *Königgrätzer Marsch*. Und der Name Piefke wird unsterblich werden als Kennzeichnung für stramme, tüchtige, brav marschierende, arrogante deutsche Spießbürger.

Stieber wird im Laufe der Zeit seine Unentbehrlichkeit weiter unter Beweis stellen. Zur Vorbereitung des Krieges gegen Frankreich werden seine Kundschafter die entscheidenden Informationen über die Wege in die Dörfer und Städte des Nachbarlandes liefern. Diese genauen Angaben über Befestigungen und Truppenstärke des Gegners werden wesentlich zum Vordringen der preußischen Heere auf französisches Gebiet beitragen. Und Stieber, abermals Chef der Feldpolizei, wird am 18. August 1870, aus Pont-à-Mousson seiner Frau berichten: »Ich habe bei Todesstrafe das Läuten der Glocken in der Stadt und drei Meilen Umkreis verboten, damit die Bande nicht Sturm läuten kann; namentlich die Pfaffen sind unsere Gegner. Ich habe alle Glockenstränge abschneiden und die Treppen der Kirchtürme abhauen lassen, hier hört aller Spaß auf.«

»Die unbeschränkte Freiheit«

Am 8. Juni 1866 sprach Eduard Lasker im Berliner Königstädtischen Bezirksverein über die politische Situation in Preußen. Es lag ihm daran, seinen Zuhörern verständlich zu machen, dass mit der Auflösung des Abgeordnetenhauses am 9. Mai 1866 die Kriegsgefahr gestiegen war. Seit Ende des vergangenen Jahres hielten sich die Gerüchte, die preußische Regierung sei zum Krieg gegen Österreich um die Vorherrschaft in Deutschland entschlossen. Von einer Kriegsbegeisterung konnte keine Rede sein; in weiten Kreisen der Bevölkerung herrschte Angst. Abgeordnete des Preußischen Landtags, die nicht zur konservativen Seite gehörten, hatten sich mit der Zustimmung für die Kriegskosten zurückgehalten.

Zwei Tage vor der Auflösung des Landtags war Bismarck, als er seinen Weg zu Fuß Unter den Linden in Berlin nahm, von einem Attentäter überrascht worden. Ferdinand Blind, der Stiefsohn des Schriftstellers

Karl Blind, hatte Schüsse auf ihn abgefeuert. Der Angegriffene konnte den Täter ergreifen, dabei wurde er von einem Schuss getroffen, der aber nicht durch seine Kleidung drang, so blieb er unverletzt. Der zweiundzwanzigjährige Student, der geglaubt hatte, durch seine Tat den Krieg zu verhindern, wurde der Polizei übergeben. Im Gefängnis verübte er Selbstmord. Der Regierende fühlte sich beschirmt von Gott, doch boshafte Leute sagten, der Teufel halte für Bismarck ein anderes Ende bereit, darum habe er ihn vorläufig gerettet.

Nun war Bismarck fest entschlossen, im »Kampf um die höchsten nationalen Güter« mit den Vertretern einer neuen Zusammensetzung des Landtags härter umzugehen. Die Wahl der Abgeordneten war auf Anfang Juli festgesetzt.

Ein Mann, der in Laskers Leben nicht ohne Bedeutung bleiben sollte, wurde in diesen Tagen von Bismarck gerufen: der Jurist Dr. Rudolf von Bennigsen, aus altem niedersächsischen Adel. Seit August 1859 war Bennigsen Präsident des von ihm gegründeten Nationalvereins. Mit Gleichgesinnten aus Preußen, Sachsen, Hannover, Hessen, Franken und Thüringen wollte er »die Einigung und freiheitliche Entwicklung des großen gesamten Vaterlandes« erreichen. Der Untertan des Königs von Hannover hatte jetzt nicht zufällig sein Familiengut am Deister verlassen. In Berlin sollte die Sitzung des Ausschusses seines Nationalvereins stattfinden. Es schien, als suche Bismarck in der für ihn so schweren Zeit einen Vertrauten. Eingeweihte wussten Bescheid: Der Besucher sollte veranlasst werden, seine Möglichkeiten einzusetzen, um dem König von Hannover, dem blinden Georg V., klarzumachen, dass es im bevorstehenden Krieg sinnlos sei, sich mit Österreich gegen Preußen zu verbünden, er würde unweigerlich zu den Verlierern gehören. Bennigsen konnte nach dem Gespräch die Heimreise mit der Genugtuung antreten, in Bismarck einen wirklichen Freund seines Nationalvereins gefunden zu haben. Zurückgekehrt nach Hannover, riet er in öffentlichen Vorträgen dringend zur Neutralität seines Landes.

Etwa gleichzeitig stand in der Berliner *National-Zeitung* vom 12. Juni 1866 ein Bericht über Laskers Vortrag vor dem Königstädtischen Bezirksverein. Der Redner habe, ohne den Namen Bismarck zu nennen, die Auflösung des Preußischen Landtags als ein Misstrauensvotum gegen die bisherigen Abgeordneten dargestellt. Den Vorwurf, er leide als Kriegsgegner an einem »Mangel an Patriotismus«, habe Lasker mit

Entschiedenheit zurückgewiesen und gefragt, ob es »unpatriotisch« sei, vor dem Krieg zu warnen. Krieg oder Frieden, diese Entscheidung sei ja nicht in die Hand der Volksvertretung gelegt, »aber sie dürfe die Wege der äußersten Gefahr nicht erleichtern durch Bewilligung von Mitteln«. Er warnte, das Land stehe »am Rande eines furchtbaren Krieges«. Die konservative Seite könne ihn nicht zur »Preisgebung des Gewissens« veranlassen. Er werde nicht zustimmen, dass die Regierung die Gelder nach ihrem Ermessen ausgibt. »Durch die

Rudolf von Bennigsen, Fotografie, 1871

Drohungen lasse ich mich nicht beirren. Aus dem Verhalten der Regierung bin ich weit eher geneigt zu schließen, dass man in leitenden Kreisen die äußerste Gefahr noch nicht gekommen glaubt. Man will die inneren Erfolge nicht aufgeben, solange nicht der Krieg zu einer unwandelbaren Tat geworden ist. Dann aber wird man das Volk mit dem rechten Feldgeschrei anrufen, man wird es rufen zum Kampfe für seine heiligsten Güter, nicht bloß für Haus und Herd, sondern auch für Recht, Freiheit und Verfassung.«

Er war klug genug, sich abzusichern. Er verurteilte zwar den Krieg, aber er sprach auch von Verteidigung, wenn es denn sein müsste: »Wir werden zur Stelle sein, diese im Heere, jene in der Werkstatt, am Pflug und auf den Landstraßen, um das Nötige herbeizuschaffen.« So war er in einen inneren Zwiespalt geraten, doch noch einmal machte er an diesem Junitag seine Abneigung gegen den Krieg deutlich: »Aber wir werden auch von denen Rechenschaft fordern, welche ohne unsere Zustimmung gehandelt und uns die Lasten aufgebürdet, welche Unheil heraufbeschworen, durch ungeschickte Mittel vervielfältigt und in der höchsten Not andern überlassen haben, es abzuwenden.«

Der Krieg gegen Österreich war längst beschlossen. Stieber hatte mit seinem Heer an Informanten einen entscheidenden Anteil an den Vorbereitungen. Die Stimmen der Abgeordneten im Preußischen Landtag gegen das Aufbringen der Kriegskosten waren bedeutungslos geworden.

Der Schlüssel zur Macht lag bei Gerson von Bleichröder, dem Sohn aus dem Hause des Bankiers Samuel Bleichröder. Seine weit verzweigten Verbindungen reichten zu Fürstenhöfen und Regierungen und Industriellen im In- und Ausland. Bismarcks großes Spiel war auch sein Spiel. Manche fühlten sich beim Nennen des Namens Bleichröder an Bismarcks Ausspruch aus dem Jahre 1847 erinnert, als er vor dem Vereinigten Landtag in Berlin gesagt hatte: »Ich bin kein Feind der Juden.« Und weiter: »Ich liebe sie sogar unter Umständen.« Die Umstände brachten es nun mit sich, dass er durch die Zuverlässigkeit und Geschicklichkeit Bleichröders auch noch in seiner Liebe zum Geld befriedigt wurde. Zu den Ratschlägen des Bankiers gehörte der Hinweis, der Erlös aus dem Verkauf der Eisenbahn Köln–Minden könnte mit in den Kriegstopf geworfen werden.

Bei der Wahl der Abgeordneten zum Preußischen Landtag war die Entscheidungsschlacht im Krieg gegen Österreich schon geschlagen. An diesem 3. Juli, dem Tag, als Piefke seine Komposition, den *Königgrätzer Marsch*, mit drei Musikkorps dreimal bei der Abendtafel des Königs vortrug, zeigte sich ein beträchtlicher Stimmenzuwachs für die Konservativen. Die Fortschrittspartei gehörte zu den Verlierern. Lasker aber war wieder gewählt worden. Er brachte in einer der Sitzungen im Spätherbst den Verkauf der Köln–Mindener Eisenbahn zur Sprache und forderte von der Regierung Aufklärung über dieses Geschäft, Staatseigentum in Privathand zu veräußern.

Bamberger deutete später Laskers Grundhaltung: »Ja, er war, wenn man so will, von uns allen am meisten vielleicht ein Stückchen Staatssozialist. Er hatte in seinem konstruktiven Geiste und seinem Gerechtigkeitsbedürfnis das Verlangen, es möge über die Zufälligkeit des Kampfes um Mein und Dein auch durch die Macht, durch die Weisheit des Staates dafür gesorgt werden, dass, wenn auch in vernünftigem und bescheidenem Maße, in Verteilung der Güter dieser Erde nicht so ganz der Zufall wirke, wie es im freien Verkehr geschieht.« Bamberger hatte die wachsende Abneigung Bismarcks gegen seinen Freund genau beobachtet. In seiner späteren Gedenkrede sagte er über Lasker: »Er hatte ein leises Organ für diese sozialistische Regung der modernen Welt;

er war vielleicht der Nächste gerade zu den Gedanken des leitenden Staatsmannes, aber vielleicht deshalb war er ihm am wenigsten sympathisch; denn darüber dürfen wir uns nicht täuschen, er selbst hat eine kurze Zeit in diesem holden Irrtum gelebt. Sympathisch war er dem Kanzler niemals, auch in seinen besten Zeiten nicht.«

Nach dem Sieg über Österreich beugten sich die Länder nördlich der Mainlinie dem Führungsanspruch Preußens. Zwar konnten gewählte Abgeordnete im Reichstag des Norddeutschen Bundes als Volksvertreter ihre Stimme erheben, jedoch standen entscheidende Kräfte wie eine heilige Dreifaltigkeit über ihnen: der König, das Herrenhaus und der Bundesrat mit seinen Vertretern der Regierungen der Bundesländer. Die Frage, wie man sich an einer Gestaltung der Politik beteiligen soll, trieb Lasker um. In seiner späteren Beurteilung dieses Zeitpunkts der Geschichte, als Preußen Sieger über Österreich wurde, beschrieb er das Einerseits und Andrerseits in der Denkweise der Mitglieder seiner Partei. Entweder in schroffer Opposition verharren oder die »großen verdienstvollen Leistungen der Regierung für die Vorbereitung des nationaldeutschen Staates« dankbar anerkennen, doch dabei gleichzeitig Vorbehalte gegen die Innenpolitik nicht aufgeben. Er fand in Hans Viktor von Unruh und Carl Twesten Gleichgesinnte, die sich nicht als nur Oppositionelle in einer auch noch geschwächten Partei verstehen wollten. Gemeinsam verließen sie Ende 1866 die Fortschrittspartei. Ihren Vorstellungen getreu gaben sie der nun neugegründeten Partei die Bezeichnung: Nationalliberal. Sie wollten »die Geltendmachung selbständiger Ansichten und eine Verständigung mit der Regierung« verwirklichen.

Noch überwog die Zuversicht, sie könnten mit der neuen Partei ihre politischen Ideen durchsetzen, zumal Lasker ein sensationeller Erfolg gelungen war. Als Kandidat der Nationalliberalen bei der Wahl zum Abgeordneten für den Reichstag des Norddeutschen Bundes erhielt er in seinem Berliner Wahlbezirk von 12 765 Stimmen 7 708, während sein Gegenkandidat, der Kriegsminister Albrecht von Roon, mit 4 781 Stimmen von den Berlinern abgestraft wurde. Auch Bennigsen fühlte sich den Nationalliberalen verbunden und hatte für diese Partei seinen Sitz als Abgeordneter im Reichstag gewonnen. Im Vertrauen auf seine nicht abgebrochene freundschaftliche Beziehung zu Bismarck drängte er von nun an immer wieder zu Kompromissen mit der Regierung.

Bei der Debatte im Frühjahr 1867 über die Verfassung fand Lasker zu dem Bekenntnis: »Ich für mich gestehe, dass immer der Mittelpunkt meines Lebens der Geist sein wird, welcher das Jahr 1848 hervorgerufen hat und welcher diesem Jahr gefolgt ist.«

Im Mai 1867, wenige Monate nach der Eröffnung des Reichstags, kam Bamberger aus Paris nach Berlin. Seine Gedanken über die Gegensätze zwischen der Nationalliberalen Partei und der Fortschrittspartei hielt er in seinem Tagebuch fest. Nach seinen Begegnungen mit den Freunden beurteilte er die Haltung von Twesten, Lasker und Oppenheim, sie seien »von Gründen der objektiven Politik bewegt«. Er bemerkte aber auch: »Viel persönliche Gereiztheit. Jeder klagt den andern an, dass er zuerst angefangen habe. Lasker und Oppenheim scheinen doch die richtigen Streithähne.« Aus Laskers und von Unruhs Kommentaren über Bismarck entnahm Bamberger eine gewisse Erwartung: »Sie glauben an seine deutsche Ambition und dass er bloß vom König gehemmt werde.«

Als genauer Beobachter der politischen Situation erkannte Gerson von Bleichröder im Laufe der Zeit die Bedeutung des Abgeordneten Eduard Lasker bei den Debatten im Reichstag des Norddeutschen Bundes und im Preußischen Landtag. Allein dessen Anträge für Veränderungen auf dem Gebiet des Rechtswesens ließen aufhorchen. Unerschrocken vor der Macht des Justizministers Graf Leopold zur Lippe verlangte Lasker für die Abgeordneten der Parlamente den Schutz vor Strafverfolgung durch Gerichte, dabei stützte er sich auf einen Vorgang: Wegen seiner öffentlichen Kritik an dem Justizwesen unter Minister Lippe war der Abgeordnete Twesten zu einer hohen Geldstrafe verurteilt worden. Lasker begann und gewann den Kampf um Twesten, das Urteil musste aufgehoben werden. Das bedeutete das Ende des Justizministers. Am 5. Dezember 1867 nahm Lippe, wie es hieß, den Abschied von seinem Amt. Auch mit seinem Antrag auf Redefreiheit konnte sich Lasker bei der Abstimmung im Parlament durchsetzen.

Diesen Mann wollte Bleichröder kennenlernen und für sich gewinnen. Den allgegenwärtigen Aufpassern entging es nicht, dass sie sich anfreundeten. Das Gerede wurde in die Welt gesetzt, Lasker lasse sich von Bleichröder aushalten. Im Dezember 1869 verwahrte sich Lasker in einem freundlichen Brief an den Bankier gegen derartige Behauptungen. Auch Bleichröders Angebot zum Aufstieg in eine einträgliche

Stellung nahm er nicht an, denn eines wollte er auf keinen Fall verlieren: »Die Freiheit meines Wesens.« Er drückte es in seinem Schreiben an Bleichröder unmissverständlich aus: »Die volle, unbeschränkte Freiheit ist meine Lebensluft.« Sein Credo als Parlamentarier war die strikte Trennung von öffentlicher Arbeit und persönlicher Freundschaft. Er wollte nicht am vielleicht sogar goldenen Faden gezogen werden.

Gerson von Bleichröder, Holzstich, 1893

»Im Verlauf der Dinge«

Die Rede des Königs von Preußen zur Reichstagseröffnung am 14. Februar 1870, zum Beginn der neuen Session, wich in einem Punkt vom üblichen Geschäftsgang ab. Nach allgemeiner Ankündigung von Gesetzesentwürfen wechselte er in den Bereich der Außenpolitik und sprach über das Verhältnis zwischen dem Norddeutschen Bund und den süddeutschen Ländern Baden, Württemberg und Bayern. »Die Gesamtheit der Verträge, welche den Norden Deutschlands mit dem Süden verbinden, gewährt der Sicherheit und Wohlfahrt des gemeinsamen deutschen Vaterlandes die zuverlässigen Bürgschaften, welche die starke und geschlossene Organisation des Norddeutschen Bundes in sich trägt.« Der König betonte: »Die Gemeinsamkeiten der höchsten vaterländischen Interessen verleihen unseren Beziehungen zu Süddeutschland eine von der wechselnden Woge politischer Leidenschaften unabhängige Festigkeit.«

Für diejenigen, die keinen unmittelbaren Zugang zum Innenleben der Regierung hatten, blieb unklar, was unter den »höchsten vaterländischen Interessen« verstanden werden konnte. Auf welche Erfahrungen, auf welche Verträge sollte zurückgegriffen werden?

Zehn Tage später, in der Sitzung am Donnerstag, dem 24. Februar, wurde über den Vertrag der gegenseitigen Rechtshilfe zwischen dem Großherzogtum Baden und dem Norddeutschen Bund beraten. Lasker nutzte die Gelegenheit, um das Thema vom Beitritt Badens aufzugreifen. Allerdings hatte er fast ein halbes Jahr zuvor, im Oktober 1869, auf dem Umweg über Bleichröder erfahren, Bismarck sei in der Frage einer Aufnahme von Baden in den Norddeutschen Bund sehr empfindsam, er müsse wohl als ein entschiedener Gegner in dieser Sache betrachtet werden. Doch vielleicht war nun aus den Worten des Königs bei der Eröffnung des Reichstags eine Änderung in der Haltung zu Baden zu erkennen. So stellte Lasker den Antrag, bei Annahme des Rechtshilfevertrags sollte erklärt werden: »Der Reichstag des Norddeutschen Bundes spricht den unablässigen nationalen Bestrebungen, in denen Regierung und Volk des Großherzogtums Baden vereinigt sind, seine dankbare Anerkennung aus; der Reichstag erkennt in diesen Bestrebungen den lebhaften Ausdruck der nationalen Zusammengehörigkeit und nimmt mit freudiger Genugtuung den möglichst ungesäumten Anschluss an den bestehenden Bund als Ziel derselben wahr.«

Bei der Begründung seines Antrags zeigte sich Laskers Redekunst. Er wandte sich an Herz und Verstand der Zuhörer und erinnerte auch daran, wie schändlich Berlin mit Baden im Jahre 1866 im Vorfeld des Krieges gegen Österreich umgegangen war. In Karlsruhe musste damals die Antwort aus Berlin auf die Frage nach dem militärischen Vorgehen Preußens als Hohn, ja als eine demütigende Beleidigung empfunden worden sein: Baden sollte wissen, in Preußen sei kein Platz für einen Stützpunkt Süddeutschlands. Zur Erläuterung seines Antrags sagte Lasker, jetzt aber sei es die Pflicht des Norddeutschen Bundes, den Wunsch Badens zum Eintritt zu respektieren und die skeptische Zurückhaltung aufzugeben. Er wollte es genau wissen: »Es würde mir äußerst lieb sein, wenn die heutige Verhandlung über das Rätsel, weshalb Baden nicht in den Bund aufgenommen werde, obschon die Bereitwilligkeit außer Zweifel steht, einiges Licht verbreiten sollte.«

Der konservative Abgeordnete Moritz Karl Henning von Blanckenburg, Jurist und Verwalter der pommerschen väterlichen Güter, meldete sich zu Wort: Er unterstütze zwar den Antrag Laskers, jedoch mit einer Einschränkung. Die letzten Worte sollten gestrichen werden, es reiche aus zu erklären: »... und erkennt in diesen Bestrebungen den lebhaften

Ausdruck der nationalen Zusammengehörigkeit.« Also keine Rede mehr von einem »ungesäumten Anschluss«. Blanckenburg bereute sicherlich, dass er neben Mitgliedern der Nationalliberalen Partei auch mit seiner Unterschrift für den Antrag von Lasker eingetreten war. Vielleicht hatte ihn eine vertrauliche Mitteilung aus Bismarcks Umfeld, über Baden dürfe nicht diskutiert werden, erst verspätet erreicht.

Nur wenige konnten wissen, wie heikel die Frage des Beitritts von Baden in den Norddeutschen Bund war. Bismarck hatte Napoleon III. sein Wort gegeben, die Mainlinie zu berücksichtigen. So gehörte Hessen auch nur mit seinen Gebieten nördlich des Mains zum Bund. Von dieser Verpflichtung durfte die Öffentlichkeit nichts erfahren. Bismarck konnte dem Beitrittsbegehren Badens nicht nachgeben. Er wollte nicht zur Unzeit einen Krieg mit Frankreich heraufbeschwören. Preußens militärische Kraft sollte nach den kriegerischen Ereignissen von 1866 erst wiederhergestellt sein.

Jetzt in der Debatte rückte Blanckenburg auch von der Meinung Laskers ab, das Beispiel Baden würde andere süddeutsche Länder nach sich ziehen. Eine solche positive Wendung sei zu bezweifeln, im Gegenteil, bayerische Zeitungen hätten vor kurzem erst die Botschaft an ihre Leser gerichtet:»Der wird unser Bruder sein, der uns von unserem Tyrannen, der uns von dem preußischen Vampir befreit.« Lasker musste in diesem Augenblick erleben, wie Menschen, von denen er glaubte, sie teilen seinen Standpunkt, behende die Seite wechseln konnten.

Unmittelbar nach Moritz von Blanckenburg erklärte Bismarck, Laskers Antrag sei »im höchsten Grade unerwünscht« und ein »politischer Fehler«. Er sprach von einem »eigenmächtigen, unverabredeten Eingreifen in die auswärtige Politik«. Er witterte hinter dem Antrag Auftraggeber, etwa den Großherzog von Baden. Aber dennoch könne er gern dem Redner das Rätsel lösen. Der Eintritt Badens in den Norddeutschen Bund würde nur nachteilige Folgen haben, vor allem wachsendes Misstrauen von Bayern und Württemberg. Ein solcher Schritt wäre keineswegs der Anfang zur Einheit Deutschlands, eher ein Hemmnis. Bismarck stellte fest, Lasker habe den Antrag in ein »Misstrauensvotum gegen die bisherige auswärtige Politik« verwandelt. Er sorgte für »Heiterkeit«, als er meinte, bisher habe das Glück für den richtigen Griff in der Politik ihn begleitet, vielleicht sei das Glück nun auf Lasker übergegangen. Man dürfe die negative Auswirkung eines verfrühten Beitritts

Badens auf Bayern und Württemberg nicht unterschätzen. Er kenne sich dort bei den inneren Verhältnissen nicht so gut aus wie Lasker offenbar in Baden. Betont beiläufig kam er auf »die militärische Seite der Sache« zu sprechen: »Ob wir den Beistand der Truppen Kraft der Verträge oder Kraft des Beitritts der süddeutschen Staaten zum Norddeutschen Bunde haben, ist mir doch nicht so wesentlich.« Nach längerer Betrachtung über wirtschaftliche Fragen, auch über den Zoll, wandte er sich am Ende an die Abgeordneten mit der Forderung, »dass Sie den Antrag, wie er gedruckt vorliegt, nicht annehmen wollen«.

Der Abgeordnete der Nationalliberalen Partei, Johannes Miquel, erwiderte, er stimme mit dem Antrag von Lasker im vollen Wortlaut überein, die Aufnahme Badens wäre »ein gutes Stück Volkspolitik« und könnte helfen, Deutschland zu einigen.

Bismarcks Antwort klang zunächst, als halte er ein Selbstgespräch: »Ich kam heute hierher noch im Zweifel, ob ich es mir überhaupt gefallen lassen sollte, über Fragen der auswärtigen Politik in dieser Weise öffentlich interpelliert zu werden.« Maliziös fragte er den Abgeordneten Miquel, was er wohl unter »Volkspolitik« verstehe, etwa die so genannte öffentliche Meinung, die damals 1866 in zahllosen Zuschriften an die Regierung gegen den Krieg mit Österreich protestierte und jede Unterstützung ablehnte? Er fragte als Sieger. Sicherlich sei auch er, Bismarck, für eine baldige Einheit Deutschlands, aber: »Solange ich Bundeskanzler und auswärtiger Minister bin, so muss die Politik nach meiner Einsicht gemacht werden.«

Sein Ton war gereizt, als er unter dem Mantel einer Erwiderung an Blanckenburg zum Schlag gegen Lasker ausholte: »Im Übrigen, ich komme ungern – Sie haben mir früher vorgeworfen, dass ich, wenn die Gründe mir ausgingen, etwa erklärte: Dann spiele ich nicht mehr mit, dann helfen Sie sich, wie sie können – ich komme ungern auf ein solches Thema.« Nun redete er Lasker an: »Verstehen Sie die Sache besser, so müssen Sie Bundeskanzler werden, so ist es ganz unrichtig, dass Sie dort sitzen, denn die öffentliche Politik Deutschlands kann von den Stühlen nicht geleitet werden, sie muss von hier geleitet werden; wissen Sie alles besser wie ich, so setzen Sie sich hierher, und ich werde mich auf jene Stühle setzen und will diejenige Kritik üben, die mir eine zwanzigjährige Erfahrung in den Geschäften deutscher Politik an die Hand geben wird.« Da brach dann »große Heiterkeit« aus. Und Bismarck setzte hinzu: »Aber ich versichere Sie, mein Patriotismus wird mich schweigen lassen, wenn ich fühle, dass Sprechen zur Unzeit ist.«

Worte umwandeln in ein Bild. Wie ließ sich die heftige Reaktion von Bismarck auf den Antrag Laskers zum »möglichst ungesäumten Anschluss« Badens in den bestehenden Bund für diejenigen, die nicht dabei gewesen, sichtbar machen? Unter der Zeile »Carneval und Fastenzeit« kam am 6. März 1870 in der 11. Nummer des *Kladderadatsch* eine Parodie zum Vorschein. Auf dem erhöhten Platz, dem Kanzler vorbehalten, liegen Dokumente, gekennzeichnet mit dem Schriftzug »Aeusseres«. Diesen Sitz hat nun Lasker eingenommen. Sein Kopf ragt aus der Uniform des Kanzlers, die mit Epauletten und hochgeschlossenem Kragen versehen ist. Entschieden, aber lächelnd blickt Lasker aus seinen dunklen klugen Augen nach vorn zum Betrachter des Bildes. Dieses charmante Lächeln zeigt auch sein Mund über dem gepflegten Vollbart. Mit der linken Hand ordnet er lässig sein Haupthaar. Doch ganz anders setzt er die rechte Hand ein, dafür muss er sich vorbeugen, um dem Mann, der da unter ihm steht, ans Ohr zu fassen. Bismarck. Auf dem kahlen Haupt des Kanzlers stehen nur drei leicht gewellte Haare. Sein Kopf ist auf Laskers Körper gesetzt.

Diesen Körper beschrieb August Bebel in seinen Erinnerungen *Aus meinem Leben*. Er war im März 1867 zum ersten Mal als Abgeordneter in den Reichstag des Norddeutschen Bundes gekommen und sah neben den anderen Parlamentariern auch »den kleinen Lasker, der mit seinen kurzen Beinchen wie ein Wiesel lief, wenn er zur Tribüne eilte, was häufig vorkam«. Beim Blick auf Bismarck hatte Bebel damals festgestellt: »Nach den drei Haaren, die nach Angabe aller seiner Karikaturenzeichner auf dem im übrigen kahlen Schädel stehen sollten, wie drei Pappeln auf weiter Flur, hielt ich vergebens Ausschau.«

Doch bereits am 25. Juni 1864, nach der Annexion von Schleswig-Holstein, waren in der Karikatur des Wiener *Figaro* mit dem Untertitel »Der Mann von Eisen und Blut« bei Bismarck die drei Haare, hier auf dem kahlen Hinterkopf, angedeutet. Seitdem diente diese Haartracht den Zeichnern von Karikaturen zur Kennzeichnung des Kanzlers.

Im *Kladderadatsch* vom 6. März 1870 blickt Bismarck schräg nach oben, verdrießlich. Er trägt nun Laskers elegante Kleidung, den Anzug mit Weste. Aber mit den »kurzen Beinchen«, die jetzt ihm zugehören, und beschwert vom großen Kopf mit den drei hochstehenden Haaren, scheint er keinen festen Stand zu finden, abwehrend und Halt suchend breitet er die Arme aus. Die Erklärung unter dem Bild macht den Sachverhalt noch einmal deutlich: »Graf Bismarck zum Abgeordneten Lasker im Reichstage: ›Wenn Sie es besser wissen, dann seien Sie der Bundeskanzler – werd' ich der Lasker sein.‹«

An diesem 24. Februar zog Lasker seinen Antrag zum Beitritt Badens in den Norddeutschen Bund zurück. Was verbarg sich hinter seiner Entscheidung? Persönliche Gründe? Taktische Gründe? War es der Einfluss anderer Herren der Nationalliberalen Partei wie Rudolf von Bennigsen? Lasker betrachtete ihn als seinen Freund. Doch war da nicht auch eine Kluft zwischen dem Adligen, der schon früh, etwa in der Zeit, als Lasker *Die Teilung der Erde* ins Hebräische übersetzte, gelernt hatte, die Welt als Reiter aus der Höhe des Pferderückens zu betrachten. Oder wollte Lasker an diesem Februartag es nicht wahrhaben, dass die Gegend an der Grenze zu Frankreich bereits in Kriegspläne gegen das Nachbarland einbezogen war, als Aufmarschgebiet? Gerüchte über schon längst ausgearbeitete Angriffspläne waren im Umlauf.

Zu Bismarcks »großem Spiel«, bei dem er am Ende als der Gründer des deutschen Reiches gefeiert werden wollte, gehörte der Blick auf die europäischen Fürstenhäuser. Rücksichtnahme beim angestrebten Schlag gegen Frankreich war geboten. Der Gang der Handlung musste entscheidend gedreht werden. Die Aufgabe hieß: Den Feind herausfordern. Wenn der Plan zur Aufreizung des Gegners zum Angriff gelingen sollte, mussten sich die bereits in die Wege geleiteten, als Verteidigungsstrategie ausgegebenen Maßnahmen gegen Kaiser Napoleon III. bewähren. Durch Laskers Antrag fühlte sich der Kanzler in seinen weitausgreifenden Plänen erheblich gestört. Mehr noch als zuvor galt es für ihn, die öffentliche Meinung systematisch zu beeinflussen, dass »die innere Stimme des deutschen Volkes« von selbst danach verlange, Frankreich zu bestrafen. Auch sollten Verse tüchtiger Dichter gesungen werden. Überall. Und immer wieder: »Sie sollen ihn nicht haben, den freien deutschen Rhein«.

Nach der Reichstagssitzung am 24. Februar 1870 wurde ein Mann zu Bismarck gerufen, der seit Januar im Pressebüro des preußischen Außenministeriums in Berlin mit offenbar bemerkenswertem Fleiß seinen Dienst versah, dabei halfen ihm seine Kenntnisse aus dem Studium der Theologie und Philosophie und seine Reiseerfahrungen: Dr. Moritz

Carneval und Fastenzeit.

Graf Bismarck zum Abgeordneten Lasker im Reichstage.

»Carneval und Fastenzeit«, Karikatur aus dem Kladderadatsch *vom 6. März 1870*

Busch. Der aus Dresden stammende neunundvierzigjährige Publizist konnte hoffen, nach einem Versuch, in Amerika Fuß zu fassen, nach Reisen in den Orient, nach der Umschau in Schleswig-Holstein im Auftrag einer »Gesellschaft von Patrioten«, nach einjähriger Tätigkeit in der Redaktion der Zeitschrift *Grenzboten* und nach einer Zwischenzeit in Hannover nun vielleicht ein Wirkungsfeld in Kanzlernähe zu finden. Natürlich gehörte es sich nicht, in solch einem entscheidenden Augenblick Bismarck zu fragen, ob er sein zweibändiges Werk *Bilder aus dem Orient* gelesen habe. Da musste man schon die Eitelkeit unterdrücken.

Seine Hoffnung schien sich zu erfüllen. Gewohnt, seine Beobachtungen aufzuzeichnen, hielt er im Tagebuch fest, wie der in »militärischer Uniform« vor ihm sitzende Kanzler schon das Programm für seine Mitarbeit entwickelte: »Ich habe nämlich die Absicht, Sie sollen nach meinen Maßgaben und Intentionen – denn selber kann ich doch keine Leitartikel schreiben – Aufsätze und Korrespondenzen machen für die Zeitungen und andere dazu veranlassen.« Die Audienz war noch nicht zu Ende. Bismarck fragte ihn, ob er wisse, worüber heute im Reichstag gesprochen wurde. Busch bedauerte, er wusste er nicht. Doch offensichtlich hatte sich der Kanzler entschieden, er wollte diesen Mann als Mitarbeiter, denn er begann schon jetzt mit seinen vertraulichen Mitteilungen. So bekam Busch als erste Lektion für die in Aussicht genommene Zusammenarbeit die Wut des Kanzlers über den Parlamentarier Lasker mit auf den Weg. Der neue Mitarbeiter schrieb auf, was Bismarck ihm zur Debatte über den Antrag zum Beitritt Badens sagte: »Dass die Leute das nicht abwarten können, immer alles vom Parteistandpunkte aus behandeln müssen und als Redner! Recht unerfreulich solche Reden, um nicht zu sagen, solches Geschwätz, beantworten zu müssen. Es ist wirklich mit diesen beredten Herren wie mit manchen Damen, die einen kleinen Fuß haben und immer zu enge Schuhe anziehen und die Füße vorstrecken, damit man sie sehen soll. So wenn einer das Unglück hat, beredt zu sein, da hält er zu lange Reden und zu oft.«

Bismarck hatte es immer wieder hinnehmen müssen, dass Lasker der bessere Redner war. Oftmals herrschte »lautlose Stille«, weil er mit seiner Person, mit seinem Herz dafür bürgte, was er sagte. Ein Zauber ging von ihm aus. Jetzt aber war für den Kanzler erwiesen, mit dem Antrag auf den Beitritt von Baden in den Norddeutschen Bund hatte Lasker eine Grenze überschritten. Angelegenheiten des Äußeren durften gerade von diesem Mann und gerade zu diesem Zeitpunkt nicht in der Öffentlichkeit erörtert werden. Da Bismarck seinen ausgesuchten Mitarbeiter seit dem 24. Februar fast täglich zu sich rief, an manchen Tagen bis zu acht Mal, und ihn beauftragte, seine Worte in dieser und jener Zeitung zu verbreiten, empfand Moritz Busch sich bald als »Dolmetscher des Kanzlers«. Er hielt in seinen Aufzeichnungen die Beurteilung Bismarcks über die Nationalliberalen fest, mit Bennigsen könne er auskommen, aber nicht mit Lasker. Es müsse gelingen, diese Partei zu spalten, dann würden die einzelnen Teile in Bedeutungslosigkeit versinken. Busch notierte den Ausspruch des Kanzlers: »Lasker ist Redner mit zersetzendem Wesen, kein Politiker.«

Die Worte vom »zersetzenden Wesen« eines Menschen waren nun Bestandteil des deutschen »Sprachschatzes« geworden.

Todesstrafe

Noch tanzte Berlin. Das Vergnügen geschah in der Zeit zwischen der Debatte im Reichstag über den Lasker-Antrag zum Beitritt Badens in den Norddeutschen Bund vom 24. Februar 1870 und der Erörterung im Reichstag über die Todesstrafe am 28. Februar. Als eifrige Beobachterin des Tagesgeschehens konnte Baronin Spitzemberg am 26. Februar in ihr Tagebuch eintragen: »Ball beim Bankier Bleichröder, den ich mit seiner Frau erst dort kennenlernte. Sie gaben einen großen, äußerst brillanten Ball in ihrem neu und prachtvoll eingerichteten Hause in der Behrenstraße, zu dem sie fast ausschließlich nur Leute der ersten Gesellschaft gebeten hatten, mit Ausschluss ihrer Verwandten sogar, was eigentlich schrecklich jämmerlich ist.« Sie bewunderte den geräumigen Tanzsaal mit den vielen Türen zu den Salons und zum Wintergarten. »Ein lukullisches Souper« habe die Gäste so erfreut, dass sie bis drei Uhr morgens tanzten.

Am Montag, dem 28. Februar 1870, eröffnete Präsident Dr. Eduard Simson 15 Minuten nach zwölf Uhr die elfte Sitzung des Reichstags des Norddeutschen Bundes. Auf der Tagesordnung stand die zweite Beratung über den Entwurf eines Strafgesetzes, die »Spezialdiskussion« zur Todesstrafe. Die Mitglieder des Bundesrates hatten sich auf ihren Plätzen eingefunden: Der Bundeskanzler und Präsident des Preußischen Staatsministeriums Graf von Bismarck-Schönhausen, in seiner Nähe der Kriegsminister von Roon, auch der Justizminister Dr. Leonhard und andere Minister aus Sachsen, Hessen, Mecklenburg, Oldenburg, Sachsen-Coburg-Gotha und Lübeck.

Der Abgeordnete Dr. August Reichensperger legte Wert darauf, als erster zu Wort zu kommen. Als glaubensstarker Katholik gehörte der in Koblenz geborene Jurist zu den Mitbegründern der Zentrumspartei. Er bezeichnete die Beratung um Leben und Tod als eine ernste und feierliche Aufgabe und sprach von der Verantwortung, die »Rechtmäßigkeit und Sittlichkeit der Todesstrafe« zu erkennen. Eigentlich lag seine Vorliebe auf einem ganz anderen Gebiet als der Juristerei; seine Veröffentlichungen gaben darüber Aufschluss, sie trugen Titel wie *Die christlich-germanische Baukunst* und *Fingerzeige auf dem Gebiete der christlichen Kunst*. Jetzt gab er sich unentschieden, brachte Beispiele für und gegen die Todesstrafe, wie sie im Rechtsbewusstsein des Volkes da und dort zum Ausdruck kämen, und meinte am Ende, er würde sich bei der Abstimmung der Mehrheit anschließen.

Als hätte der Vorredner ihm das Stichwort geliefert, begann Eduard Lasker mit einem eleganten Ausfall: Wenn er den Herrn Abgeordneten recht verstanden habe, gebühre ihm doch wohl ein Lob für seine Absicht, je nach der Mehrheit für oder gegen die Todesstrafe zu stimmen. Reichenspergers undeutliche Version vom letztlich maßgebenden »Rechtsbewusstsein des Volkes« griff er auf. Hier sah er eine Übereinstimmung mit dem Standpunkt des Justizministers Gerhard Leonhard, »dass die Volksüberzeugung entscheidend für den Gesetzgeber sei«. Gleichzeitig aber machte er deutlich, dass der Gesetzgeber bei dem Erlass von Gesetzen das Volk nicht mit »Zwangswohltaten« beglücken dürfe.

Lasker wollte für seinen Kampf gegen die Todesstrafe auch jene Konservativen gewinnen, die sich als unnachgiebige Befürworter dieser Bestrafung gern auf das Alte Testament stützten. Er ging weit zurück in die Geschichte und erklärte, wie »ein Kulturvolk in verhältnismäßig früher Zeit zur tatsächlichen Abschaffung der Todesstrafe« gelangte, wie es sich unter Berufung auf die Bibel »über die Barbarei ihrer Gesetzgebung hinweggeholfen hat. Diese Nation ist die jüdische«. So sei im Laufe der Zeit in der jüdischen Rechtsentwicklung der Vollzug der Todesstrafe so gut wie unmöglich gewesen.

Noch einmal erwähnte Lasker seinen Vorredner Reichensperger, der den Vergleich vom Recht des Staates mit der Notwehr des Einzelnen gebracht hatte. Lasker fragte, ob viele im Saale allen Ernstes befürchteten, die Existenz des Staates werde bei der Abschaffung der Todesstrafe gefährdet. Wer das glaube, der solle jetzt aufstehen und dafür Zeugnis ablegen. Die Abgeordneten müssten wohl fast einstimmig mit »Nein« antworten.

Er blieb noch auf seinem Streifzug durch die Geschichte. Früher habe es Umstände gegeben, die den Gesetzgeber veranlassten, nach einem Angriff auf ein Menschenleben mit der äußersten Strafe zu reagieren, um den Zerfall des Staates zu verhindern. Der italienische Goldschmied Benvenuto Cellini aus dem 16. Jahrhundert habe in seiner Lebensgeschichte beschrieben, wie eine ganze Gesellschaft in den Zustand der Notwehr geriet. Damals sei es in weiten Kreisen üblich gewesen, sich auf einen Mord wie für einen Spaziergang vorzubereiten. Cellini hatte erlebt, mit welcher Selbstverständlichkeit Menschen Selbstjustiz übten, er war Zeuge geworden, was bei solchen Gelegenheiten geredet wurde: »Ich habe mich aufgemacht, um mit Gott meinen Feind zu erlegen.« Lasker sagte, in Deutschland gehörten derartige Zustände doch wohl in die Vergangenheit, aber in einem Nebensatz brachte er einen Seitenhieb gegen noch immer gebräuchliche Verhaltensweisen aus der Feudalzeit: Leider werde das Verbrechen des Zweikampfes da und dort weiter in Schutz genommen.

Lasker war der festen Überzeugung, dass der Staat der Gegenwart das gewaltsame Mittel der Todesstrafe nicht mehr benötige. Er schränkte ein, in Kriegszeiten müsse ein Militärgesetzbuch herangezogen werden. Aber in Friedenszeiten, selbst bei einer Flucht, würde der Geflohene die Gesellschaft nicht beunruhigen, wie ein gehetztes Wild könne er nirgendwo Aufnahme finden. Er warnte vor einem falschen Verständnis des Volksbewusstseins, vor einem Beharren auf der althergebrachten Einstellung: »Auf Mord steht Tod.« Würde die Todesstrafe gesetzlich abgeschafft, wäre dieses konservative Element der Rechtsprechung schnell vergessen. Zum Beweis erinnerte er an seinen Antrag zur Abschaffung der Schuldhaft, den er einige Jahre zuvor im preußischen Abgeordnetenhaus gestellt hatte. Mit dem Hinweis auf das Volksbewusstsein habe es damals von konservativer Seite harten Widerstand gegeben, ja, man habe ihm vorgeworfen, er erleichtere dem Schuldner das Nichtzahlen seiner Schuld. Doch jetzt, nach Abschaffung der Schuldhaft denke niemand mehr daran, die persönliche Freiheit wegen einer Geldschuld zu beeinträchtigen.

Er erteilte seinen Zuhörern, vor allem den Herren auf den Plätzen des Bundesrates, eine Lehre über das Volksbewusstsein: »Wenn die Gesetzgebung erst wartet, bis das ganze Volk so eingenommen ist gegen eine bestehende Institution, dass es diese als eine Schmach und ein Unrecht erkennt, dann gehören wir nicht zu den Besten, sondern zu den Schlechtesten des Volkes.« Er wandte sich an den Herrn Justizminister und fragte ihn nach dem Grund seiner Abneigung gegen Sachverständige. Lasker beklagte, dass bei der Begründung von Justizgesetzen die Wissenschaft nicht beachtet werde, als ob Sachverständnis schädlich sei: »Was wird das Ausland über uns denken, wenn wir mit einer gewissen Vorliebe jederzeit wiederholen: Uns geht die Wissenschaft nichts an, die Wissenschaft muss ausgeschlossen werden vor unseren Türen?« Die Kommission, die das Gesetzbuch vorbereiten sollte, konnte sich auf wissenschaftliche Vorarbeiten und Gutachten Sachverständiger stützen, und man war zu dem Resultat gekommen, mit dem Vorschlag zur Abschaffung der Todesstrafe sei nicht erst an die Zukunft, sondern vor allem auch an die Gegenwart gedacht worden.

Als »Fabelchen« bezeichnete er die Zahlenspiele, mit denen sein Vorredner Reichensperger andeuten wollte, dass bei Abschaffung der Todesstrafe, wie in Württemberg, die Verbrechen zugenommen hätten. Für diejenigen, die er überzeugen wollte, fand er zu der Anrede: »Meine Herren von der konservativen Seite!« Und er nannte eines ihrer Argumente: »Der Konservative sagt, es besteht die Todesstrafe, also lassen wir sie fortbestehen.« Gewiss sollten die Herren die Vergangenheit, in der die Todesstrafe zugelassen wurde, nicht verleugnen, keine Lehre der Vergangenheit sollten sie verleugnen, aber sie sollten bedenken, dass der gegenwärtige deutsche Staat auch ohne gesetzlich verhängte Todesstrafe genügend gefestigt sei.

An diesem 28. Februar 1870 legte Lasker vor den Mitgliedern des Bundesrates und den Abgeordneten des Reichstags des Norddeutschen Bundes sein Bekenntnis ab: »Wenn, meine Herren, wie ich tief überzeugt sage, das Leben überhaupt einen sittlichen Gehalt hat, so besteht er in Beziehung auf das einzelne Individuum darin, dass es fortwährend sich kläre und innerlich erhöhe. Man mag das Leben nach der Eudämonie [Glückseligkeit] beurteilen, nach Macht, Ehrgeiz, Reichtum; wenn Sie von dem Verhältnis zwischen Gott und dem Menschen sprechen, so gibt es kein höheres Ziel, so gibt es keine höhere Erklärung des menschlichen Lebens, als dass in jedem Einzelnen eine volle Welt sich befindet und dass mit der Besserung dieses Einzelnen eine ganze Welt sich verbessert in dieser Person. In jeder einzelnen Person spinnt sich ein Zweck der göttlichen Vorsehung vom ersten Tage der Geburt bis zum Todestage ab, und dieser Zweck ist im höchsten Grade erfüllt, wenn er mit der Klärung des Gemütes, mit der Besserung des sittlichen Prinzips begleitet gewesen ist. Ein solches Leben ist Gott wohlgefällig, abgesehen von allen einzelnen Taten, welche das Leben verdunkeln. Und nun frage ich Sie, meine Herren, welches Recht haben Sie, Ihre Hand hineinzustrecken, der Vorsehung den Faden abzuschneiden, indem Sie befehlen: Jetzt muss der Mann sterben! Er darf keinen Tag mehr haben, um sich innerlich sittlich zu heben und zu klären, damit er als Gottgefälliger sterbe?« Lebhafter Beifall unterbrach ihn. Er wartete auf die Stille und gab zu bedenken, ob der Mensch sich mit einem solchen Gesetz in den Plan der göttlichen Vorsehung einmischen dürfe. Selbst wenn die Herren Abgeordneten dieses Gesetz jetzt vorschreiben sollten: »Es bleibt eine Sünde vor Gott.«

Es klang beschwörend, als er in diesem Augenblick »wir« sagte: »Aber als Vertreter einer so hochgebildeten Nation müssen wir an unserer Stelle zunächst daran denken, jene große und erhabene Besserung zu befördern, dass der Mensch in sich geht. Dies ist das Amt, welches wir hier wahrzunehmen haben, und dafür berufe ich mich auf den Spruch: Denn der Herr will nicht, dass der Sünder sterbe, sondern dass er lebe und zurückkehre von seinen Wegen.« Er wollte die Abgeordneten durch sein Bekenntnis überzeugen, dass die Todesstrafe nicht mehr zeitgemäß ist. Und er sprach seine Hoffnung aus: »Die Abschaffung der Todesstrafe wird auch eine ernste Mahnung für die Nationen sein, ob denn überhaupt mit Menschenleben das Recht erkauft werden muss, ob nicht irgendein Ersatz zu finden ist, wonach selbst Streitigkeiten unter Nationen anders zum Austrag gebracht werden als durch Menschenleben.« Da gab es für den dringenden Wunsch, Kriege zwischen den Völkern zu vermeiden, das erbärmliche: »Lachen rechts«. Lasker entgegnete: »Meine Herren, das ist die erste Stufe der Vorbereitung, auf welcher der Gegner noch lacht. Solange Sie nicht in der Heimat die unverbrüchliche Achtung vor dem Leben des Menschen hergestellt haben, berauben Sie sich eines der besten Mittel für den Fortschritt in den Beziehungen der Nationen untereinander.«

Die Lachenden fühlten sich dem Redner überlegen. Als Eingeweihte wussten sie vom Aufschwung der Vorbereitungen zum Ernstfall, zum Krieg. Ihre heitere Stimmung beruhte auch auf ihrer Kenntnis von Maßnahmen, die Stärke der Armee auszubauen, dazu gehörte die Ausrüstung der Infanterie mit neu hergestellten leichteren Gewehren, aus denen schneller als bisher gefeuert werden konnte.

Am Ende rief Lasker den Abgeordneten zu, sie sollten ein moralisches Zeugnis ablegen und der Welt verkünden: »Unser Staat ist gesichert, unser Sittlichkeitszustand ist so weit vorgerückt, dass von einer Notwehr für den Staat gar nicht mehr die Rede sein kann, dass die Todesstrafe nicht mehr am Platze ist, dass sie nicht mehr durch die höchste Not gerechtfertigt und deswegen eine Sünde ist vor Gott und den Menschen!«

Sein Bekenntnis.

Bamberger wusste, wie Lasker auf Menschen wirkte, er sagte es Jahre später in seiner Abschiedsrede für den Freund: »Und wenn ich noch eines herbeiführen darf zur Erklärung des unwiderstehlichen Zaubers, den er so lange ausgeübt hat in politischen Versammlungen der höchstgebildeten Kollegen, wie in der großen Menge populärer Versammlungen, so war es, dass Jeglicher von ihm das Gefühl hatte: hier ist ein vollkommenes Zusammenstimmen von Sein, Denken und Handeln. Die volle Einheit des Wesens, jener tiefe Ernst, der jedes Wort und jede Handlung zum Ausdruck dessen machte, was in der Seele des Mannes lebte; das war es, was ihm Gewalt über die Anderen gab.«

Nach der Rede von Lasker beantragten zwei Abgeordnete Vertagung, der Antrag wurde mit ausreichender Mehrheit angenommen. So endete die Sitzung um 16.30 Uhr. Am nächsten Tag, dem 1. März 1870, zeigte sich bei der Abstimmung, welche Wirkung Laskers Rede im Reichstag des Norddeutschen Bundes ausgeübt hatte. 118 Abgeordnete lehnten die Todesstrafe ab, 81 gaben ihre Zustimmung.

Andere Aufgaben gerieten ins Blickfeld. Im April 1870 kamen Abgeordnete des Norddeutschen Bundes und der süddeutschen Länder zur Tagung des Zollparlaments, Anhänger des Freihandels und Befürworter des Schutzzolls standen sich unversöhnlich gegenüber. Doch der Antrag zur Münzeinheit im gesamten deutschen Zollgebiet, Anfang Mai von Bamberger vorgetragen, wurde mehrheitlich angenommen, nur drei süddeutsche Abgeordnete des Zollparlaments stimmten dagegen. Bereits vor der erneuten Verhandlung über das Strafgesetzbuch wurde bekannt, im Bundesrat herrsche die einhellige Meinung, die Todesstrafe müsse beibehalten werden. Sollte die Mehrheit der Abgeordneten des Reichstags bei der Ablehnung der Todesstrafe bleiben, dann müsse das ganze Gesetzeswerk zurückgezogen werden.

Am 20. Mai stand die weitere Beratung über das Strafgesetzbuch auf der Tagesordnung. Der Bundeskanzler war nicht anwesend, er weilte in Varzin, seinem Gut im preußischen Regierungsbezirk Köslin (Pommern). Justizminister Leonhard begründete die Notwendigkeit der Todesstrafe bei Hochverrat. Erst am 21. Mai traf Bismarck in Berlin ein. Baronin Spitzemberg war wieder gut informiert und schrieb in ihr Tagebuch, sie habe während eines Besuchs in der Wilhelmstraße ein gewisses Unwohlsein des Grafen bemerkt, er sei auch nur für wenige Tage nach Berlin gekommen, damit er »im Reichstage das Strafgesetzbuch und insbesondere die Todesstrafe verfechte«.

Am 23. Mai 1870 hielt Bismarck vor dem Reichstag seine Rede. Leidenschaftlich setzte er sich *für* die Beibehaltung der Todesstrafe ein. Er sprach von seiner Übereinstimmung mit dem »gesunden Sinn unserer Bevölkerung« und begründete seine Haltung mit der Verteidigung »unserer Grundprinzipien in Bezug auf die Einheit, die wir in Deutschland zu schaffen haben«. Er erklärte: »Ich kann von diesem Standpunkt aus hier kein Oldenburg und kein Preußen kennen, ich kenne nur Norddeutsche.« Doch er wollte mehr, die Einheit: »Wir haben unverrückt unser nationales Ziel im Auge behalten; wir haben nicht links, nicht rechts gesehen, ob wir jemand wehe täten in seiner teuersten Überzeugung«. Aus diesem Geist, zu dem Mut und Kraft gehöre, habe er in seiner Stellung dreieinhalb Jahre lang gehandelt, das sei die Quelle gewesen, »aus der wir unsere Berechtigung schöpften, hart zu sein und mit eisernem Schritt zu zermalmen, was der Herstellung der deutschen Nation in ihrer Macht und Herrlichkeit entgegenstand.«

Zum eisernen Gleichschritt entschlossene Abgeordnete entschieden den Ausgang der Abstimmung, jetzt gaben sie ihr Ja. Die Beibehaltung der Todesstrafe im Paragraphen 1 des Strafgesetzbuches war, wie es der Kanzler gewünscht hatte, erreicht. Lasker musste erleben, dass sechzehn Abgeordnete der Nationalliberalen Partei sich nach der Rede Bismarcks für die Todesstrafe einsetzten. Er blieb bei seinem Nein. Auch an diesem 23. Mai siegte »der Realist«.

In seinen Aufzeichnungen *Aus meinem Leben* schrieb August Bebel über die Beratung: »Der Reichstag, der in der zweiten Lesung mit erheblicher Mehrheit sich gegen die Todesstrafe ausgesprochen hatte – das im Jahre 1868 erlassene sächsische Strafgesetzbuch hatte sie abgeschafft, ebenso war sie in Baden abgeschafft worden – stimmte jetzt auf Drängen und Drohen Bismarcks für dieselbe, und zwar mit 127 gegen 119 Stimmen. Der einzige sächsische Abgeordnete, der für die Todesstrafe eintrat, war Dr. Hans Blum, der Sohn des im Herbst 1848 in der Brigittenau bei Wien erschossenen Robert Blum. Als Blum sein Ja für die Todesstrafe abgab, antworteten wir auf der äußersten Linken mit einem kräftigen Pfui.«

Hans Blum berichtete in seinem Buch *Persönliche Erinnerungen an den Fürsten Bismarck*: Unmittelbar nach der Abstimmung sei er zum

Kanzler gerufen worden, der ihm, hocherfreut über den Gleichklang bei der Befürwortung der Todesstrafe, »ein Bündnis« anbot: »Ein Bündnis zu Gunsten eines Toten. Ich möchte Sie bitten, dass Sie, wenn jemals wieder Ihr Vater von den Herren, die heute Ihre Abstimmung mit einem ›Pfui‹ begleiteten – den Herren Bebel und Hausknecht – dadurch herabgewürdigt werden sollte, dass sie ihn für einen der ihrigen erklären, dass Sie dann über alle Macht verfügen wollen, die ich etwa besitze, namentlich in der Presse, um dieses Bild rein zu halten.« Das billige Spiel der Veränderung des Namens von Liebknecht in Hausknecht machte Bismarck offenbar Freude. Hans Blum, so lautete das Bündnis, sollte das Bild seines Vaters neu erschaffen. Es müsse in dem Sinne gestaltet werden, wie der Regierende jetzt über Robert Blum urteilte, denn er, der Kanzler habe sich gewandelt. Leutselig und munter, da er die Gegner der Todesstrafe überwunden hatte, meinte Bismarck zu Hans Blum: »Ich bin damals 1848 und die Folgezeit ein scheußlicher Junker gewesen. Ich würde Ihren Vater auch haben erschießen lassen, wenn ich das hätte tun können. Ich würde auch Gottfried Kinkel haben erschießen lassen, obwohl ich mit ihm auf dem Felde gegenseitiger Hochachtung stand. Aber ich urteile jetzt gerechter. Ihr Vater war liberal, sehr liberal, aber auch gut national.«

Ein Veilchenstrauß auf Heines Grab

Wer könnte das Ereignis vom frühen Abend des 31. Juli 1870 besser beschreiben als Baronin Spitzemberg: »6 Uhr abends reiste der König mit dem Hauptquartier, Bismarck, Roon usw. zur Armee ab, wohin zunächst ist unbekannt. Carl und ich spazierten seit 5 Uhr unter den Linden umher, wo die Volksmassen sich nach und nach zu einem dichten Spalier vom Palais an bis zur Wilhelmstraße bildeten. Als der greise Herr, die Reisemütze auf dem Haupte, mit der Königin im offenen Zweispänner erschien, ertönten begeisterte Hurras, und in vielen Augen standen Tränen. Es hat auch etwas ungemein Ergreifendes, solch' alten hohen Herrn mit dreiundsiebzig Jahren noch zum Kriege für Reich und Volk ausziehen zu sehen; Gott sei mit ihm!«

Es kann als sicher angenommen werden, dass Adolph Menzel zu

dieser Stunde Zeuge des Geschehens war. In seinem Gemälde *Abreise König Wilhelms I. zur Armee am 31. Juli 1870* hat er keinen Zweifel an der Tageszeit aufkommen lassen. Noch sind die Laternen nicht angezündet, doch im leicht bewölkten Himmel über der Prachtstraße Berlins deutet der Maler mit einem leisen rötlichen Schein die Abendstunde an. An der Färbung der Linden ist zu erkennen, wie weit das Jahr schon fortgeschritten ist, der erste Hauch des Vergehens liegt über den Blättern. In diesem Festhalten des Augenblicks der königlichen Abreise offenbart sich Menzels Wesen; er hat es, das Lächeln des Wissenden, das auch beim Darstellen der für höchste Kreise wichtigen Ereignisse aufscheint. So verschönt er den König ein wenig auf diesem Weg »Unter den Linden«, er unterschlägt die Reisemütze und setzt dem Herrscher, der sich tief in das weiße Polster der Kutsche zurücklehnt, den preußischen Helm auf. Jedoch zeigt Menzel den Abreisenden keineswegs in heroischer Pose. Die zum Gruß leicht erhobene rechte Hand im weißen Handschuh wirkt, als müsse sie dem müden Haupt Halt geben. Ein weißes Taschentuch verdeckt das Gesicht der neben ihm sitzenden Königin. Der Maler, erfahren im Studium von Körperhaltungen, kann ihr Weinen glaubhaft werden lassen. So bemüht sie sich, aufrecht zu sitzen und ihre rechte Hand unterstützt die Anstrengung, die Tränen mit dem Tuch vor den Augen zu verbergen.

Das Spielerische in Menzels Betrachtungsweise offenbart sich in der Manier, wie er die aus den Fenstern heraushängenden Fahnen flattern lässt. Aber an der begrenzenden Häuserwand zur Rechten des Bildes erscheint auch sein warnendes Vorzeichen: Deutlich sichtbar zwischen den im Winde wehenden schwarzweißroten und schwarzweißen Tüchern mit dem preußischen schwarzen Adler taucht zweimal die Fahne mit dem Roten Kreuz auf weißem Grund auf. Das Schutzzeichen für im Krieg Verwundete, wie es seit dem 22. August 1864 mit der Genfer Konvention beschlossen und von sechzehn Staaten, auch Preußen, angenommen worden war. Menzels ernster Hinweis auf das kommende Blutvergießen.

Dagegen schien Baronin Spitzemberg in ungeduldiger Erwartung zu sein. Schon zwei Tage vor der feierlichen Ausfahrt des Königs durch das Brandenburger Tor schrieb sie in ihr Tagebuch, aus dem sie auch immer wieder gern Freunden und Bekannten vorlas: »Ich bin schon vor mehreren Tagen in den ›Vaterländischen Frauenverein‹ eingetreten.« Dieser

Verein unter der Schirmherrschaft der Königin von Preußen hatte sich dem Roten Kreuz angeschlossen. Die Baronin war auf Verwundete vorbereitet.

Ein befreundeter Kunstsammler hatte sich von Menzel ein Bild über die Abreise des Königs aus Berlin gewünscht, auf dem auch seine Tochter dargestellt sein sollte. Was auch immer der Auftraggeber erwartet haben mochte, die Tochter ist nur am Bildrand auf einem Balkon zu sehen. Den Mittelpunkt bildet auch nicht die Kutsche mit den Abreisenden: Das Fahrzeug ist an die Seite gerückt. Etwas anderes beherrscht den Vordergrund: Ein Hund steht da. Das Tier wendet seinen Kopf weg von dem königlichen Gefährt, das von zwei dunklen Pferden gezogen wird, die am Bildrand kaum noch sichtbar sind. Der leere Raum um den kleinen Vierbeiner, von seinem Herrn an der Leine gehalten, lässt es fast als nebensächlich erscheinen, wie die vielen Jubelnden sich zum König drängen und ihre Mützen vor Begeisterung in die Luft werfen. Auch der Hundebesitzer hat offensichtlich etwas ganz anderes im Sinn, als im Freudentaumel zu frohlocken. Zwar verbeugt er sich mit dem Zylinder in der Hand anscheinend ehrerbietig vor dem König, aber seine Blickrichtung ist nicht wie die der Menschenmenge auf die Kutsche gerichtet. Er schaut hinunter zu einem Mädchen, das im roten Röckchen neben seiner Mutter steht. Die Kleine hat die Aufmerksamkeit, die ihr gilt, längst bemerkt und wendet diesem Betrachter ein wenig verschämt, vielleicht auch geschmeichelt ihren Kopf zu. Die Wachsamkeit des Hundes gilt dem Jungen, der Extrablätter heranträgt, möglicherweise bringt sein Bellen einen anderen Ton in die Hurrarufe. Eine Störung mit dem einzigen Laut, der dem Tier gegeben ist? Menzel gibt dem Halsband des Hundes einen rötlichen Ton und überlässt es dem Betrachter zu überlegen, ob die Redensart »Auf den Hund gekommen« angedeutet sei oder ob angesichts der diffusen Menge Unter den Linden ein Gedanke aus Schopenhauers Ethik Gestalt gewonnen habe: »Woran sollte man sich von der endlosen Verstellung, Falschheit und Heimtücke der Menschen erholen, wenn die Hunde nicht wären, in deren ehrliches Gesicht man ohne Misstrauen schauen kann?«

In dieser Zeit der Abreise des Königs von Preußen hielt sich Legationsrat Dr. Wilhelm Cahn in Paris auf. Er gehörte zu den diplomatischen Vertretern des Königreichs Bayern. Aus München hatte er die Weisung erhalten, auch jetzt, nach Beginn des Krieges, dort zu bleiben, allerdings sollte er sich der schweizerischen Gesandtschaft zuordnen. Im Gegenzug würde Bayern dem französischen Gesandten den Verbleib in der Gesandtschaft von Großbritannien in München gestatten. Wilhelm Cahn stammte wie Ludwig Bamberger aus Mainz, und auch seine Familie war auf dem langen Weg zur noch immer nicht erreichten Gleichberechtigung den Rechtsbestimmungen unterworfen, wie sie unter der wechselnden Herrschaft von Österreichern und Franzosen für jüdische Bewohner der Stadt verfügt wurden. Jetzt also hieß ihn der außerordentliche Gesandte und bevollmächtigte Minister der schweizerischen Eidgenossenschaft Johann Konrad Kern herzlich willkommen unter seinem Dach in Paris.

Auch Cahn hatte sich angewöhnt, fast täglich aufzuschreiben, was er fühlte und dachte und sah. Der Einunddreißigjährige war ehrgeizig und wollte mit seinen Aufzeichnungen aus dieser besonderen Situation in Paris später einmal literarischen Ruhm erringen. Er konnte in diesen Tagen nicht ahnen, dass er es sein sollte, der Lasker die vielleicht bitterste Enttäuschung zufügen wird.

Als Diplomat mit Sitz in der neutralen Schweizer Gesandtschaft beobachtete er den Krieg zwischen Frankreich und Preußen mit Sorge. Sein Herz schlug nicht für den preußischen König Wilhelm und nicht für den französischen Kaiser Napoleon. Doch die Frage, ob durch diesen Waffengang am Ende die Einheit der Deutschen, wenn auch unter der Vorherrschaft Preußens, zu erreichen sei, trieb ihn zu einem gesteigerten Patriotismus. Er schrieb, bei der Nachricht von einem französischen Sieg bei Saarbrücken sei er »wie niedergeschmettert«.

Im August erlebte er einen Ansturm von Ratsuchenden bei der Schweizer Gesandtschaft, ausgelöst durch den Befehl des Polizeipräfekten: »Jeder aus Preußen, den Ländern des Nordbundes, Bayern, Württemberg, Hessen und Baden gebürtige, in Paris oder im Bezirke der Polizeipräfektur sich aufhaltende Fremde muss binnen drei Tagen sich bei dem Polizeikommissär des von ihm bewohnten Viertels melden und eine Aufenthaltserlaubnis erbitten.« Nur Personen, die von der Regierung ermächtigt seien, in Frankreich zu wohnen, dürften bleiben. Es war schwierig, den Betroffenen beizustehen. Reisegeld musste für die Ausgewiesenen beschafft werden. Cahn schrieb in sein Tagebuch, wie eine verängstigte Französin ihn um Hilfe bat, für seine Begriffe allzu wortreich. Ihr Mann, ein Bayer, könne für einen Preußen gehalten werden, nun rede er sich ein, es sei besser, er gehe, damit niemand ihr nachsage, sie lebe mit dem Feind zusammen. Es war wenig hilfreich, sie aufzuklären, dass sie selbst ja durch die Heirat eine bayerische Staatsbürgerin geworden sei. Sie verstand nichts. Sorgfältig notierte er alles in sein Tagebuch: Ihren Schrei »Ach, bin ich unglücklich« und ihr plötzliches Davonlaufen, das er »so komisch« fand. Und er verschwieg nicht, wie er mit zwei Angestellten der Botschaft derartig verdutzt über ihr Verhalten war, »dass wir alle drei laut auflachten«.

Als Cahn vom Sieg der Preußen bei Weißenburg hörte, schrieb er am 5. August 1870: »Wie es in meinem Inneren jubilierte.« Er meinte voller Genugtuung, es müssten bei dieser Schlacht in der Nähe der bayerischen Grenze doch auch bayerische Truppen dabeigewesen sein. Er ging durch die Straßen von Paris und erlebte eine niedergedrückte Stimmung, eine seltsame Rührung überkam ihn, als er bemerkte, wie Franzosen »sich verzweifelt die Hände reichten«. Die Trauer über die Niederlage wurde für ihn deutlich: »Ich habe heute auf den Boulevards nicht eine einzige Dame in heller Kleidung gesehen. Alle schwarz!«

Am 3. September 1870 erfuhr die Schweizer Botschaft die zunächst geheime Nachricht von der Gefangenschaft des französischen Kaisers. Botschafter Kern teilte nicht die Meinung eines Mitarbeiters der Gesandtschaft, die Gefangennahme Napoleons III. und die Kapitulation der französischen Armee bei Metz würden das Ende der Kampfhandlungen bedeuten. Kern, der seit fast zehn Jahren in Paris lebte, kannte die Herzen der Franzosen besser und meinte: »Nun, das ist das Ende des Krieges. Oder der Anfang der Revolution, und dieser Anfang kann uns schon heute Abend bevorstehen.«

Cahn hielt in seinen Aufzeichnungen fest, wie die kaiserlichen Wappenschilder von den Läden der Hoflieferanten heruntergerissen wurden. Auf den Straßen erklangen die Rufe: »Vive la république«. Über den neuen Zustand ließ er einen Skeptiker zu Worte kommen: »Der Unterschied zwischen der heutigen und der kaiserlichen Regierung ist, dass diese die Wahrheit verschwiegen hat und dass jene die Wahrheit jesuitenmäßig in der günstigsten Beleuchtung darstellt.«

An einem Abend fand er an der Eingangstür zu seiner Wohnung die mit Kreide geschriebenen Worte: »Preußenhund! Tod den Preußen!« Er befahl der Hausverwalterin, so schrieb er in sein Tagebuch, die Inschrift abzuwischen. Doch am nächsten Morgen konnte er an seiner Tür lesen: »Deutsches Vieh, ich werde dich verhauen.« Er wollte den Schreiber ausfindig machen, um ihn zu bestrafen, aber niemand half ihm bei der Suche. Schließlich nahm er in der Nähe der Schweizer Gesandtschaft ein anderes Quartier.

Die Nachricht von der Rückkehr des Dichters Victor Hugo nach neunzehnjähriger Verbannung erregte Cahns Neugier. Er besorgte sich und einem Mitarbeiter der Botschaft Passierscheine für den Bahnsteig auf dem Nordbahnhof. Er wollte am Abend des 5. September Zeuge der Ankunft sein, und er war sicher, die Schilderung des Empfangs von Victor Hugo könnte ein Höhepunkt im Tagebuch werden. So stand er erwartungsvoll in der Menschenmenge und achtete auf die Begrüßungs-rede des Dichters an die Pariser. Für die spätere Niederschrift prägte er sich die Sätze des Heimgekehrten ein: »›Die Worte fehlen mir‹, spricht eine kräftige, wohllautende Stimme, ›um auszudrücken, was mich be-wegt. Bürger‹ – die Stimme wird lauter, fast schreiend – ›ich hatte euch gesagt: An dem Tage, da die Republik wiederkehrt, werde ich wiederkeh-ren. Hier bin ich.‹ Ungeheurer Beifall. Victor Hugo wartet. ›Zwei große Dinge rufen mich: die Republik und die Gefahr.‹«

Obwohl Dr. Wilhelm Cahn das Gedränge als beängstigend empfand, blieb er und hörte die stolzen Sätze: »Paris retten ist mehr als Frank-reich retten, das heißt: Errettung der Welt. Paris ist der Mittelpunkt der Menschheit. Paris ist die geheiligte Stadt! Wer Paris angreift, vergreift sich am Menschengeschlecht«. Als Vertreter der bayerischen Regierung war ihm die Kluft zwischen ihm und den Parisern bewusst. Sie konn-ten Victor Hugo aus vollem Herzen zustimmen: »Und wisst Ihr, warum Paris die Stadt der Zivilisation ist? Weil Paris die Stadt der Revolution ist!« Seine Worte ergriffen die Zuhörer: »Dass ein solcher Herd des Lich-tes, ein solcher Mittelpunkt der Geister, der Herzen und der Seelen, das Hirn des Weltgedankens vergewaltigt, zerschmettert im Sturm genom-men werden könnte, durch wen? Durch einen Überfall von Wilden? Das kann nicht sein, das wird nicht sein! Nie, nie, nie!« Cahn sah, wie viele in seiner Nähe zu Tränen gerührt waren. Doch als die hier Versammelten sich dieses »Nie-nie-nie« immer wieder zuriefen, überkam ihn das Ge-fühl einer gewissen Überheblichkeit, er meinte, jetzt sei er Zuschauer bei einem Possenspiel. Dennoch bewunderte er Victor Hugo, wie der Dich-ter es verstand, die Menschen zu begeistern, und er fragte sich: »Welcher deutsche Redner könnte sich eines solchen Erfolges rühmen?«

Eine Woche später wurden die Mitarbeiter der Botschaft von einem

neuen Ausweisungsdekret überrascht, jeder Deutsche ohne Sonderge-
nehmigung habe das Departement der Seine innerhalb von vierundzwanzig Stunden zu verlassen, sonst drohe ihm eine Strafe durch das
Kriegsgericht. Wer im August noch nicht gegangen war, der bat jetzt um
Hilfe. Fünf Tage lang, von früh bis spät abends, versuchten sie, den Ansturm der Ausgewiesenen zu bewältigen. Gelder und Reisemöglichkei-
ten mussten beschafft werden. Von den vielen Angstgeschichten blieb
ihm eine Begebenheit unvergesslich: Ein alter Franzose kam zu ihm ins
Büro und brachte fünfzig Franken. Das Geld sei für seinen bayerischen
Mieter, der ordentliche Mensch habe ihm sogar noch beim Abschied
die Miete bezahlt. Jetzt brauche der Bayer aber doch dieses Geld viel
nötiger für seine Reise in die Ungewissheit. Er habe den Mann schon
unter den Wartenden entdeckt, er selbst aber wollte von ihm unbemerkt
bleiben. So ging er. Dann kam der Bayer und sagte, als Cahn ihm die
Gabe des Franzosen überreichte: »Das ist von meinem Wirt. Wenn Sie
wüssten, was dieser Mann während der Krankheit meiner Frau und
meiner Kinder getan hat, es würde Ihnen schwer fallen, den alten Mann
zu verlassen. Wenn ich gern hier bliebe, so ist es ja bloß, um ihn zu
schützen, wenn die Preußen hereinkommen.« Aber weil er gehen musste, gab der Ausgewiesene ihm die Adresse des Franzosen mit der Bitte,
ihn vor Übergriffen der preußischen Sieger zu schützen.

Wilhelm Cahn hielt in einer Schlussabrechnung für die Regierungen
von Bayern und Baden die Zahlen der mit Pässen und Beihilfe verse-
henen Ausgewiesenen fest: etwa zwölftausend Bayern und fünftausend
Badener. Er schätzte die Gesamtzahl der Deutschen, die bis Juli in Paris
gewohnt hatten, auf siebzigtausend. Sein Aufenthalt in Paris erschien
ihm jetzt, nachdem so viele Bayern gegangen waren, nicht mehr nützlich. Doch er blieb.

Am 18. September, am Abend vor dem ersten Tag der Belagerung
durch die unter preußischem Oberbefehl vereinigten Heere, erinnerte
sich Cahn daran, wie noch vor zwei Monaten der Schrei durch die Stadt
ging: »À Berlin!« Nach Berlin. Und er, in seiner nächtlichen Einsamkeit, schrieb auf: »Berlin hat den Ruf vernommen, und nun kommt es,
wie der steinerne Gast im Don Juan mit schwerem Schritt und Tritt,
pocht mit Granaten an die Tür Paris - Don Juans, und die lebenslusti-
gen Freunde fliehen entsetzt, es seinem Schicksal überlassend. – Einge-
schlossen, belagert!«

Er schrieb und schrieb, Namen, Zustände, Erwartungen. Wie er sich auf den Belagerungszustand mit dem Einkauf von Mehl, Reis, Grieß, Erbsen, Zucker, Salz, Schinken, Würsten, Wein, Cognac und Brot einrichtete, eine Auswahl, die von der Frau des Botschafters Kern bewundert wurde. Zur Begründung erzählte er ihr die Geschichte von seiner Mutter, die ihren Kindern Regeln für alle Schwierigkeiten im Leben mit auf den Weg geben wollte, damit sie in ähnlicher Lage nicht hilflos seien. Er habe auswendig lernen müssen, welche Vorräte der Großvater damals bei der Belagerung von Mainz 1813 heranschaffte, daran habe er sich jetzt erinnert.

Aus Gesprächen in der Botschaft und aus Zeitungen erfuhr er den jeweiligen Stand der Verhandlungen mit den preußischen Belagerern von Paris. In seinen Augen war der Unterhändler auf französischer Seite, Jules Favre, erfüllt von »Phrasenhaftigkeit«, demgegenüber würdigte er den »politisch überlegenen Geist« Bismarcks. Favres Argument, eine Zerstückelung französischen Gebiets sei gegen das Menschenrecht, auch habe der preußische König erklärt, der Krieg gelte nur Napoleon und nicht dem französischen Volk, zeige »einen erstaunlichen Mangel an logischem Denken«. Der Jurist Favre, nun Außenminister der »Regierung der nationalen Verteidigung«, hatte noch Anfang September beim Ausrufen der Republik feierlich verkündet, dem Feind werde nicht ein Fußbreit Land, kein Stein abgetreten.

Über Léon Michel Gambetta, der nach dem Sturz des Kaisers Napoleon in der Regierung der Republik das Ministerium des Inneren übernommen hatte, schrieb Cahn: »Gambetta ist durch und durch Romane und als solcher dem germanischen Element nicht zugeneigt. Das Vorwärtsdringen der Preußen hat ihn geradezu in blinde Wut versetzt.« Es sprach sich bis zur Schweizer Botschaft herum, dass Gambetta das belagerte Paris durch die Luft mit einem Ballon verlassen wollte, um nach Tours zu gelangen und von dort aus Maßnahmen zur Verteidigung Frankreichs und zur Befreiung von Paris zu veranlassen. Auch bei dieser kühnen Abreise war der Tagebuchschreiber als Zeuge zugegen. Er gab sogar zu, Gambetta habe zwar viel Energie, doch es sei fraglich, »ob er seinen Feuereifer den Massen einblasen kann«. An diesem 7. Oktober, einem Freitag, war es in der Frühe kalt und neblig, trotzdem wartete Cahn, bis der Ballon endlich gegen 11 Uhr genügend Gas aufgenommen hatte und mit Gambetta in die Höhe stieg.

Später erörterte er bei einem Abendessen mit Bekannten aus der Botschaft das Phänomen der Technik von Ballonfahrten: »Wie geschickt die Franzosen die neuesten Erfindungen der Chemie und Physik zu ihrem Nutzen zu verwerten wissen. Ballonfahrten, mikroskopische Photographie, elektrische Scheinwerfer, alles dies hat sich als ein nicht zu unterschätzendes Verteidigungsmittel in diesem Kriege erwiesen; in einem zukünftigen Kriege wird es daher nicht sowohl darauf ankommen, wer die meisten Bataillone ins Feld zu stellen weiß, als vielmehr, wer von den wissenschaftlichen Errungenschaften die ingeniöseste Anwendung zu machen versteht, und letzterer wird Sieger bleiben.«

Manches, was in Paris geschah, fand er befremdlich: »Sechs Stunden hat die Kommune im Stadthaus herumgezetert; eine einheitliche Leitung bestand nicht; jeder befahl, keiner gehorchte. Wenn die Kommune auch nur einen momentanen Erfolg errungen hat, so ist er weniger der Energie der Kommunisten, als vielmehr der unglaublichen Unfähigkeit und Willensschwäche der Regierung zuzuschreiben.«

Er hatte es sich zur Gewohnheit gemacht, den Friedhof Montmartre bei seinen Wegen durch die Stadt aufzusuchen. Eines Tages traf er hier die Frau, für die er damals keine Worte des Bedauerns gefunden hatte, als ihr bayerischer Mann zurück in seine Heimat gehen musste. Da saß sie nun auf dem Grabstein ihres verstorbenen Kindes und weinte und fror. Mit dem ihr noch verbliebenen Kind galt sie in der Nachbarschaft als bayerisch, so war sie verlassen und verloren. Jetzt sollte das Tagebuch doch auch ein Zeugnis von seiner Hochherzigkeit geben. Er lud sie und ihr Kind in seine Wohnung ein und gab ihnen zu essen. Und er notierte: »Ich saß in meinem Sessel und freute mich, dass die Kleine so wacker einhieb ...« – doch schon verriet der Zusatz die Arroganz des sich überlegen Fühlenden – »... und so gut mit dem Essbesteck zu hantieren verstand«. Immerhin veranstaltete Cahn bei den Bekannten seiner Gesandtschaft eine Sammlung und konnte für die verlassene Mutter fünfundachtzig Franken zusammenbringen.

Bei seinen Wegen zum Friedhof Montmartre ging Cahn jedesmal zum Grab von Heine. Am Sonntag, dem 4. Dezember 1870, trug er einen Veilchenstrauß in seiner Hand. Er brachte dem Dichter die Blumen, die im milden Winter noch blühten, »als Dank für das, was ich zufällig in seinem Vorwort zu *Deutschland – Ein Wintermärchen* gelesen hatte«.

Er berief sich auf nur einen Satz aus dem Vorwort, das Heine in Paris im Oktober 1844 geschrieben hatte: »Die Elsässer und Lothringer werden sich wieder an Deutschland anschließen, wenn wir das vollenden, was die Franzosen begonnen haben: wenn wir diese überflügeln in der Tat, wie wir es schon getan in Gedanken.«

Allerdings hatte er den Satz aus dem Zusammenhang gerissen und zu einem Bruchstück gemacht. Ausgeblendet das Vorhergehende. Verloren der Atem der Ironie, mit dem Heine sich gegen die »Pharisäer der Nationalität« wandte, die ihm vorwarfen, er verachte das Vaterland und wolle den Rhein den Franzosen überlassen. Aber das müssten die deutschen Frömmler doch wissen, der Rhein gehöre ihm: »Ja, mir gehört er, durch unveräußerliches Geburtsrecht, ich bin des freien Rheines freier Sohn, an seinen Ufern stand meine Wiege. Und ich sehe gar nicht ein, warum der Rhein irgendeinem anderen gehören soll als den Landeskindern.« Jedoch mit der folgenden Überlegung wies Heine jeden Anspruch zurück: »Elsass und Lothringen kann ich freilich dem deutschen Reiche nicht so leicht einverleiben, wie ihr es tut, denn die Leute in jenen Landen hängen fest an Frankreich wegen der Rechte, die sie durch die französische Staatsumwälzung gewonnen, wegen jener Gleichheitsgesetze und freien Institutionen, die dem bürgerlichen Gemüte sehr angenehm sind, aber dem Magen der großen Menge dennoch vieles zu wünschen übrig lassen.« Erst hier folgte der Satz, der Cahn zum Veilchenkauf veranlasst hatte. Und so, wie er dem vorher Geschriebenen keine Beachtung geschenkt hatte, verzichtete er wohl auch auf das Weiterlesen. Oder wollte er, von patriotischer Blindheit geschlagen, Heines Ausblick in eine verhängnisvolle Zukunft jetzt nicht mehr zur Kenntnis nehmen, die Ankündigung, wie der Weltenlauf sich weiter entwickeln würde, »wenn wir die Erlöser Gottes werden«. An dieser Stelle malte Heine in seinem Vorwort zu *Deutschland – Ein Wintermärchen* ein Schreckensbild der kommenden Zeit: »Ja, nicht bloß Elsass und Lothringen, sondern ganz Frankreich wird uns alsdann zufallen, ganz Europa, die ganze Welt – die ganze Welt wird deutsch werden!« Er setzte mit schneidendem Spott hinzu: »Von dieser Sendung und Universalherrschaft Deutschlands träume ich oft, wenn ich unter Eichen wandle. Das ist mein Patriotismus.« Die Bitterkeit, mit der Heine die Geisteshaltung der Deutschtümler anprangerte, blieb Cahn verschlossen. Als er nur den einen Satz seiner Auswahl dem Tagebuch anvertraute, war ihm entgangen, wie Heine das »Überflügeln« aus jener Passage überdehnt hatte bis zur »Universalherrschaft Deutschlands«, die sich erstrecken sollte über »ganz Europa, die ganze Welt.«

Am letzten Tag des Jahres 1870 schrieb Legationsrat Cahn in sein Tagebuch: »So gehen denn die Todesschatten dem neuen Jahr voraus, und ein Ende des nutzlosen Schlachtens ist noch nicht abzusehen.«

In seinem Brief vom 28. Juli 1870 hatte Marx für Engels seine Gedanken über den Gesang von drei preußischen Helden zum bevorstehenden Krieg aufgeschrieben. In Frankreich sei jetzt das Singen der Marseillaise nur »Parodie«, dem ganzen zweiten Kaiserreich unter Napoleon III. entsprechend. »In Preußen dagegen sind solche Faxen nicht nötig. ›Jesus meine Zuversicht!‹, gesungen von Wilhelm I., Bismarck zur Rechten und Stieber zur Linken, ist die deutsche Marseillaise.«

Wilhelm I. ließ im August beim Überschreiten der französischen Grenze Verlautbarungen ausgehen, die Anlass gaben zu unterschiedlichen Deutungen. Die Deutschen wollte er zunächst wissen lassen, der Krieg richte sich nur gegen Napoleon und nicht gegen das französische Volk. Die Franzosen erhielten sein Versprechen, nur mit den französischen Soldaten und nicht mit den Bürgern Frankreichs werde er den Krieg führen.

Stieber, zur Linken Wilhelms I., aufgestiegen zum Feldpolizeidirektor, vorgedrungen bis Pont-à-Mousson, ließ, wie er mit Stolz auf seine Machtbefugnis seiner Frau in einem Brief mitteilte, in den Kirchen der Stadt und der Umgebung alle Glockenstränge abschneiden und auch die Treppen in den Kirchtürmen zerstören. Seine Order hieß: Todesstrafe für das Läuten der Glocken.

Bismarck, zur Rechten Wilhelms I., während der Dauer des Feldzugs in Uniform gekleidet, ließ den Mann rufen, den er in der Eile des Aufbruchs von Berlin vergessen hatte, sein Sprachrohr Moritz Busch, den »Dolmetscher des Kanzlers«. Er brauchte für die Verbindungen zur Presse und für das Abfassen von Artikeln und Telegrammen diesen seit Februar 1870 als diensttauglich befundenen Mann. Verspätet erhielt Busch die Aufforderung, sich dem »großen Hauptquartier« beim Vormarsch nach Paris anzuschließen. Überglücklich notierte er in seinem Kriegstagebuch, es sei ihm gelungen, den Anschluss an die voranrückenden Herren zu finden. An der Spitze des Zuges der »Chef«, wie er nun Bismarck nannte, »der größte Staatsmann der Zeit« und Moltke, »der größte Kriegskünstler unserer Tage«.

Jetzt konnte Busch die Stationen des Vormarschs und vor allem die Tischgespräche mit gebetenen und ungebetenen Gästen über die Jagd, über Essgewohnheiten, über Politisches in seinen Notizen festhalten. Meist jedoch gestalteten sich die Gespräche zu einem Monolog, ungern ließ sich der Kanzler unterbrechen. Bald verstand Busch seinen Herrn auch ohne Worte. Wenn der »Chef« während bestimmter Sentenzen ausdrücklich zu ihm hinsah, war das die nicht ausgesprochene Weisung, aus den Kanzlerworten einen Artikel für die Presse zu machen. Er durfte sich wohl nach einem solchen Einverständnis manchmal selbst als Herr und Meister fühlen. Jedoch blieb der Abstand vom Gebieter zum Diener. Unterwegs, als sie einmal gemeinsam in einer Kutsche saßen und bei der Fahrt durch eine Stadt von preußischen Soldaten gegrüßt wurden, musste Busch die Zurechtweisung des »Chefs« einstecken, dass er sich in seiner freudigen Aufregung falsch benommen hatte, keineswegs dürfe er die Hand zum Gruß an die Mütze legen. Er sei nur Zivilist.

Nichts erschien Busch zu abwegig, um nicht doch notiert zu werden, etwa wie der »Chef«, der passionierte Jäger, eine Wolfsjagd mit der Jagd auf die Franzosen verglich. Er nannte seine Methode des Aufschreibens: »Das Tagebuch soll sprechen.« So berichtete er, wie der König und der Kanzler als Sieger nach der Schlacht bei Beaumont Ende August das Schlachtfeld besichtigten, und wie er sich anschloss. Er brachte eine peinlich genaue Aufzeichnung von den Gegenständen, die er dort bei den getöteten und verstümmelten französischen Soldaten weithin verstreut sah. »Ich nahm mir von einem der Toten eine Messingmedaille mit, die er an einer Gummischnur an der bloßen Brust trug. Ein Heiliger war darauf.«

Am Sonntag, dem 28. August 1870, bekam er vom »Chef« den Auftrag, einen Artikel zur Weitergabe an Zeitungen zu verfassen. Das Kriegsziel sollte deutlich gemacht werden: »Von Frankreich Landabtretungen zu erzwingen.« Nach der Kapitulation von Sedan erhielt Busch die Aufgabe, der Presse wortgetreu zu übermitteln, was der Kanzler ihm über die Gefangennahme Napoleons diktierte, auch über die Unterredung, an deren Ende der Kaiser »dicke Tränen in den Augen« gehabt habe. Die Überlegungen, welchen Weg unter welcher Bewachung der Gefangene nach Wilhelmshöhe bei Kassel nehmen sollte, waren Futter für Buschs Tagebuch. Die Zahl der erbeuteten Kanonen fehlte nicht in den Aufzeichnungen. Die Herren vom »großen Hauptquartier« reisten nun weiter mit den bei Sedan erbeuteten Pferden.

Der Name Ludwig Bamberger wurde von Busch in seinen Notizen festgehalten. Bismarck schien eine Verbindung zu diesem Mann nützlich: »Bamberger hat in Nancy ein französisches Blatt gegründet, dem von Zeit zu Zeit Nachrichten von uns zugehen sollen.« Die glücklichsten Momente aber waren für Busch, wenn er mindestens dreimal am Tage zum »Chef« gerufen wurde. Zu den Weisungen für die Weitergabe an die Presse gehörte die Forderung: »Metz und Straßburg ist's, was wir brauchen und uns nehmen wollen – die Festungen. Das Elsass.« Unterwegs nach Chateau Thierry beobachtete Busch von der Kutsche aus Bauern auf den Feldern, er bezeichnete sie als »verschlafene blöde Wesen«.

Es war ausgemacht: Der König sollte nicht weiter nach Paris voranrücken, er sollte im Hauptquartier den Lauf der Dinge abwarten, in Ferrières, im Schloss von Alphonse Rothschild. Auf dem Weg zu diesem Ziel saßen sie in einem Ort an der Strecke abends bei Tische, es gab Champagner. Ein Vorfall wurde gemeldet: Aus einem Kaffeehaus sei auf eine Schwadron preußischer Soldaten geschossen worden. Der »Chef« befahl, Stieber müsse die Sache in die Hand nehmen. Das Kaffeehaus sollte zerstört und der Besitzer vor ein Kriegsgericht gestellt werden.

Metz kapitulierte. Es war den Siegern wichtig, hier für die preußischen Truppen einen Geistlichen einzusetzen. Der Ruf ging an Adolf Stoecker, hatte der doch bei den ersten Siegen »vor innerem Jubel wie ein Kind geweint«. Der Diener Gottes hätte lieber die Einnahme von Straßburg abgewartet, um dort als Prediger tätig zu sein. Doch nun wirkte er als Divisionspfarrer in Metz und fühlte sich als ein »Furchtloser«, wie er da in Spitälern Verwundete besuchte und auf den Friedhöfen Gebete sprach. Der Kanzler bekam seinen Bericht, dass er sich als Prediger bemühte, »den deutschen Protestantismus nach allen Richtungen und Beziehungen einzubürgern und manches zu tun, was in der fremden französisch-katholischen Stadt für unsere Landsleute wichtig und nötig war«.

Der Tross hielt sich einige Zeit in Reims auf. Dort erlebte Busch einen seiner glücklichsten Tage: Sechsmal ließ der Kanzler ihn rufen. Er bekam neue Anweisungen zu Berichten für Zeitungen, besonders ein Problem durfte nicht vergessen werden: »Die unbegreifliche Anhänglichkeit der Elsässer an Frankreich.« Auch wurden vom »Chef« Artikel mit deutlicher Wendung gegen Sozialdemokraten gewünscht; schon die Überschriften sollten die Tendenz angeben: »Die Liebhaber der Repu-

Feldlager vor Metz. Professor Virchow verteilt Liebesgaben, Druck nach einem Gemälde von Karl Rechlin, 1871

blik in Deutschland.« Und: »Die Leute von der Farbe Jacobys.« Und: »Die sozialistischen Demokraten und ihre Verwandten wollen nichts von Abtretungen Frankreichs an uns wissen; denn sie sind in erster Linie Republikaner und dann erst ein wenig Deutsche.« Und: »Die internationale Vereinigung vaterlandsloser Schwärmer.«

Bei dem sonntäglichen Gottesdienst in einer protestantischen Kirche von Reims waren sie alle zugegen: der König, der Kronprinz, Bismarck, Kriegsminister Roon, Offiziere und Soldaten. Dem kriegerischen Anlass entsprechend wurde auf Orgelmusik verzichtet, eine Militärkapelle spielte. Der Hofprediger und Garnisonspfarrer von Potsdam, Bernhard Rogge, hatte, wie Busch mit Genugtuung notierte, für seine Predigt eine passende Stelle aus dem Ersten Buch Samuel gewählt: »Da zogen die Männer Israels aus von Mizpa und jagten die Philister und schlugen sie.« Der König und die Seinen sangen gemeinsam, zwar nicht »Jesus meine Zuversicht«, aber: »Lobe den Herren, den mächtigen König der Ehren.« Doch die Stimmung in Reims erschien den Eroberern bedenklich, Truppenabteilungen sollten bleiben, um, wie es hieß, die Einwohner vor dem Kommunismus zu retten.

Busch bemerkte bei der Weiterreise in einer Stadt an Häuserwänden und Zäunen Plakate, auf denen sich Victor Hugo an die ins Land einrückenden Deutschen wandte. Der »Dolmetscher des Kanzlers« nannte den Text »weinerlich und hochtrabend, empfindsam und pomphaft zugleich, Rührei mit dicken Phrasenrosinen drin.« Für ihn war der Appell des Dichters an die Humanität der Eroberer »kompletter Unsinn«.

Am 18. September 1870 erreichte der Tross mit dem König und Bismarck und den ausgesuchten Begleitern Ferrières. Nun richteten sie sich in dem Schloss ein, das 1855 im Auftrag von James Rothschild erbaut wurde. Er war zwei Jahre vor Kriegsbeginn gestorben, so musste er den Tag des Einzugs der Preußen nicht mehr erleben. Sein Sohn Alphonse war nach Paris ausgewichen. Die Aufsicht über das Schloss hatte er einem Verwalter und einigen Angestellten anvertraut. Unter all den Gebäuden, die in Frankfurt, Wien, London, Neapel und Paris von berühmten Architekten für die Söhne des legendären Mayer Amschel Rothschild errichtet wurden, war das Schloss in dem weiträumigen Park nahe dem Ort Ferrières besonders glanzvoll. Harmonisch vereinten sich Grundzüge der Renaissance, die italienische, französische und englische Baukünstler hier erneuert hatten. Wie in einem Märchen von Schönheit und Würde erschien allein schon die Portalseite mit den hohen Fenstern, den beiden stolzen Türmen und dem weiten Eingangstor zur Empfangshalle.

Bereits am ersten Tag nach der Ankunft kam es zu einem Eklat mit dem Verwalter. Rigoros verlangten die Besatzer nach Wein aus den nach ihrer Vorstellung unermesslichen Vorräten. Notfalls wollten sie auch zahlen, wie Busch versicherte. Der Verwalter lehnte ab. »Vor den Chef zitiert, setzte der dreiste Mensch seine Renitenz fort.« Bismarck fragte ihn »kurz und bündig, ob er wisse, was ein Strohbund sei«. Es wurde dem »vierschrötigen Patron« klargemacht, sollte er bei seiner Weigerung bleiben, würde er mit dem Rücken nach oben auf einen Strohbund gelegt, »das Weitere könne er sich vielleicht vorstellen«.

Der König hatte ausdrücklich angeordnet, niemand sollte im Park auf irgendeines der Wildtiere schießen. Jedoch »es wimmelte« dort von Fasanen, die zur Lieblingsspeise des Kanzlers gehörten. Vielleicht wusste Busch nichts von der königlichen Anweisung, aber er kannte doch das Jägerherz seines Herrn. So fragte er ihn, ob er denn nicht Fasanen schießen wolle. Bismarck erklärte, es sei zwar verboten, aber ihn könne man nicht arretieren, »denn da haben sie niemand, der den Frieden besorgt«.

Einige Tage später konnte Busch ins Tagebuch eintragen: »Wir aßen heute Fasanen.« Die Jagdleidenschaft des Kanzlers und die Drohung, den Verwalter wegen des Weines zu schlagen, hatten ein Nachspiel. Ein Brief aus Paris gelangte ins große Hauptquartier. Das Dokument gehörte zu einer Sendung mit anderen Briefen, die in einem Ballon auf dem Luftweg aus der belagerten Stadt in die Provinz gelangen sollten. Der Ballon war abgeschossen worden. Empfängerin dieser besonderen Botschaft war die Gräfin von Moustier. Ein Freund hatte ihr in diesem Schriftstück mitgeteilt: »In der Umgebung von Paris sind die Preußen namentlich begierig nach Fasanen; Rothschild erzählte mir gestern, dass sie bei ihm in Ferrières genug davon hätten, aber dass sie seinen Intendanten hätten schlagen wollen, weil die Fasanen nicht mit Trüffeln gefüllt herumflögen.« Der Kanzler ärgerte sich maßlos, als ihm der Brief gezeigt wurde; dieser Rothschild habe kein Benehmen, auf seine Kosten Witze zu machen.

Jetzt notierte Busch auch Aussprüche des »Chefs« beim gemeinsamen Frühstück, etwa über die Franzosen: »Zieht man einem solchen Gallier die weiße Haut ab, so hat man einen Turko vor sich.« Der »Dolmetscher des Kanzlers« lebte schon völlig in den Gedankengängen Bismarcks. Als er den Unterhändler der Franzosen, Jules Favre, zum ersten Mal sah, schrieb er: »Ein jüdischer Gesichtstypus, dicke hängende Unterlippe.« Favre wurde in Ferrières zum zweiten Gespräch mit dem Kanzler erwartet.

Die Art, wie leutselig Bismarck mit Untergebenen umgehen konnte, sollte in Buschs Aufzeichnungen nicht fehlen. Nach der ersten Friedensverhandlung Bismarcks mit Favre im Schloss Haute-Maison nicht weit von dem kleinen Ort Montry, sagte der Kanzler zu dem Dragoner, der die Tür zum Verhandlungszimmer bewachte: »Na, Sie können sich was darauf einbilden, bei der ersten Friedensverhandlung in diesem Kriege Wache gestanden zu haben.«

Es gab für Busch in Ferrières genügend Freizeit. Auf langen Spaziergängen erkundete er die Umgebung. Doch einmal, als er in keiner Weise vom »Chef« in Anspruch genommen wurde, schrieb er mit einer gewissen Resignation: »Fast leerer Tag heute.« Dann aber hielt er Bismarcks Bemerkung über die Juden aus einem Tischgespräch fest: »Sie haben doch eigentlich keine rechte Heimat«, sagte der Kanzler. »Etwas Allgemein-Europäisches, Kosmopolitisches, sind Nomaden. Jerusalem.

Sonst gehören sie der ganzen Welt an, hängen durch die ganze Welt zusammen. Nur der kleine Jude hat so etwas wie Heimatgefühl.« Bismarck erzählte von seiner Hilfe für einen in finanzielle Schwierigkeiten geratenen jüdischen Händler. Der Jude habe die Zusage, er würde seine Schuld bezahlen, tatsächlich eingehalten.» Übrigens haben sie auch ihre Tugenden: Respekt vor den Eltern, eheliche Treue und Wohltätigkeit werden ihnen nachgerühmt.«

Bei einem späteren Tischgespräch ging es um die »heimtückischen Franktireurs«, diese Freischärler ständen in den Straßen zwar friedlich herum, seien aber bereit, jederzeit auf vorbeimarschierende preußische Soldaten zu feuern. Der »Chef« sagte: »Es wird noch dahin kommen, dass wir jeden männlichen Einwohner totschießen. Es wäre eigentlich das nicht schlimmer als in der Schlacht, wo sie einander auf zweitausend Schritt umbringen und sich folglich auch nicht von Angesicht kennen.«

Bismarck fühlte sich durch Kritiker belästigt, die erklärten, Paris dürfe wegen seiner Kunstschätze nicht beschossen werden. Busch sollte die Antwort auf solche Vorhaltungen in Zeitungsartikeln weitergeben: Die Stadt sei eine Festung und müsse ohne Rücksicht auf die Denkmäler attackiert werden. Wenn die Franzosen ihre Gemäldesammlungen und Bücher und sonstige Kunstwerke nicht durch den Krieg demoliert sehen wollten, hätten sie diese Gegenstände nicht mit Festungsbauten umgeben dürfen.

Am 5. Oktober 1870 verließen die Herren vom Hauptquartier das Schloss Ferrières. Angelangt in Versailles, wurde der Tross auf verschiedene Häuser verteilt, jedoch die gemeinsamen Mahlzeiten mit den für Busch wichtigen Äußerungen des »Chefs« gab es in unregelmäßigen Abständen auch hier. Nicht ohne Selbstgefälligkeit über sein Wissen schrieb Busch von seiner Beteiligung an einem Gespräch über Toleranz. Bismarck meinte, man habe im alten Protestantismus nicht sehr viel von Duldung gehalten. »Er führte Calvins Verfahren gegen Servet an und setzte hinzu: ›Auch Luther war so.‹ Ich erlaubte mir, an seine Behandlung Karlstadts und der Münzerschen zu erinnern.« Vielleicht hatte Busch während seines Theologiestudiums den Doktorvater von Luther, Andreas Bodenstein, genannt Karlstadt, besonders erstaunlich gefunden in seiner Wandlung vom Professor der Theologie an der Universität Wittenberg zum konsequenten Helfer für die Armen und Unterdrückten. Vielleicht hatte der Student Busch versucht, den Weg nachzuzeichnen, wie es kam, dass Luther seinen Lehrer durch die Obrigkeit aus Wittenberg verbannen ließ und dem nach Gerechtigkeit Strebenden »ewigliches Schweigen« auferlegte.

Ende Oktober 1870 wurde Bismarck von dem Gedanken beherrscht, der Reichstag müsse in Versailles tagen, die Abgeordneten sollten durch königliche Order hierher gerufen werden. Er erläuterte sein Vorhaben den beiden Mitgliedern der Nationalliberalen Partei, Rudolf von Bennigsen und Moritz von Blanckenburg sowie Rudolf von Friedenthal, Mitglied der Freikonservativen Partei. Die Herren waren schon jetzt ins Hauptquartier gerufen worden. Der »Chef« meinte, sie seien Repräsentanten von Parteien, »mit denen sich reden lasse«. Bennigsen bezeugte seine Zustimmung.

Anfang November war Ludwig Bamberger als Tischgast eingeladen. Als Bismarck auch ihm gegenüber seine Absicht äußerte, den Reichstag nach Versailles zu berufen, verhielt sich Bamberger zurückhaltend und sagte: »Das wäre ein Epigramm und kein Staatsakt.«

Busch fühlte sich als ständiger Begleiter Bismarcks herausgehoben vor den vielen »Schlachtenbummlern«, die zum Hauptquartier kamen, und er war glücklich, wie er eines Tages vom »Chef« den Gästen vorgestellt wurde: »Dr. Busch, Sachse, Büschlein.«

Aus dem von preußischen Truppen eingeschlossenen Paris kam die Bitte von Favre, man solle ankündigen, wenn die Stadt beschossen werde. Der Kanzler ließ umgehend antworten, das sei nicht üblich. Busch notierte den Ärger Bismarcks über die Verzögerung des Bombardements von Paris: »Niemand drängt und treibt dazu mehr als ich, und die Militärs sind es, die nicht wollen.« Aber dann, nach der Eroberung, dürfe niemand hinaus, Paris müsse in ein großes Gefängnis verwandelt werden, »bis sie klein beigeben«. Geeignete Hilfsmittel für das siegreiche Eindringen wurden genannt: erschießen, hängen, verbrennen. Die Verhandlungen mit Favre über einen Waffenstillstand zogen sich hin. An manchen noch milden Dezembertagen ging Busch in den Parkanlagen spazieren und auch er pflückte Veilchen.

In seiner Sammelleidenschaft für sein Werk *Also sprach Bismarck* vermisste Kanzler-Biograph Poschinger bei der späteren Durchsicht von Buschs Veröffentlichungen aus den Kriegstagen die Wiedergabe einer Unterredung Bismarcks mit dem Journalisten Dr. Arthur Levysohn, die er in einer Wiener Zeitung entdeckt hatte. Poschinger fügte diese kurze Aussprache in sein Buch ein. Levysohn hatte im September 1870 begonnen, vom Hauptquartier aus eine Zeitung herauszugeben. Im Dezember war er zu Bismarck gerufen worden:

»Bismarck: Also Sie sind der Herr Dr. Levysohn?

Levysohn: Jawohl, Durchlaucht.

Bismarck: Wie lange sind Sie Journalist?

Levysohn: Fünfzehn Jahre.

Bismarck: Dann kann ich nur bedauern, dass Sie sich keinen richtigen journalistischen Blick anzueignen vermochten.«

Der Kanzler warf ihm vor, im Blatt stehe ein feindliches Zitat aus einer französischen Zeitung. Levysohn erwiderte, Bismarck habe den redaktionellen Schluss übersehen. Der »Chef« sagte: »Ich übersehe nichts« und erklärte: »Ich bedaure, dass Ihre lange journalistische Laufbahn nicht bessere Früchte getragen. Indes haben Sie von heute ab aufgehört, Chefredakteur dieses Blattes zu sein.« Es interessierte ihn nicht, dass Levysohn Gründer, Eigentümer und Herausgeber dieser Zeitung war. Das letzte Wort des Kanzlers in dieser Sache hieß: »Wir beide sind miteinander zu Ende.«

Bei Tische am Tag vor Weihnachten im Kriegsjahr 1870, so berichtete Busch, brachte Graf Heinrich von Lehndorff, der Generaladjutant König Wilhelms I., das Gespräch auf Johann Jacoby. Der Graf meinte, nach der Festnahme von Jacoby habe es viel Lärm und Geschrei gegeben. Der Königsberger Arzt hatte am 14. September in einer öffentlichen Versammlung die Annexion von Elsass-Lothringen verurteilt und erklärt, die Einheit sei das Grab der Freiheit. Sechs Tage später war er als Vaterlandsverräter in militärischen Gewahrsam genommen worden. Die zahllosen Proteste aus allen Teilen der Bevölkerung hatten Bismarck aus taktischen Gründen veranlasst, am 28. Oktober die Entlassung des Verhafteten aus der Festung Boyen bei Königsberg anzuordnen. Mit Rücksicht auf das Erreichen der Kriegszwecke durfte das Ansehen des Militärs nicht in Verruf geraten. Jetzt in diesem vorweihnachtlichen Gespräch sagte Bismarck: »Jude – und Königsberger. Fassen Sie nur einen Juden an, da schreit's gleich in allen Ecken und Winkeln.«

Busch war in seinen Aufzeichnungen unermüdlich: »Wieder kurze Zeit darauf, am 10. Januar, war bei Tische die Rede von den unter

Juden häufig vorkommenden Namen. Meier und Kohn, und ich gab eine Erklärung derselben, die mit dem Hinweise schloss, dass Kohn, ursprünglich Priester, sich bisweilen in Kuhn, Kahn oder Hahn verwandelt habe.« Dann habe »der Chef« das Gespräch auf »christlich gewordene Juden und später auf Mischehen zwischen Christen und Juden« gebracht. Busch zitierte Bismarck: »Ich bin doch der Meinung, dass durch Kreuzung eine Verbesserung herbeigeführt wird.« Es war die Rede von Adelsfamilien, »die durch Verheiratung von Angehörigen mit Jüdinnen semitisches Blut in sich aufgenommen haben.« Bismarck meinte, besser als Christentöchter mit einem Juden zu verheiraten sei, »wenn man einen christlichen Hengst von deutscher Zucht mit einer jüdischen Stute zusammenbringt. Das Geld muss wieder in Umlauf kommen, und es gibt auch keine üble Rasse.«

Ende Januar 1871 schrieb Busch, wie bei einer Tischunterhaltung noch einmal über Jacoby gesprochen wurde. »Der Chef« bezeichnete ihn als »einen alten dürren Juden«. Später, beim Tee in Versailles, war für den Tagebuchschreiber die Überlegung des Kanzlers erwähnenswert: »›Die deutsche, die germanische Rasse‹, sagte er, ›ist sozusagen das männliche Prinzip, das durch Europa geht, befruchtend. Die keltischen und slawischen Völker sind weiblichen Geschlechts.‹« Und Busch hielt fest, wie Bismarck den Ablauf der Geschichte in diesem Sinne beurteilte: »Die Revolution von 1789 war die Niederwerfung des germanischen Elements durch das keltische.«

Ausgerechnet an dem Tag, an dem König Wilhelm I. zum Kaiser ausgerufen werden sollte, hatte Busch den Auftrag erhalten, an Bismarck gerichtete Briefe durchzusehen. So fehlte er bei der feierlichen Handlung mit der Weiherede von Divisionspfarrer Rogge. Er machte das Schreiben des Schweizer Botschafters Kern zum Gegenstand seiner Tagebuchnotizen: Kern mahnte, es sei gegen das Völkerrecht, Paris zu beschießen; auch habe er den Eindruck, es würde absichtlich auf Gebäude geschossen, »die zu schonen seien«. Busch trug Bismarck seine Gedanken für eine Erwiderung vor: Sie, Herr Botschafter, hätten ja nicht nach Paris zu gehen brauchen und brauchten auch nicht dort zu bleiben. Paris ist eine Festung, völkerrechtlich ist die Beschießung in Ordnung. »Nur zufällig sind bei der großen Entfernung, aus der wir schießen, Häuser und Personen, die nichts mit der Kriegsführung zu tun haben, getroffen worden.« Busch erhielt vom »Chef« den Auftrag, einen Zeitungsartikel »in diesem Sinne zu machen«. Der Begriff Kollateralschaden wurde noch nicht verwendet.

Nach einer erneuten Verhandlung mit Favre in der letzten Januarwoche 1871 kam Bismarck zu den beim Tee Versammelten, Busch durfte ihm einschenken. Der Kanzler pfiff einige Töne und fragte seinen Vetter Bismarck-Bohlen, ob er die Melodie kenne. Der Angeredete meinte, ja, die Jagd sei gut verlaufen. Nein, das klinge anders, und Bismarck pfiff auch diese Melodie. Aber seine erste Melodie war »das Signal der Jäger, welches verkündet, dass der Hirsch erlegt ist«, der Jubelruf über den niedergestreckten Hirsch, »das Hallali«. Hier verkündete der Jäger mit diesem Signal: Frankreich am Boden.

Auch die Entgegnung Bismarcks auf die Klage von Favre, dass die Preußen auf Kranke und Blinde schießen, auf das Blindeninstitut, fand Platz in Buschs Tagebuch: »Ich weiß nicht, was Sie sich darüber beschweren, sagte ich ihm. Sie machen es ja noch viel schlimmer, Sie schießen auf unsere rüstigen und gesunden Leute. Welch ein Barbar! wird er da gedacht haben.«

Anfang März war Favre noch immer in Versailles. Wie genau Feldpolizeidirektor Stieber sein Quartier überwachte, überraschte sogar Bismarck. Als er an einem Abend zu dem Haus ging, in dem sich Favre während der Zeit der Verhandlungen aufhielt, sah er eine ihm verdächtige Person, die dort, wie er später erzählte, »herumstrich«. Der Mensch kam auch noch auf ihn zu, und Bismarck griff schon nach seinem Degen, aber es war Stieber, der ihn untertänig grüßte und ihm meldete, Favres Überwachung sei umfassend gesichert. Der Kanzler hatte seinen Adlatus nicht erkannt.

Am 6. März 1871 begann für den »Dolmetscher des Kanzlers« die Rückreise nach Berlin. Beim Blick auf seine Notizen aus dem »großen Hauptquartier« mit den Namen all derer, die sich zum »Chef« drängten, fand Busch den Titel für sein Buch über seine Erlebnisse im Krieg gegen Frankreich: *Graf Bismarck und seine Leute*. In seinen Aufzeichnungen taucht der Name von Eduard Lasker als Besucher in Versailles nicht auf. Der »Fremdling aus dem Osten« hatte in diesem Feldzug nicht zu Bismarck und seinen Leuten gehört.

Fern von Versailles

Wo war Lasker in dieser Zeit? Wie verliefen seine Wege seit der letzten Reichstagssitzung Ende Mai 1870 bis zum Kriegsende 1871? Die Nachricht, dass am 19. Juli 1870 im Reichstag des Norddeutschen Bundes eine Sondersitzung abgehalten werden sollte, wurde Lasker erst einen Tag zuvor auf seiner Sommerreise in Meran telegrafisch übermittelt. In größter Eile machte er sich auf den Weg nach Berlin, doch zur Eröffnungsrede des Königs über den bevorstehenden Krieg gegen Frankreich konnte er nicht rechtzeitig zurück sein. Aber er wollte auch jetzt sein Wort in die Waagschale werfen. Dem König müsste eine Adresse des Reichstags vorgelegt werden, in dem die Volksstimme zum Ausdruck käme. Und wenn nicht er, wer dann könnte die Verlautbarung an den König verfassen: »Dass das Volk aus diesem Kriege die Einheit des Reiches erwarte. Nicht die Abwehr der Gefahr, sondern die Einheit des Reiches sollte dem Kriege den geistigen und idealen Inhalt geben.«

Unterwegs hörte er von einem Vorfall in Bayern: Ein katholischer Geistlicher sei in seinem Dorfe während der Predigt gezwungen worden, die Kanzel zu verlassen, da er sich gegen den Krieg geäußert hatte. Bei dem Zwischenaufenthalt in München erklärte ihm ein Stiefelputzer, »die Schwarzen« im Landtag hätten sich gegen den Krieg ausgesprochen. Und er erfuhr, die Mehrheit der Abgeordneten im bayerischen Landtag hatte eine Bewilligung von Geldmitteln für den Krieg abgelehnt. Jedoch hätten sich maßgebende Vertreter der Stadt München für den Krieg und einen daraus folgenden Anschluss an Preußen ausgesprochen. Lasker glaubte, es sei angebracht, nun auch Bismarck seine Bedenken über das Kriegsziel brieflich mitzuteilen. Mitte August schrieb er, mit Rücksicht auf die Belastung des Kanzlers durch die drängenden Tagesfragen habe er vor der Abreise des Grafen zum Kriegsschauplatz auf eine Unterredung verzichtet. Doch jetzt wollte er ihm seine Bedenken nicht vorenthalten: »Aber die Grenzerweiterung war nicht der deutsche Zweck des Krieges und wird nicht der Preis sein, welcher die Nation befriedigt.« Laskers Grundhaltung zu Bismarck war höflich und verbindlich, so fand er zu der Formulierung über das Vertrauen »der Meisten« zu ihm, dem Kanzler, und er fügte sogar noch an: »Und ich gehöre zu diesen Meisten.« Der Brief blieb unbeantwortet.

Lasker hielt an seiner Überzeugung fest, nichts anderes als die Einheit des Reiches rechtfertige einen »würdigen Ausgang des Nationalkrieges«. Natürlich wollte er nicht abseits stehen. Er sah es als seine Pflicht an, sich an der Front für die Überwachung der Versorgung Verwundeter einzusetzen und ersuchte an zuständiger Stelle um Vermittlung. Er fand kein Entgegenkommen. Nun trat für Lasker das politische Wirken für die Einheit in den Vordergrund. Die zögernden Regierungen in Württemberg und Bayern mussten davon überzeugt werden, dass es bei dem Streben nach der Einheit nicht um eine Vorherrschaft Preußens gehen sollte.

Der Präsident der Zweiten württembergischen Kammer, Julius von Hoelder, wandte sich in einem Schreiben vom 12. August 1870 an Lasker und schilderte die Situation im Landes-Komitee der Nationalliberalen Partei. Es gebe zwar eine allgemeine Zustimmung zum Krieg gegen Frankreich, auch zur Eroberung von Elsass-Lothringen, doch er meinte, bei öffentlichen Kundgebungen sollte man noch vorsichtig sein und die Anstrengungen zur Einnahme der französischen Gebiete nicht überbetonen. In einem Zusatz »über die Gründe für die Erwerbung des Elsasses und wenigstens Deutsch-Lothringens« nannte er die Bedrohung durch Frankreich und »den Prestige-Gewinn, das aus alten Zeiten Verlorene zurückzuholen«. Hoelder wurde deutlich: »Die Abneigung der Bevölkerung kommt nicht in Betracht, wir sind ja keine sentimentalen Politiker und keine doktrinären Narren.« Er wurde noch deutlicher: Es könnten »diese Länder nötigenfalls militärisch im Zaum gehalten und regiert werden«.

Es war schwierig für Lasker, seine süddeutschen Gesprächspartner davon zu überzeugen, dass für ihn das Streben nach der Einheit Vorrang vor Gebietsansprüchen an Frankreich habe. In diesem Sinne sollten sich alle Parteien zusammenfinden. Für Verhandlungen, die er in München führen wollte, suchte er konservative Abgeordnete des Reichstags zu gewinnen, doch er fand unter ihnen keine Reisebegleiter nach Bayern. So machte er sich Anfang September allein mit Bennigsen auf die Reise. Etwa eine Woche dauerten die Beratungen mit Vertretern der bayerischen Regierung. Auch hier wurde seine Kunst im Verfassen von Denkschriften gefordert: Er sollte im Namen von renommierten Bürgern Bayerns die Worte finden, die König Ludwig veranlassen könnten, der Einheit Deutschlands zuzustimmen und auch für Bayern die

Verfassung des Norddeutschen Bundes anzuerkennen. Es gelang Lasker nach langwierigen Verhandlungen, die Übereinstimmungen in zehn Punkten zu ordnen. Sein Standpunkt lautete: »Die Würde Bayerns wahren, das Wesen des Bundesstaates nicht beeinträchtigen.«

Am 14. Oktober 1870 starb Carl Twesten in Berlin, vier Tage später hielt Lasker die Gedenkrede. Er sprach von dem uneigennützigen und mutigen Wirken des Verstorbenen für das Gemeinwohl. »Uns naht in den drangvollen Zeiten die Vollendung der deutschen Einheit; er aber, der so mächtig geholfen, alles dies vorzubereiten, erlebt die Erfüllung nicht mehr.« Doch Lasker gab bei dieser letzten Ehrung für den Freund auch der Hoffnung Raum: »Wie nach jeder bedeutenden Erscheinung tröstet auch bei seinem Scheiden uns der Gedanke, dass jedes Ende auf dieser Erde zugleich ein Anfang ist.« Seine Abschiedsworte erschienen als Broschüre in dem Berliner Verlagshaus W. Peiser: *Gedächtnis-Rede am Sarge Carl Twesten's. Gehalten am 18. Oktober 1870 vom Abgeordneten Lasker.* Mit dem Datum vom 26. Oktober 1870 und dem Vermerk »5 Blatt« kam diese Veröffentlichung zu den Polizeiakten über Lasker im Königlichen Polizeipräsidium zu Berlin, zugeordnet der Abteilung »Geheime Präsidial-Registratur«.

In Versailles aber geriet der bei der Beerdigung Beobachtete wieder einmal in Bismarcks Blickfeld. Die von Lasker mit Vertretern der bayerischen Regierung ausgehandelten zehn Punkte verärgerten den Kanzler zutiefst. Lasker habe selbstherrlich gehandelt und nicht um seine Zustimmung gebeten. Bamberger, der sich um diese Zeit noch im

Eduard Lasker

Hauptquartier aufhielt, wunderte sich über diesen wütenden Ausbruch: »Als ich eine ungläubige Bemerkung dazu machte, ward er wild, dass ich anzweifle, was er schriftlich habe.« Bismarck ließ die Papiere mit den zehn Punkten bringen und las Bamberger Auszüge vor: Verhandlungen mit dem Bund über Verfassungsstreitigkeiten könnten nur stattfinden, wenn beide Institutionen, die Landesregierung und die Landeskammer damit einverstanden wären. Oder die Fragen über den Einsatz von Militär sollten von König zu König geregelt werden. Bamberger machte sich Notizen, schrieb Lasker über den Zornesausbruch des Kanzlers. Ende November erhielt er von Lasker die Anwort, dass es Bismarck vor allem um die Ausgaben für das Militär und um die Entscheidung über Angriffskriege gehe. Er aber wünschte »uns allen herzlich Glück«, wenn ein Übereinkommen mit Bayern tatsächlich auf den von ihm ausgehandelten zehn Punkten beruhen würde. Bamberger distanzierte sich von Bismarck in der Beurteilung von Laskers Bemühungen und schrieb ihm noch aus Versailles, er könne erfreut feststellen, »dass Ihre Initiative und Vorarbeit ein höchst beträchtliches Stück zu der schließlichen Vereinbarung geführt, ja vielleicht ihr überhaupt das Fundament bereitet hat«.

Am 26. November 1870 trat der Reichstag des Norddeutschen Bundes zusammen. Die Worte des Königs zur Eröffnung der Sitzung verlas der Präsident des Bundeskanzleramtes, Martin Friedrich Rudolf von Delbrück, der schon seit zwei Jahren als Bismarcks »rechte Hand« galt. Auf der Tagesordnung stand die Debatte um die Bewilligung für 100 Millionen Taler zur Fortführung des Krieges. Der Abgeordnete Bebel kam zu Wort; in seinen Erinnerungen berichtete er: »Meine Rede war nicht lang, aber sie erweckte einen Sturm, wie ich ihn seitdem nie wieder mit einer Rede hervorrief.« Bebel prangerte das Verhalten Vermögender an, die, wenn sie selbst aufgefordert werden, zum Wohle Deutschlands beizutragen, zuerst nach den erwarteten Prozenten zu ihren Gunsten fragten. Er verlangte am Ende seiner Ausführungen, der Reichstag sollte die Geldbewilligung ablehnen. Den Reichskanzler ermahnte er, auf jede Annexion französischen Gebiets zu verzichten und endlich zum Frieden mit der französischen Republik zu kommen. Während seiner Rede »brach vollends der Sturm los. Ein großer Teil des Hauses hatte einen förmlichen Tobsuchtsanfall.« Bebel hielt in seinen Aufzeichnungen fest: »Dutzende von Mitgliedern drangen mit erhobenen Fäusten auf uns ein und drohten uns hinauszuwerfen.«

Über Laskers anschließender Rede lag ein eigentümlicher Schatten an Betroffenheit. Er erklärte zwar, es gehöre zu den parlamentarischen Gepflogenheiten, jede Meinung zu achten, doch auch er war ein Gefangener des ihn umgebenden patriotischen Jubels. Noch drei Monate zuvor hatte er an Bismarck geschrieben: »Aber die Grenzerweiterung war nicht der deutsche Zweck des Krieges und wird nicht der Preis sein, welcher die Nation befriedigt.« Auch wenn der Brief nicht erwidert wurde, er hatte wenigstens seine Worte der Mahnung weitergegeben. Doch jetzt sprach Lasker von Frankreich als »Unruhestifter in Europa«, und zur Besserung müsse diese Nation die Erfahrung machen, »dass das französische Gebiet nicht sicher ist vor Zerstückelung und nicht sicher vor dem verderblichen Schicksal eines unglücklichen Volkes, welches seine Selbstständigkeit missbraucht hat.«

Bei der Reichstagssitzung zwei Tage später gaben 178 Abgeordnete, auch Lasker, ihre Stimmen für die Bewilligung der Geldmittel zum Krieg gegen Frankreich; zu den acht Abgeordneten, die dagegen stimmten, gehörten Bebel, Liebknecht und Fritzsche.

Manchmal bringt der Zufall etwas zu Tage, das sonst verborgen geblieben wäre. Es hatte lange Zeit gedauert, bis der König von Bayern seine Vorbehalte aufgab, er müsste sich in einem zukünftigen deutschen Staatswesen Preußen unterordnen. Nun aber sollte am 5. Dezember 1870 im Reichstag bei der Debatte über die Verträge mit den Südstaaten zum Beitritt in ein gesamtdeutsches Reich den Abgeordneten eine Überraschung bereitet werden. Friedenthal war eingeweiht und fragte in dieser Sitzung Delbrück, ob nicht alle Zweifel über den Willen zur Zusammengehörigkeit behoben werden könnten, es müsste einen Beweis geben. Friedenthal wusste, das Beweisstück war ein Brief des Königs von Bayern, in dem es hieß, der Regent sei bereit, den deutschen Bundesfürsten und den Vertretern der freien Städte vorzuschlagen, der König von Preußen solle deutscher Kaiser werden.

Bebel erlebte diesen Augenblick, als Delbrück sich feierlich erhob und sagte, es gebe die Gewissheit: »Seine Königliche Hoheit Prinz Luitpold von Bayern hat vorgestern Seiner Majestät dem König von Preußen ein Schreiben Seiner Majestät des Königs von Bayern übergeben, das folgendermaßen lautet ...« Hier stockte Delbrück. Bebel schrieb auf, was geschah: »Aber er wusste nicht, in welche Tasche er es gesteckt hatte. In höchster Aufregung durchsuchte er alle Taschen; ein Schauspiel, das im Hause ungeheure Heiterkeit hervorrief. Schließlich fand er den Brief, aber die Wirkung war verpufft.«

Vielleicht war es gar kein Zufall, das Zusammenspiel von Friedenthal und Delbrück. Natürlich blieb im Hauptquartier von Versailles die Nachricht nicht verborgen, dass die große feierliche Verkündung des Wortes »deutscher Kaiser« im Gelächter untergegangen war. Der König und Bismarck ärgerten sich. Und der Kanzler, der manches unliebsame Vorkommnis lange in seinem Gedächtnis bewahren konnte, wird sich in einem ihm passenden Augenblick an die beiden Herren erinnern.

Die Zeit ging über die verspielte Feierlichkeit hinweg. Noch im letzten Monat des Jahres 1870 wurde beschlossen, Reichstagsmitglieder sollten zum Hauptquartier nach Versailles reisen. Natürlich gehörte zu dem vorgesehenen Treffen mit dem König und dem Kanzler, den Generälen und Ministern auch die Ausarbeitung einer Ansprache der Volksvertreter an Seine Majestät. Keinem anderen als Lasker wurde die Ausarbeitung der Rede anvertraut. Er schrieb, was zu schreiben war, und fand zu Formulierungen vom erstrebten Frieden und von Gesetzen, die den Frieden sichern sollten. Bei der Abstimmung über seine Vorlage im Reichstag gab es 188 Zustimmungen und sechs Gegenstimmen. Es hieß, die dreißig für die Reise nach Versailles ausersehenen Reichstagsmitglieder seien durch das Los bestimmt worden. Wie auch immer die Losverteilung geschehen sein mochte, Lasker gehörte nicht zu den Auserwählten. Am 18. Dezember 1870 wurde dem König in Versailles der von Lasker ausgearbeitete Schriftsatz vorgetragen. Es war Wilhelm I. nicht unbekannt geblieben, wer das Grußschreiben an ihn verfasst hatte. Er soll, wie es von Busch überliefert wurde, gesagt haben: »Ei, da verdanke ich Herrn Lasker ja eine rechte Ehre.«

Der Gesetzentwurf für die Eingliederung von Elsass-Lothringen in das Reich war am 25. Mai 1871 Gegenstand der Debatte im Reichstag. In seiner Rede nannte der Abgeordnete Bebel die Annexion von Elsass-Lothringen ein Verbrechen und sagte mit Blick auf Paris: »Die Bestrebungen der Kommune mögen Ihnen verderblich sein, aber das ganze europäische Proletariat, welches Unabhängigkeit will, sieht nach Paris. Und Paris ist nur ein kleines Vorpostengefecht. Krieg den Palästen überall! Das will das Proletariat. Und glauben Sie, in dem republikanischen Elsass-Lothringen das monarchische Gefühl wieder wachrufen zu können? Täuschen Sie sich nicht! Diese republikanische Gesinnung wird Deutschland aus den Fugen heben, wird uns helfen, den Krieg für die Freiheit aufzunehmen!«

Zwei Tage später schrieb Baronin Spitzemberg ihre Gedanken über die Pariser Kommune ins Tagebuch: »Es ist dieses Rebellenheer der Abschaum aus Frankreich nicht nur, sondern aus der ganzen Welt.« Bereits Ende April waren die Ansichten Bismarcks über »das doppelte Gesicht der Kommune« an die Presse gegeben worden. In Paris geschehe »ein Akt der kosmopolitischen Revolution, ein Versuch zur Verwirklichung sozialistischer und kommunistischer Phantasien«. Beteiligt seien »entlassene Verbrecher und anderer Abschaum und Auswurf der modernen Kulturwelt«.

Als ihn, Lasker, ungenaue Nachrichten über die Pariser Kommune erreichten, war er nicht imstande, die Meldungen von einer »Schreckensherrschaft des Pöbels« als voreingenommen und übertrieben zu erkennen. Nach der Niederschlagung des Aufstands fragte er nicht, was mit den besiegten Kommunarden geschehen war. Er war befangen in seiner Ablehnung der Kommune und in seinem Vorbehalt gegen Bebel, der die Vorgänge in Paris grundlegend anders beurteilte. So reagierte er am 8. November 1871 im Reichstag äußerst aggressiv auf eine Bemerkung von Bebel. In seinen Aufzeichnungen *Aus meinem Leben* beschrieb Bebel den Vorfall. Nach seiner Äußerung, die Verfassungen in Deutschland seien nicht das Papier wert, auf das sie geschrieben waren, und damit meine er auch die Reichsverfassung, sei ihm das Wort entzogen worden. Danach habe Lasker, »die Anstandsdame des Parlaments«, gesprochen. Gekränkt über die pauschale Kritik an den Gesetzen, ließ Lasker sich jetzt nicht von seinem »großen Verstand«, sondern vom »heftigen Auffahren« beherrschen. In diesem Augenblick dachte er nicht im entferntesten an die Mahnung aus einem der Epistel von Horaz: »Einmal entflohen, fliegt das Wort unwiderruflich von dannen.« Bebel berichtete über Laskers Ausbruch: »Ich sollte nur nicht glauben, dass man eine Armee von 400 000 Mann hielte, um meine Bestrebungen zurückzuweisen. Das würden die Bürger allein besorgen, indem sie uns mit Knüppeln totschlügen.« Bei der Durchsicht der stenographischen Aufzeichnungen schien es Lasker zwingend notwendig, einen Reuezug vorzunehmen. Er wollte das entflohene Wort einfangen und widerrufen. Mit Erlaubnis der zuständigen Stelle nahm er die Formulierung »mit Knüppeln sie totschlagen« heraus und setzte ein: »sie niederhalten«. Bei der nächsten Sitzung wies Bebel auf die Änderung hin, und Lasker musste zugeben, dass er einen zu scharfen Ausdruck gebraucht hatte, der so nicht stehen bleiben sollte. Er habe aus diesem Grunde um Genehmigung für die Korrektur nachgesucht.

Es gelang Lasker nicht, die Ereignisse in Paris vom März bis Mai des Jahres 1871 aus seinem Gedächtnis zu streichen. Er suchte in seinem Essay *Welt- und Staatsweisheit* nach einer Begründung auch vor sich selbst. Paul Lindau, Herausgeber der Zeitschrift *Die Gegenwart*, brachte die Abhandlung in den Nummern 38 bis 41 des Jahres 1872. Als Eingang seiner Betrachtungen über den Zustand des 19. Jahrhunderts diente Lasker der Blick nach Paris im Frühjahr 1871: »Dieses Jahrhundert hat an dem Sitz verfeinerter Bildung und Gewohnheiten den ziellosen Schrecken der Kommune, die Herrschaft der wenigen Fäuste über Hunderttausende abgeneigter Bürger gesehen. Fast täglich wird der denkende Beobachter, nicht selten auch die Menge, aufgeschreckt durch überraschende Zeugnisse der Unkultur.« Er suchte nach den Zusammenhängen und fragte: »Wo ist die Quelle der Widersprüche?« Er forderte im Umgang mit der Vergangenheit und der Gegenwart auch von sich selbst »Klarheit der Erkenntnisse«.

»Klarheit der Erkenntnisse«

Es scheint, als wollte Lasker in diesen Tagen des patriotischen Überschwangs nach dem Sieg über Frankreich mit seinen Gedanken über *Welt- und Staatsweisheit* den Blick in den Spiegel seines Lebens wagen. Er hatte an sich selbst erfahren, welchen Täuschungen der Mensch ausgeliefert sein konnte, wenn er nichts wusste vom »stets vorhandenen Unterschied zwischen dem scheinbaren und dem wahren Umfang des Wissens«. Er suchte nach den Quellen der Überlieferung geschichtlicher Ereignisse in vorurteilsfreier Darstellung und kam auf die Spur des Griechen Thukydides. In ihm sah er einen glaubwürdigen Zeugen aus der Zeit des Peloponnesischen Krieges. Aber auch der altehrwürdige Geschichtsschreiber habe im Grunde nur einzelne Begebnisse aneinandergereiht. Es sei den Menschen nicht gegeben, ewige Wahrheiten über Ursprung und Sinn des Lebens zu ergründen. Ausgeliefert den

Kräften des Entstehens und Vergehens, werde der Mensch von einem zwiespältigen Denken beherrscht.

Am Beispiel der »Allmacht des Wassers und des Feuers« erklärte Lasker das Zerstörerische und das Lebenserhaltende, das gleichermaßen in dem einen wie in dem anderen wohnt und die Gedanken beeinflusst. Er setzte einen strengen Maßstab: »Während ich forsche, darf allein die lautere, sich selbst genügsame Wahrheit mich leiten; jeder vorgenommene Erfolg, ja schon die Lust nach einem vorgedachten Ausgang beeinträchtigt den Wert der Untersuchung und die Glaubwürdigkeit des Ergebnisses.«

Ohne einen bestimmten Regenten zu nennen, stellte er fest, oft werde allein durch die Gewalt Regierender dem Irrtum zum Sieg verholfen. Er wusste, wie »augenblicklicher Nutzen den Schein der Wahrheit« hervorrufen konnte. Er nannte es eine krankhaft »fixe Idee«, einen »Erbfeind« zu konstruieren und aus einer solchen Einbildungskraft »ernste Staatslehren« zu entwickeln. Jetzt schon, erst wenige Jahrzehnte nach der Französischen Revolution, nach den »phantastischen Versuchen einer plötzlichen Umbildung des Menschengeschlechts«, erscheine dieser Zeitabschnitt der Geschichte manchen Leuten als »Fastnachtsspiele«, als eine Art »Mummenschanz«.

Im Spiegel seines Lebens tauchte wieder das Jahr auf, das auch ihn geprägt hatte: »Was ich aus fremden Ländern und früheren Jahrhunderten nur in den größten Umrissen erfassen kann, nehme ich bis in die kleinsten Einzelheiten deutlich an den miterlebten Begebenheiten der eigenen Heimat wahr. Ich habe die Erschütterung von 1848 in voller Empfänglichkeit des aufstrebenden Jünglings erlebt, und mit der bewegten Menge habe ich unter ihrem Gesamteindruck gestanden. Seit vielen Jahren verstehe ich zu unterscheiden, was jene Umwälzung begonnen und was sie vollendet, was sie von Dauer geschaffen, nützlich angeregt oder nur vorübergehend aufgeregt hat.«

Er zählte auf, was ihm in diesem Zusammenhang am Herzen lag: die Selbstständigkeit der Richter, das öffentliche Gerichtsverfahren, gewählte Volksvertreter, deren Stimme in Verfassungsfragen Gewicht hat. Doch er musste erkennen, dass die damals verlangte Gleichheit der persönlichen Rechte noch immer nicht gewährleistet und nur »ein gewisses Maß an Pressefreiheit« gegeben war. Der gegenwärtige Zustand erschien ihm wie unter Faustrecht gestellt, ein Krieg aller gegen alle:

Aktiengesellschaften, der Drang zur Börse, Banken, Vereine, die Organisation der, wie er es nannte, Arbeitnehmer, dagegen die Verbände der, von ihm auch so bezeichneten, Arbeitgeber und der große Kreis der »Pfuscher« und »Zudringlichen«, die sich nun im neu gegründeten Reich ans Werk der Selbstbefriedigung machten. Er fragte: »Aber wie ist zu helfen?« Natürlich kannte er kein Rezept. Doch schließlich beurteilte er »die besondere Gunst der Umstände« im geeinten Deutschland des Jahres 1872 optimistisch: »Die Schwierigkeiten schrecken uns nicht ab.« Er griff sogar zum von ihm selten verwendeten »Wir« und betonte, er sei »nicht von der unfruchtbar elegischen Stimmung ergriffen, wenn wir Altes verfallen sehen«. Er wollte seine Hoffnung auf sinnvolle Arbeit für die Zukunft in einer langen Friedensdauer nicht aufgeben.

Von Karl Biedermann, dem Schriftsteller aus Leipzig, erhielt Lasker Mitte Juni einen Brief über dessen Bedenken zum Jesuitengesetz, das vom Bundesrat zur Abstimmung im Reichstag vorgelegt werden sollte. Biedermann, Mitglied der Nationalliberalen Partei, hielt die Vorlage für »ein Ausnahmegesetz im allerschlimmsten Sinne« und fürchtete nun für das ganze Land eine peinliche Untersuchung inquisitorischer Art, wer denn ein Jesuit sei. Er hielt es für undenkbar, dass Lasker einem solchen Gesetz zustimmen könnte. Biedermann hatte im Textentwurf gehässige und bedrohliche Tendenzen herausgefunden. Natürlich kannte er auch die Stimmung seiner Leipziger Wähler, die den Jesuiten alles nur denkbar Schlechte wünschten. Sie würden es nicht verstehen, wenn er sich dagegen stelle. Dennoch würde er mit Nein stimmen. Er fragte, ob es sich lohnen würde, nur deswegen nach Berlin zu reisen. Er war sicher, dass die Mehrzahl der Abgeordneten sich ja doch für das Gesetz entscheiden werde.

Am 19. Juni 1872 wurden die Abgeordneten und Zuhörer im Reichstag Zeugen, wie Lasker sein großes Plädoyer für Versöhnung hielt. Er hatte in seinem Essay *Welt- und Staatsweisheit* nicht nur auf dem Papier versichert: »Die Schwierigkeiten schrecken uns nicht ab.« In seiner Rede zum Jesuitengesetz wandte er sich gegen die vorgefasste Meinung der Mehrheit im Hause, auch gegen die Auffassung vieler Mitglieder der Nationalliberalen Partei, dass der Orden der Jesuiten aufgelöst werden sollte. Lasker bekannte sich dazu, dass er mit seinen juristischen Bedenken nur die Minderheit vertrete. In einem Rechtsstaat dürften kirchliche Auseinandersetzungen nicht gewaltsam ausgetragen werden. Er wusste, auch Bamberger und eine Reihe anderer Unabhängiger, vor allem aus der Fortschrittspartei, standen an seiner Seite, so konnte er das »Wir« einsetzen: »Wir sind der Meinung, dass durch den Kampf selbst ersichtlich sein muss das einzige Endziel, welches wir alle im Auge haben sollen: die Aussöhnung der Gemüter.«

Wie Biedermann es erwartet hatte, wurde das Gesetz angenommen. Der Nationalliberale Heinrich Oppenheim schrieb am 22. Juni von seinem Aufenthalt in Ischl an Lasker: »Es hat mich gefreut, dass Du noch zuletzt in der Jesuitendebatte Deinen Standpunkt klar bezeichnen konntest; das musste geschehen.« Lasker erwiderte Anfang Juli in einem Brief an Oppenheim, er habe sich zu dieser Rede entschieden »in dem völlig klaren Bewusstsein, dass ich gegen die stark strömende Tagesmeinung mich stemme, und ohne unmittelbaren Erfolg«. Keineswegs habe es ihm an Instinkt gefehlt, auch sei ihm die Trennung in dieser Sache von der Mehrzahl der Mitglieder der Nationalliberalen Partei nicht angenehm gewesen, und doch halte er alles für notwendig, »was über die Tagesmeinung hinaus die besonnene Überlegung erfordert«. Lasker schickte Oppenheim den Abdruck seiner Rede. Oppenheim, noch immer in Ischl, bedankte sich. Er hatte die Debatte über das Jesuitengesetz in Zeitungsberichten verfolgt und meinte, wenn die Nationalliberalen sich wie die Fortschrittspartei verhalten hätten, wären sie moralisch stärker und müssten nicht »im Schlepptau rudern«. Er sah in weiten Kreisen Unverständnis für ernsthafte Politik, daher sei auch Laskers Auftreten bei Wahlversammlungen wichtig. Oppenheim schrieb am Ende seines Briefes über seine Suche nach einem unabhängigen scharfsinnigen Mann, auch auf außerparlamentarischem Gebiet: »Ich weiß keinen zweiten.«

»Eine mitgebrachte heftige Erkältung«

Mitte August 1872 bekam Lasker ein Schreiben des Professors für Staatswissenschaften Gustav Schmoller aus Halle. Am 6. und 7. Oktober sollte in Eisenach eine »Besprechung über die soziale Frage« stattfinden. Der Professor nannte die Stichworte: »Gewerkvereine, Arbeitseinstellungen, Fabrikgesetzgebung, Wohnungsfrage«. Gedacht war an

Themen zu Vorträgen über »Die Lehren des heutigen Sozialismus und Kommunismus« und über »Die Wirksamkeit der Staatsgewalt in sozialen und ökonomischen Fragen«. Gneist und Treitschke hätten ihre Teilnahme schon angekündigt, auch Bamberger sei eingeladen, von ihm fehle allerdings noch die Zusage. Ob Lasker freundlicherweise die Einladung mit seiner Unterschrift versehen könne, sie sollte dann auch in seinem Namen noch an weitere Persönlichkeiten, Politiker, Industrielle, Redakteure, geschickt werden.

Oppenheim hatte von der Vorbereitung für die Zusammenkunft in Eisenach gehört und schrieb am 19. August an Lasker, er solle sich nicht von den »Kathedersozialisten« einfangen lassen. Die polemische Bezeichnung »Kathedersozialisten« für eine Gruppierung deutscher Ökonomen war Oppenheims Erfindung. Auch Bamberger habe nicht die Absicht, nach Eisenach zu gehen, das könne man Gneist überlassen. Aber Oppenheim hatte eine andere Frage: Ob Lasker nicht Chefredakteur der *National-Zeitung* werden wolle. Das Angebot war ehrenvoll, aber es hätte für ihn bedeutet, die Arbeit im Parlament aufzugeben. In seiner Antwort an Oppenheim aus dem Ferienort Pontresina teilte Lasker mit, er habe seine Teilnahme an der Veranstaltung in Eisenach zugesagt, weil es ihn interessiere, »wohin die Strömung geht«. Doch die Einladungen an weitere Teilnehmer mit seinem Namen zu unterzeichnen, habe er abgelehnt. Umgehend, am 29. August 1872, erwiderte Oppenheim, es sei ein großer Fehler, dass er an der Zusammenkunft in Eisenach teilnehmen wolle. Den Veranstaltern gehe es um eingebildete »Menschheitsretterei« und einen selbstgefälligen »Eitelkeitskultus«. Bamberger habe bereits dorthin »eine motivierte Ablehnung« geschickt.

Lasker verteidigte seine Entscheidung. Anfang September schrieb er aus Innsbruck an Oppenheim: Er gebe viel auf seinen Rat, aber er wollte sich in Eisenach selbst ein Bild machen, »obschon mir manches in der Gesellschaft nicht behagt«. Ende September erhielt er Bambergers Einwand zu seinem Vorhaben, die Tagung in Eisenach zu besuchen. Leute von der Sorte der Einladenden betrieben »die pure Klassenhasspropaganda«. Er habe an Oppenheim geschrieben, dass er ihn, Lasker, »gegen die Verlockungen dieses Kongresses nicht für ganz gepanzert hielt«. Bamberger erinnerte den Freund an frühere Äußerungen in Gesprächen, »aus denen mir der Eindruck zurückblieb, dass Sie die Gesamtheit des Großgewerbes und des Finanzgebarens überhaupt mit einem gewissen Argwohn betrachten und auf Grund einzelner oder zufälliger Beobachtungen deren Erfolge mehr oder weniger für illegitim ansehen«. Er war überzeugt, dass von diesen Leuten in Eisenach der Versuch gemacht werde, »die Besserung der allgemeinen Lage und daher auch der arbeitenden Klassen zu durchkreuzen. Daher wünsche ich nicht, dass Sie Ihr Ansehen den gespreizten Pathetikern leihen«. Schmoller wurde einige Jahre später zum Mitglied des preußischen Herrenhauses berufen.

Nun setzte sich Lasker an einen Entwurf für seine Absage. Er entschuldigte sich bei Schmoller für das verspätete Schreiben. Als Grund, dass er nicht kommen könne, nannte er »eine mitgebrachte heftige Erkältung«. Er habe zwar zunächst in dem Glauben, es sei eine kleinere Versammlung, zugesagt, jetzt aber solle es ein Kongress werden. »Ich habe bisher von Gleichartigem mich ferngehalten, weil ich keine eingehende und fruchtbare Erörterung schwieriger Fragen von solchen Wanderversammlungen erwarte.« Dieser Entwurf wurde nicht zu Ende geführt. Jedenfalls nahm Lasker an der Versammlung in Eisenach nicht teil.

Die »Kathedersozialisten« gründeten 1872 in Eisenach den Verein für Socialpolitik, zu dessen Gründungsmitgliedern Schmoller gehörte. Als Aufgaben sahen sie die Integration der Arbeiter in den Rechtsstaat, sie verwahrten sich gegen den Freihandel, bei der Frage der Eigentumsordnung durfte jedoch das Privateigentum nicht angetastet werden. Die Erörterung um die Verbesserung der Lage der Arbeiter hätte Lasker interessiert, doch er hatte wohl eingesehen, dass die Besorgnis der Freunde nicht unbegründet war, er könnte vereinnahmt werden.

»Der Trieb zum Herrschen und der Gehorsam der Sklaven«

In Laskers Essay *Welt- und Staatsweisheit* aus dem Jahr 1872 standen nur allgemeine Andeutungen über das ungenierte Spiel mit Aktien und über das Gründen fragwürdiger Gesellschaften im neuen deutschen Reich. Keine Namen. Mitte Januar 1873 war er mit seinen Untersuchungen über ominöse Gründungen von Eisenbahngesellschaften so weit gekommen, dass er als Abgeordneter diese besorgniserregenden

Berthold Auerbach, Stich von Hans Mayerfest, 1878

Zustände dem Preußischen Landtag zur Kenntnis geben konnte. In den acht Jahren parlamentarischer Tätigkeit war er nicht von seinem Vorsatz abgewichen, den er damals in London gefasst hatte, »einmal ein gewissenhafter Volksvertreter sein zu können«. Die Bedingungen, die er sich damals gestellt hatte, galten für ihn unverändert: »Wissenschaft, Belesenheit und Beobachtung und im persönlichen Charakter Bescheidenheit, Pünktlichkeit und fester Wille.«

Er war bescheiden in seinen Ansprüchen. Er las viel, vor allem Arbeiten aus der Rechtswissenschaft. Zu seiner umfangreichen Bibliothek gehörten auch belletristische Werke. Das Buch *Barfüßele* von Berthold Auerbach, die Prachtausgabe aus dem Jahr 1870 mit den Zeichnungen von Benjamin Vautier, hatte einen Ehrenplatz erhalten. Mit Auerbach verband ihn eine besondere Freundschaft. Keiner der beiden war auf den anderen neidisch. Lasker betrachtete die Erfolge des Autors der *Schwarzwälder Dorfgeschichten* mit Freude und Genugtuung. Vielleicht sah er in Auerbach sein anderes Ich, das den literarischen Ruhm, nach dem er vergebens gestrebt hatte, erringen konnte. Und Auerbach war von einem Stolz auf Laskers politische Bedeutung erfüllt, darüber berichtete er in vielen Briefen seinem Freund und Vetter Jakob Auerbach, der als Religionslehrer in Frankfurt am Main tätig war. Gemeinsam beteiligten sich Auerbach und Lasker an der Gestaltung des Programms für Vorträge im Berliner Handwerkerverein. Der Wahlspruch dieser Vereinigung »Denken, Leben, Bilden« blieb vor allem durch die Bemühungen der beiden, des Dichters und des Politikers, kein leeres Versprechen.

Im Hause Auerbach war Lasker ein gern gesehener Gast. Er wusste, wie sehr der Freund an seiner Heimat Nordstetten im Schwarzwald hing. Dort hätte Auerbach wie sein Großvater als Rabbiner seinen Platz gefunden. Aber er war in den dreißiger Jahren in die Fänge der Justiz geraten. Er hatte sich als Student der Tübinger Burschenschaft »Germania« angeschlossen, die jedoch wegen »revolutionärer Tendenz« als gefährlich galt. Auerbach wurde angeklagt und verurteilt: »wegen Verdachts einer hochverräterischen Verbindung«. Nach der Zeit der Haft in der Festung Hohenasperg hatte er sich an der Universität in Heidelberg dem Studium der Rechtswissenschaft gewidmet, aber auch ihm blieb der Weg zum Richteramt verschlossen, da er sich nicht taufen ließ. Zufall und Glück und Ausdauer hatten ihm literarischen Ruhm gebracht. Doch manchmal bedrückte ihn der allzu forsche Ton in Preußisch-Berlin. Lasker konnte verstehen, dass es den Freund Jahr für Jahr oft monatelang in den Süden zog.

Auf Auerbachs Wegen in die Heimat war Heidelberg immer wieder ein Ort der Besinnung, dort lag das Grab seiner ersten geliebten Frau Auguste. Hier, wo ihr gemeinsames Glück beginnen sollte, hatte sie Ende Februar 1848 die gewalttätigen Übergriffe von Heidelberger Schneidern gegen den benachbarten jüdischen Kleiderhändler Leopold Ehrmann erlebt. In Todesangst vor den judenfeindlichen Ausschreitungen hatte sie am 4. März eine Frühgeburt erlitten. Danach kam ein heftiger Fieberanfall mit Lähmung des Gehörs und zeitweiliger Störung des Bewusstseins. Am 4. April waren ihre Kräfte erloschen. Allein blieb Auerbach mit seinem Sohn August. Sie verließen Heidelberg. Er brachte seinen kleinen Sohn zu den Schwiegereltern und ging mit dem Mut der Verzweiflung nach Wien, um sich dort in das revolutionäre Geschehen einzubringen.

Es war die Zeit der Herbsttage, als Lasker sich in die »Akademische Legion« der Wiener Studenten eingereiht hatte. Damals hatte Berthold Auerbach über die Ereignisse in der Stadt an der Donau sein *Tagebuch aus Wien* verfasst. Sein Entsetzen über die Hinrichtung von Robert Blum glich einem Aufschrei: »Es kann nicht sein, soweit können sie nicht gehen!« Aber es wurde ihm berichtet, dass die Hinrichtung beschlossen war, auch dass man die Bitte von Blum, ihm keine Augenbinde anzulegen, abgelehnt hatte, offensichtlich um die Todesschützen vor den Blicken des Verurteilten in Schutz zu nehmen. Auerbach schrieb es auf: »Von drei Kugeln getroffen, sank Blum nieder. Die eine traf in die Stirne, die anderen in die Brust. Sein letztes Wort war: ›Aus jedem Blutstropfen von mir wird ein Freiheitsmärtyrer erstehen.‹« Auerbach kam zu der Schlussfolgerung: »Und das Wort wird Wahrheit werden, aber wehe denen, die die verratenen Völker zwingen, über Ströme Bluts hinweg die Freiheit zu erobern. Wenn man so die Rachegeister alle losbindet, wo bleibt da eine Macht, die ihnen Einhalt zu tun vermag? Wo wird das enden? Welchen entsetzlichen Gräueln sehen wir entgegen!«

Wien bedeutete für Auerbach aber auch die Begegnung mit der liebenswürdigen Nina Landesmann. Sie heirateten am 1. Juli 1849. Für Nina war der Sohn, nach der Mutter August genannt, wie ihr eigenes Kind. Und das Lebensglück schenkte ihnen ihre drei gemeinsamen Kinder: Ottilie, Eugen und Hermann. Seit 1860 wohnte Auerbach mit seiner Familie in Berlin. Hier hatte er in Lasker den vertrauten Freund gefunden.

Natürlich hielt Lasker sich vom gesellschaftlichen Leben in Berlin nicht fern. Es gab Damen, die sich glücklich schätzten, wenn er eine Einladung für ihre Gesangsdarbietungen in einem Hauskonzert annahm. Aber, und das war für manche Anlass zur Verwunderung, er wollte sich nicht zur Bindung an eine Bestimmte entschließen. Einige Leute aus seiner Bekanntschaft meinten gar, er sei mit der Politik verheiratet, denn sie wussten, wie er oft tage- und nächtelang über Akten und Verlautbarungen saß, um sich gründlich auf eine Rede vorzubereiten.

So hatte er auch diesmal seine Zeit zu akribischen Nachforschungen genutzt und konnte nun am 14. Januar 1873 vor dem Preußischen Landtag Namen nennen: Graf Heinrich von Itzenplitz, Handelsminister. Höflich meinte Lasker, er wolle dem Minister ja nicht zu nahe treten, jedoch verfüge er über Beweise, die zeigten, wie in seinem Ministerium die Konzessionen zu Privateisenbahnen nach Gunst oder Ungunst verteilt wurden. Statt den staatlichen Eisenbahnbau zu fördern, habe der Minister immer wieder Konzessionen vergeben, mit denen auf Zickzackwegen von Hintermännern ein blühender Handel betrieben werde. Andere Namen: Fürst Wilhelm Malte von Putbus, der im Zusammenhang mit dem sogenannten Eisenbahnkönig Bethel Henry Strousberg in Eisenbahnprojekte verwickelt war, und Geheimrat Hermann Wagener, Bismarcks Vertrauter als Erster Vortragender Rat im preußischen Staatsministerium.

Laskers Ausführungen erfüllten den Generalfeldmarschall Roon mit großem Unbehagen. Seit Beginn des Jahres 1873 war er als preußischer Ministerpräsident tätig, nachdem Bismarck sich von diesem Amt zurückgezogen hatte. Der Fürst versicherte, dieser Schritt bedeute nicht, dass er nun kein Interesse mehr für die preußischen Belange habe, im Gegenteil; als Kanzler stehe er ohnehin über allen Landesfragen. Sein entscheidendes Wort galt natürlich auch für die nach dem Krieg ins Reich einverleibten Gebiete. Der Straßburger Gemeinderat hatte beantragt, dass in den Grundschulen von Elsass-Lothringen neben der deutschen auch die französische Sprache gelehrt werden sollte. Bismarck lehnte ab. Er meinte, das Erlernen zweier Sprachen in den Volksschulen führe nur dazu, dass die Schüler keine Sprache richtig gebrauchen könnten.

Jetzt, nach Laskers Vortrag über die dubiosen Vorgänge bei der Verteilung von Konzessionen zu Privateisenbahnen, sah der preußische Ministerpräsident Roon sich veranlasst, als Rächer für die Angegriffenen in der Öffentlichkeit aufzutreten, und er suchte nach Helfern für eine Attacke auf den ihm unliebsamen Abgeordneten.

Einige Tage später stand im preußischen Abgeordnetenhaus die Beratung über die Kirchengesetze auf der Tagesordnung. Auerbach war unter den Zuhörern und fragte seinen Vetter Jakob im Brief vom 22. Januar: »Hast du die Rede Laskers in der Debatte über die Kirchengesetze gelesen? Ich bin glücklich, diesen Mann meinen Freund zu nennen, und alle Zeitgenossen, vornehmlich aber die Juden dürfen stolz sein, solch eine reine Natur lebendig unter sich zu haben.« Während die anderen Redner alle nur »von der Kirche« redeten, habe allein Lasker »von der Religion und ihrem ethischen Kern und dem Verhältnis zum Gesetzesrecht« gesprochen. Auf ein Argument des Abgeordneten Strosser aus den Reihen der Konservativen hatte Lasker erwidert: »Greifen Sie mich als Juden an, aber nicht das Judentum.« Auerbach schrieb weiter: »Wer so in sich gefasst in der Replik die Haltung bewahrt, der hat seinen sicheren Schwerpunkt seines Wesens, der durch nichts außer Fassung und ins Schwanken gebracht wird.«

Zwei Tage später hatte Auerbach wieder einen Anlass, seinem Freund Jakob etwas über Lasker zu berichten: »Gestern Abend hörte ich einen freien Vortrag von Lasker über Anlagen und Erziehung, und ich muss sagen, ich weiß mich nicht zu erinnern, je etwas Gediegeneres, Runderes aus dem Blick für das Allgemeine und das Konkrete und aus einer abgeklärten Persönlichkeit so voll und schön gehört zu haben. Das ist eine Macht, die so selbstverständlich und doch so überraschend ist.«

Lasker hatte es in London bei den Kindern des Bruders Max erlebt und wusste nun, wie mit dem ersten Atemzug der Bildungsgang beginnt. Nach den Erfahrungen in Berlin fragte er jetzt in seinem Vortrag »Anlagen und Erziehung«, wohin der »Wissenstrieb« Heranwachsender in »kluftartig getrennten Gruppen der Schulerziehung« gelenkt wird. Die Gefahr, im Leben zum Spielball anderer Kräfte zu werden, müsse durch sinnvolle Erziehung abgewendet werden. Er warnte vor der Abrichtung junger Menschen durch Offiziere, die ihre Untergebenen herabwürdigen zu elenden Puppen. In seinem kritischen Blick auf die Gegenwart kam er wiederholt auf die Kluft zwischen arm und reich. »Für die vielen Mängel und Plagen, welche die verfehlte Erziehung den meisten auferlegt, suchen die Begüterten einen Ersatz in käuflichen Genüssen, die Unbegüterten aber müssen diesen Ersatz entbehren und empfinden die Kränkung, welche Zufall und Erziehung ihnen auferlegen, ungemildert.« Er hatte für das menschliche Verhalten eine Gesetzmäßigkeit herausgefunden: »die angeborene Lust nach Herrschaft«.

Zur Erläuterung griff er auf seine Beobachtungen bei Kindern mit ihrem »Aneignungstrieb« zurück. Das kindliche Greifen nach Gegenständen übertrug er auf die Welt der Erwachsenen, die ihren Zugriff auf alles nehmen, was sie zur Erhaltung oder zum Ausüben ihrer Herrschaft brauchen, und dazu gehöre Gewalt. Er fragte: »An welches Endziel soll diese Entwicklung leiten, auf welcher Etappe befinden wir uns jetzt?« Noch immer seien Jahrhunderte alte Verhaltensweisen bis in die neueste Zeit gültig. Er verwies auf den »Abstand zwischen der unbeschränkten Herrschaft des Fürsten und dem willenlosen Gehorsam der Sklaven«. Groß und strahlend erscheine der mächtige Herrscher, »während der Unterste, der Freiheit beraubt, der persönlichen Rechte ganz entkleidet, mit geringem Einfluss und wenig Selbstbestimmung, in den Dienstrang und in die Wertstufe der Tiere hinuntergedrückt galt«. Der Bezug zur Gegenwart konnte nicht verborgen bleiben.

Seine Untersuchung über das Gebiet der Religion als Erziehungsinstrument führte ihn zurück in die Zeit der Götter, die damals den Menschen als Vorbilder dienten. Er fragte: »Wie soll man die Leidenschaft durch das Beispiel der Götter oder durch die Scheu vor ihnen bändigen, wenn der Höchste der Götter nach Art der Menschen leidenschaftlich erglüht, Sitte und Gesetz durchbricht, mit List oder Gewalt überwindet?« Er schloss eine weitere Überlegung an, die vom Gott Zeus wieder bis zur Gegenwart reichte: Wie könne das Gefühl der Gleichheit aller Menschen verpflichtend sein, »wenn Nachkommen der Halbgötter auf den Thronen weilen und die Großen der Erde mit übermenschlichen Kräften und Vorzügen ausgestattet sind«?

Lessing habe den Beginn der Erziehung in den Grundlagen der ersten offenbarten Religion gesehen, wie aus seiner 1780 veröffentlichten Schrift *Die Erziehung des Menschengeschlechts* hervorgehe. Jetzt, im Jahr 1873, verschwieg Lasker nicht die Folgen der Unterwerfung unter den Willen des einen Gottes: »Das Bewusstsein der Nichtigkeit. Die Gnade allein erhält, die Erlösung allein erhebt den Menschen. Vor dieser Größe gibt es keine Würde, denn wir alle verschwinden in gleicher Niedrigkeit; gibt es kein Fortkommen durch eigenes Verdienst, denn alle Geschicke sind im voraus zugewogen, Wahrheit ist allein in der Demut und Entsagung. Vor Gott sind wir alle schwach, arm und sündhaft; in der nächsten Minute ist die ganze Erdenwelt wie Staub verweht.«

Aus einer Quelle reiner Gottesanschauung sei der Gegensatz zwischen der Menge der Gläubigen und den »Herrschbegierigen« hervorgegangen. Blinder Gehorsam gegen schrankenlose Gewalt. Er sprach von der »Ausbeute der Herrschkraft« der siegreichen Kirche und schloss seine Frage nach dem Sinn der Einrichtung der Kirche an, »wenn sie den Grund ihres Entstehens, die Erziehung zur Gleichheit, vergaß, die Gläubigen verbildete und aus Begierde zur Herrschaft die Unterdrückung duldete und ausübte«.

Vom religiösen Gefühl kam er zur Wissenschaft, zum »Forschungstrieb«. Wieder sein Blick auf die Ungleichheit bei dem Zugang zu den Forschungsgebieten. Söhne Wohlhabender könnten auf Reisen ihr Weltbild erweitern. »Wie Eingeweihte kehren die Söhne der Patrizier und der Adligen aus der Ferne heim. Städte und Fürsten ziehen sie bei der Verteilung lohnender Ämter vor.« Natürlich wusste er vom Entwicklungsgang durch die Jahrhunderte zum gegenwärtigen »Schulzwang«, dass nun Kinder auch nicht Begüterter wenigstens an einem Elementarunterricht teilnehmen sollten, jedoch blieben daneben auch jetzt noch die höheren Schulen für wenige Auserwählte. Die Sorge, dass Kinder einer Erziehung zur Willenlosigkeit ausgeliefert werden, beunruhigte ihn. Er suchte den Weg, »wie wir das gesamte Leben einzurichten haben, damit ein jeder befähigt werde, seine Anlagen auf das Nützlichste zu entfalten; damit ein jeder aus der bereits errungenen Kultur seine Nahrung ziehe«.

Bis zu der Sitzung im preußischen Abgeordnetenhaus am 7. Februar 1873 hatte Lasker neben seinem Nachdenken über den »Trieb zum Herrschen« und über den »willenlosen Gehorsam der Sklaven« seine Zeit für weitere Einblicke in Unterlagen über den Gründungsschwindel genutzt. An diesem Februartag stellte er den Antrag, dass die Regierung veranlasst werden solle, über alle seit 1862 erteilten Konzessionen zum Bau von Eisenbahnlinien Rechenschaft zu geben, über die Bedingungen, über die begünstigten Personen, über die Summen. Jetzt aber hielt Herr von Roon den Augenblick zum Angriff gegen Lasker für gekommen. Gleich würde, wie es zum Ablauf der Tagesordnung gehörte, der Präsident des Landtags, Forckenbeck, zu Beginn der Sitzung einen Brief zur Sache vortragen. Er, Roon, hatte am 31. Januar in diesem Brief dem Präsidenten Forckenbeck mitgeteilt: Alle Anschuldigungen Laskers gegen Wagener sind falsch. Auch sei Lasker als Rechtsanwalt selbst in diese Sache verwickelt, er habe Beziehungen zu einer Firma, die als Konkurrent beim Handel um Konzessionen im Eisenbahnwesen aufgetreten sei. Dann aber, beim Verlesen des Briefes, war es offenbar für Roon äußerst peinlich geworden. Unmittelbar nachdem Forckenbeck geendet hatte, sprang er von seinem Sitz auf und erklärte, für den Satz, dass Lasker als Anwalt selbst involviert sei, müsse er sich entschuldigen, er habe sich da wohl geirrt. Hatte der tapfere General sich diesen Brief schreiben lassen und vor der Abgabe nicht einmal auf Richtigkeit überprüft?

Lasker bekam das Wort zur Erwiderung. Fast drei Stunden dauerte sein Vortrag. Er erklärte eingangs zu dem Vorwurf im Brief des Herrn von Roon, er habe, seit er als Rechtsanwalt zugelassen sei, »niemals ein Rechtsanwaltsgeschäft vollzogen«. Und »welche Firma« das sei, der er gedient haben solle, wisse wohl der Herr Ministerpräsident selbst nicht. Lasker erklärte, schon lange Zeit habe er als Abgeordneter die verwerflichen und nur in Gruppengesprächen erörterten Vorgänge um das Eisenbahnwesen beobachtet, aber bisher sei niemand im Abgeordnetenhaus dagegen aufgetreten. Er versicherte: »Ich habe keine Freude daran, mit Anschuldigungen vorzugehen; ich wünsche allein, dass die Schäden des Landes hier verhandelt werden, dass man nicht von Mund zu Mund sich die schlimmsten Dinge erzählt und die Volksvertretung nimmt keine Notiz davon.« Er nannte die Quellen, aus denen er seine Kenntnisse geschöpft hatte: »Die Akten liegen beim hiesigen Stadtgericht in den Beiakten zum Handelsregister, und ich füge hinzu, dass diese Beiakten nach einer Instruktion des Ministers öffentlich sind und von Jedermann eingesehen werden können, damit nicht die Meinung herrsche, dass ich durch Indiskretion zu meiner Kenntnis gekommen sei.«

Lasker war ein Meister in der Kunst des Vortrags, als er sich bei dem sachlichen Aneinanderreihen der Vergehen eine Abschweifung gestattete, war nur für Wissende ein Hauch an Ironie in der klugen Absicherung zu spüren: »Jetzt bitte ich Sie, meine Herren, mir zu gestatten, die Person Wageners zu trennen von zwei erlauchten Personen, auf welche das Vaterland mit Stolz sieht: Der eine ist der Fürst Bismarck, auf dessen Büro Herr Wagener so lange gewesen ist, der andere ist der Ministerpräsident Generalfeldmarschall Graf von Roon, auf dessen Büro Herr Wagener gegenwärtig noch der höchste Beamte ist.« Lasker verschwieg nicht, dass er bedroht worden sei, er und seine politischen Freunde sollten zu Fall gebracht werden. Dazu meinte er: »Wer ein gutes Gewissen hat, braucht sich um solche Dinge gar nicht zu kümmern.« Er bestand darauf, als Volksvertreter sei er durch »Gewissen und Pflicht« gezwungen, Vergehen gesellschaftlich bevorzugter Kreise aufzudecken.

Mit Sorge hatte Bamberger diesen Vorgang beobachtet, er ahnte, der Angriff, von seinem Parteifreund Lasker so glanzvoll vorgetragen, würde eine Umkehrung erfahren. Zu gut kannte er die Zustände im nun geeinten Lande. Er wusste, wie beliebt Lasker war und hielt es in seinen Aufzeichnungen fest: »Jeder, der eine Klage hatte, jeder, dem ein Unrecht geschehen war, kam zu ihm, ihm sein Leid vorzutragen, und die Hälfte seiner Popularität und seiner Wirksamkeit fiel in jene Zeit, da der Rausch eines großen Erfolges und eines unerhörten Aufschwungs in der Erwerbstätigkeit der ganzen Welt nicht nur bloß Deutschlands auch die Lust zum Erwerb des Gewinnes in unbändigem Maße entfesselt hatte. Damals machte er die Bekanntschaft mit jener Verletzung der Redlichkeit, des Zartgefühls und geradezu des Rechts mancher Kreise – wie es dem geht, der mehr Kranke als Gesunde vor sich sieht, er unterlag ein wenig vielleicht der Gefahr, das gesunde Leben etwas zu sehr nach dem kranken zu beurteilen.« Bamberger wird es später in seiner Gedächtnisrede für Lasker aussprechen: »Er wurde ergriffen von einem Unwillen gegen das ganze Geschäftsleben einer gegebenen Periode, der ihn in seinen Anklagen gegen gewisse Exzesse vielleicht mehr anfeuerte, als es dem Bedürfnis der Gesellschaft entsprach.«

Es war Bamberger bekannt, wie Lasker sich tagelang, nächtelang in die Unterlagen vertieft hatte. »Was ihn dabei antrieb, das war der reine Rechtssinn, was ihn dabei anstachelte, war gerade, dass er die Macht des Staates, die Macht hoher Geburt, die Macht besonderer Stellung im Lande dazu verwertet sah, um auf unredliche Weise die Rechte des Staates auszubeuten für Privatzwecke. Das wappnete ihn damals zu jener ewig denkwürdigen Attacke gegen das Eisenbahn-Konzessionswesen im Abgeordnetenhause des preußischen Staates. Gewiss bewundernswert war der Mut, mit dem er damals den mächtigsten Leuten des Landes entgegentrat, er wusste wohl, dass er es nicht mit ungefährlichen Gegnern zu tun hatte, er wusste wohl, wohin er traf, aber den unerschrockenen Mann hinderte nichts an seinem Unterfangen, nichts in der Überzeugung, dass er dem Rechte zum Siege verhelfen müsse in der Verwirrung der öffentlichen Angelegenheiten.«

Doch Bamberger bemerkte auch Laskers Versäumnis bei seinem Vortrag über den Gründungsschwindel. Der Freund hatte nicht beachtet, »dass das Übel, das er sah, durchaus nicht den Charakter des allgemeinen Erwerbslebens wiedergab, dass unter wenigen Missbräuchen die große Masse des Volkes des großen und kleinen Erwerbslebens sich nur bewegte auf dem Boden eines ungeheuren Vertrauens, einer großen Sicherheit, einer Redlichkeit, die zwischen Mein und Dein tausende- und hunderttausendemal am Tage den Einzelnen auf die Probe stellt und ihn immer fest findet im Hingeben an den Augenblick.«

Bei seinem Nachdenken über Mein und Dein hatte Bamberger sich vielleicht an die *Sprüche der Väter* erinnert, wie gegenwartsnah sie waren: »Vier Gesinnungen gibt es bei den Menschen: Meines ist mein und deines ist dein: Eine durchschnittliche Gesinnung. Meines ist dein und deines ist mein: Ein Mensch aus dem Volke, der das Eigentumsrecht nicht kennt. Meines ist dein und deines ist dein: Ein Frommer. Meines ist mein und deines ist mein: Ein Bösewicht.«

Während viele sich noch an Laskers Sieg berauschten, hatte Bamberger die Gefahr erkannt: »Bei der Glut der Anfeuerung, die er damals mit seinen Begriffen verband, geschah es, dass er einen Anhang nach sich zog, der nicht von seiner rechten Begeisterung, aber von Hass und anderen Motiven bewegt, ihn zum Schild nahm, um unlautere Zwecke damit zu erreichen.« Er befürchtete, dass Laskers Vorgehen sich in der Folge »als ein Missgriff« erweisen würde.

Das Ereignis der Lasker-Rede blieb im Tagebuch der Baronin Spitzemberg nicht unerwähnt. Bismarck hatte am 19. Februar 1873 Gäste zu einem abendlichen Beisammensein eingeladen. Sie saß dabei und hörte zu: »Der Fürst sprach viel über die brennende Tagesfrage Lasker – Wagener; er hält Letzteren nicht der ihm zur Last gelegten Kontraventionen [Übertretungen von Gesetzen] für schuldig.« Auch der konservative Reichstagsabgeordnete Gustav von Diest beschrieb in seinen Erinnerungen, wie bei einem Gespräch mit Bismarck die Rede auf Wagener kam. Der Kanzler habe den nun von allen schmählich Verlassenen mit »einem Nest von Kindern« bedauert. Wagener sei ihm stets vortrefflich zu Diensten gewesen. »Ich habe mit aller Absicht und in voller Uniform am hellen Tage vor allen Leuten ihm meinen Besuch gemacht, als die böse Nachrede über ihn hereinbrach, um ihm dadurch doch einige Genugtuung zuteil werden zu lassen.«

Nun war ausgerechnet in diesen Tagen das Buch *Erlebnisse einer Mannesseele* anonym erschienen. Gerade jetzt, als sich die Leute darum rissen, den Wortlaut von Laskers Rede über die unsoliden Geschäfte des Herrn Wagener in den Zeitungen nachzulesen, musste sich Berthold Auerbach als Herausgeber bestätigt fühlen, er hatte in seiner kurzen Einführung geschrieben, diese Aufzeichnungen seien »von dauerndem Wert in der deutschen Literatur«. Es war von dem ungenannten Verfasser gewiss kühn gewesen, sich selbst als Verstorbenen einzuführen, der noch zu Lebzeiten seiner Freundin Julie und ihrem Mann Leonhard ein versiegeltes Heft anvertraut hatte mit der Weisung, erst ein Jahr nach seinem Ableben das Siegel zu lösen. Dann sollte sie ihrem Mann die Aufzeichnungen vorlesen. Am Anfang stand die Frage: »War ich, geliebte Freundin, dir niemals ein Rätsel?« Nun begann der Ich-Erzähler, er war zwanzig Jahre älter als Julie, auf mehr als hundert Seiten sein Bekenntnis abzulegen: »Dein unbegrenztes Zutrauen hat vielleicht nie nach dem Grunde meines Handelns geforscht, und ewig gleich schien ich dir, wie sich auch die Welt um uns bewegte. Wohl habe ich das Zutrauen um dich verdient, aber einmal musst du doch erfahren, wonach du nie geforscht hast.«

Natürlich konnte ein derartiges literarisches Ereignis der Baronin Spitzemberg nicht verborgen bleiben, hielt sie doch jederzeit auch Ausschau nach Neuerscheinungen auf dem Büchermarkt. Über die »geliebte Freundin« in der Erzählung von der *Mannesseele* schwieg sie sich in ihren Aufzeichnungen aus, doch den Verfasser hatte sie erkannt. So schrieb sie am 22. Mai 1873 in ihr Tagebuch, wie gut ihr das gerade erschienene Buch von Gustav Freytag *Ingo und Ingraban* gefiel: »Dagegen bin ich sehr wenig erbaut durch ein kleines von Auerbach herausgegebenes Büchelchen, *Erlebnisse einer Mannesseele* betitelt und allgemein Lasker zugeschrieben. Wohlweislich sind im Buche diese ›Erlebnisse‹ als die eines Toten dargestellt, denn wenn man den ›Helden‹ dieser höchst flüchtigen zum Teil sonderbaren Liebesgeschichten in einer Gestalt wie Laskers ganz vergnügt umhergehen sieht, erscheint diese Veröffentlichung nur im Lichte lächerlicher Eitelkeit. Das Buch ist vergriffen, so sehr will es jedermann lesen, aber die ich sprach, waren alle sehr enttäuscht über den Inhalt.«

Manche vermuteten in dieser Arbeit den Ausbruch eines großen Schmerzes von Lasker über die Verbindung seiner Cousine Lina Ehrlich mit Wilhelm Cahn. Doch wie sollten die Aufzeichnungen mit Linas Hochzeit im März 1873 mit dem Erscheinen des Buches zeitlich zusammengebracht werden? Auerbachs einführende Worte waren auf den 27. Februar dieses Jahres datiert. Er musste die Seiten der *Erlebnisse einer Mannesseele* ja doch immerhin gründlich gelesen haben, bevor er sie seinem Verleger Cotta in Stuttgart anvertraute. Und Lasker, bekannt als äußerst gewissenhaft in der Vorbereitung seiner Reden vor dem Reichstag, dem Preußischen Landtag und seiner Vorträge im Berliner Handwerkerverein, sollte einen so erinnerungsschweren, an seine Person gebundenen Text in kürzester Zeit heruntergeschrieben haben?

Wäre diese Niederschrift nur aus Kummer geboren, hätte er erst etwa Ende 1872 beginnen können, als sie, Lina, ihm ihre endgültige Entscheidung für Wilhelm Cahn angekündigt hatte. Jedenfalls muss Laskers Beurteilung über den Auserwählten mehr als zurückhaltend gewesen sein, vielleicht hatte er nur Bamberger offenbart, dass er Cahn für »einen sehr untergeordneten Mann« hielt. Wer weiß, welche Geschichten Lasker von dem Bräutigam seiner Lina zu hören bekam, als der wesentlich Jüngere ihm vorgestellt wurde, Geschichten etwa aus den Pariser Tagen während der Belagerung, Berichte über seine guten Taten in dieser schweren Zeit. Oder brachte Cahn gar noch einmal sein Lieblingszitat aus dem Vorwort von Heines *Wintermärchen*, ohne zu merken, dass er die Dichterworte in ihrer wirklichen Bedeutung nicht verstanden hatte?

»Wir alle sind das Volk«

Im Verlauf des Jahres 1873 blieb Laskers couragiertes Vorgehen gegen den Gründungsschwindel Thema erregter Auseinandersetzungen. Die Freunde wussten, »dass der Mann, der im politischen Kampfe so rücksichtslos seine Waffen führen konnte, das mildeste Herz hatte«. Die Feinde hatten ihm diesen Februartag nicht verziehen. Nun konnten sie nach Bekanntwerden des Urhebers der *Erlebnisse einer Mannesseele* über den ihnen dreifach verhassten Lasker herziehen: verhasst als Jude, als Jurist, als Abgeordneter. Lasker wollte dem Gerede ein Ende setzen und ließ den Rest der Auflage des Buches aufkaufen.

Und wieder geriet der »Fremdling aus dem Osten« in eine Auseinandersetzung mit dem Kanzler. Als in der Reichstagssitzung am 16. Juni über das Pressegesetz beraten wurde, meinte Bismarck, der Kaiser könne kaum Verständnis dafür haben, dass hier über die Pressefreiheit mit mehr Zeitaufwand debattiert werden solle als über das Militärgesetz. Lasker erwiderte, nach monatelangen Verhandlungen über finanzielle Fragen dürfe man doch wohl auch über Dinge beraten, die sich mit »den Rechten des Volkes« befassen. Umgehend entgegnete Bismarck, ihm kämen solche Äußerungen über Volksrechte wie Deklamationen aus alter Zeit vor. »Volksvertreter sind wir alle, die hier sitzen, und zum Volke gehören wir alle, ich habe auch Volksrechte, zum Volke gehört auch der Kaiser; wir alle sind das Volk, nicht die Herren, die gewisse alte, traditionell liberal genannte und nicht immer liberalisierende Ansprüche vertreten. Das verbitte ich mir, den Namen Volk zu monopolisieren und mich davon auszuschließen.«

Der Abgeordnete Ludwig Windthorst, geachtet als »Meister der parlamentarischen Taktik«, meldete sich zu Wort und gab Lasker Recht. Wenn ein Volksvertreter nicht mehr beanstanden dürfe, dass über ein wichtiges Gesetz wie das der Pressefreiheit aus Zeitgründen nicht mehr verhandelt werden kann, »dann wäre es, glaube ich, richtig, dass wir die Boutique schlössen«.

Aber Bismarck erteilte Lasker nun doch noch eine Lehre über das Volksrecht: »Ist die Verteidigung des deutschen Bodens kein Volksrecht? Ist die Herstellung und Sicherung von Festungen gegen feindlichen Überfall kein Volksrecht? Ist das Budgetrecht, welches geordnete finanzielle Zustände im Deutschen Reiche herbeiführen soll, kein

Volksrecht? Oder wollten Sie bloß die Angriffswaffen gegen die Regierung, das belagernde Element, für sich als Volksrechte vindizieren [in Anspruch nehmen]?«

Lasker erhielt das Wort und wehrte sich: Wenn er von der »höchsten Autorität des Bundesrates« angegriffen werde, dann könne man es ihm nicht zumuten, demütig dazu zu schweigen. Er habe diesen scharfen Ton nicht hereingebracht, ohne Veranlassung habe der Herr Reichskanzler ihn mit dem Wort Volk angegriffen, »um mich in einer, wie ich allerdings glaube, sehr erregten Weise abzukanzeln«. Er wusste, dass er mit der Wendung, vom Kanzler abgekanzelt zu sein, Heiterkeit hervorrufen würde. Aber gleich darauf wurde er sehr ernst: Als Parlamentarier habe er das Recht auf Opposition zur Regierung, wie ja auch der Kanzler seinerseits aus seiner Haltung gegen das Parlament keinen Hehl mache, wenn er glaube, es sei zum Wohl des Landes dienlich. »Hierin nehme ich meine vollste Selbständigkeit in Anspruch und auch meine äußere Stellung in jedem Punkt der Ehre, die auf ganz gleicher Stufe steht wie die des Herrn Reichskanzlers. Wir befinden uns hier auf dem Fuße völliger Gleichheit.«

Doch das wollte Bismarck so nicht stehen lassen, er fühlte sich verletzt: »Der Herr Vorredner hat nicht die Art, wenn er seinen Gegner verletzt, die Stimme zu erheben, zu schreien oder sonst heftige Gebärden zu machen; aber er hat die Gewohnheit und das große Geschick, seine Pfeile so zuzuspitzen, dass sie – ich will nicht sagen: Gift – aber einen ätzenden Saft mit sich führen.«

Jetzt verbreiteten Übelwollende auch noch das Gerücht, aus Verärgerung über das Buch von der *Mannesseele* sei die Freundschaft zwischen Lasker und Auerbach zerbrochen. Doch der Dichter war seiner Gewohnheit treu geblieben und hatte im Frühjahr Berlin in Richtung Süden verlassen. Er wollte wieder den Klang der Stimmen seiner schwäbischen Heimat hören. So reiste er nach Nordstetten, Gernsbach, Stuttgart, Tarasp und Freiburg im Breisgau. Von dort schrieb er am 11. September 1873 an seinen Vetter Jakob Auerbach nach Frankfurt am Main: »Gestern nun hatte ich eine große Freude. Ich suchte den Bruder Eduard Laskers auf, um nach diesem zu fragen, und eben vor einer Stunde war er aus der Schweiz angekommen, sonnenverbrannt, rüstig, stramm und dabei von der alten Innigkeit. Ich glaube, dass er mich ebenso lieb hat wie ich ihn.« Max Lasker war mit seiner Familie aus London nach Freiburg gezogen und hatte dort eine Lederfabrik gegründet.

Am 21. Oktober kehrte Auerbach nach Berlin zurück, und bereits am 25. Oktober berichtete er Jakob: »Vorgestern hatte ich einen glücklichen Abend bei Lasker mit ihm allein. Er las mir auch ein großes Stück von der Ausarbeitung seines vorjährigen Vortrages ›Über Anlage und Erziehung‹ vor.« Der Vortrag sollte in zwei Folgen der *Deutschen Rundschau* veröffentlicht werden. Mit Stolz auf die Freundschaft schrieb Auerbach: »Es war uns wohl und gut beisammen.« Und einige Tage später, nach einer

Ludwig Windthorst

Begegnung bei Oppenheim zum Abendessen mit Freunden, war er allein mit Lasker nach Hause gegangen: »Wir standen oft still, denn wir werden nicht fertig im Ausspinnen von weiten Gedanken, und gerade dass Lasker immer wieder genötigt ist, in das konkrete politische Leben so voll und ganz einzugreifen, gibt ihm wieder eine neue frische Kraft zu geschichts-philosophischen Spekulationen.«

Die Tagesströmung

Auch der konservative Abgeordnete Dr. Robert von Lucius schrieb über seine Erfahrungen mit Bismarck. Der Gutsherr, der Medizin studiert hatte, gehörte seit Jahren zu den Vertrauten des Kanzlers; so wusste er von der Abneigung des Fürsten gegen Lasker. Am 27. März 1874 erlebte er, wie Bismarck in offensichtlich gereizter Stimmung sich über den Präsidenten des Reichskanzleramts, Rudolf Delbrück, ärgerte, dessen Herrschsucht die Regierungsgeschäfte verderbe. In diesem Zusammenhang kam er auf Lasker zu sprechen und stellte ihn in eine Reihe mit anderen Personen, die ihm besonders suspekt waren. Lucius notierte: »Delbrück konferiere ewig mit Friedberg, Friedenthal, Lasker,

131

Wolfson, Bamberger, immer mit Juden, das verschlechtere die gesetzgeberischen Arbeiten.«

Heinrich Friedberg kam aus einer jüdischen Familie in Märkisch-
Friedland. Da er wusste, dass ihm nach dem Jurastudium der Eintritt in
den Justizdienst verschlossen bleiben würde, ließ er sich 1837 im Alter
von vierundzwanzig Jahren taufen. So öffnete sich für ihn nach einer
Zeit als Oberstaatsanwalt in Greifswald der Aufstieg in das preußische
Justizministerium. Er hatte maßgebend am Entwurf des Strafgesetzbuches von 1870 mitgewirkt. Zwei Jahre später wurde er in das Herrenhaus
berufen. Für Bismarck galt er, obwohl er zum Christentum übergetreten
war, als Jude.

Rudolf Friedenthal, der Sohn eines jüdischen Industriellen in Breslau, war den Weg des Studiums der Rechte gegangen. Und auch er hatte sich der Einsicht gebeugt, nur die Taufe könne ihm die Möglichkeit
für eine Laufbahn im Justizdienst öffnen. Damals, im November 1870,
war der Mitbegründer der Freikonservativen Partei von Bismarck mit
Blanckenburg und Bennigsen nach Versailles ins Hauptquartier gerufen worden. Jedoch in diesem Frühjahr seines Missvergnügens, im
März 1874, lag es außerhalb der Vorstellungswelt des Fürsten, Rudolf
Friedenthal als Christen zu achten. Für ihn war und blieb er einer, auf
den er geringschätzig herabblickte, einer, der mit anderen Juden, wie er
fest überzeugt war, die gesetzgeberischen Arbeiten im neuen deutschen
Reich verschlechtere. Auch hatte der Kanzler beobachtet, dass Frieden-
thals Ansichten über Zollfragen für Delbrück wichtig waren. Natürlich
konnte der Fürst nicht vergessen, wie am 5. Dezember 1870 sein kostbares Beweisstück für den Anspruch des preußischen Königs auf den Titel
»Deutscher Kaiser«, der »Kaiserbrief« des Königs von Bayern, nach der
Anfrage von Friedenthal durch das Ungeschick Delbrücks dem Gelächter im Reichstag preisgegeben wurde. Schon damals vermutete er ein
ihn verletzendes Zusammenspiel der beiden.

Ein Jahr später, im Frühjahr 1875, machte Bismarck den Staatsminister Richard von Friesen zu seinem Mitwisser, dass er dringend nach
Wegen suche, sich Delbrück vom Halse zu schaffen. In dem Gespräch,
das Friesen überlieferte, beklagte sich der Kanzler bei ihm, »dass Delbrück seine Stellung ganz falsch auffasse. Er sei weiter nichts als sein
Untergebener und habe als solcher nur Bismarcks Anordnungen und
Ideen, nicht aber eigene Ideen und Entschließungen auszuführen.« Zei-

tungsberichte, in denen Delbrück als eine »maßgebende und entscheidende Persönlichkeit« gewürdigt wurde, hatten Bismarck verärgert. Er wollte Delbrück loswerden.

Noch fünf Jahre zuvor, am 16. November 1870, hatte der Kanzler an seine Frau Johanna über Delbrück geschrieben: »Sage ihm der Wahrheit entsprechend, wie dankbar ich seine rastlose und erfolgreiche Arbeit bewundere. Du weißt, meine Anerkennungsfähigkeit ist nicht groß, aber dieser kommt mir durch, so dass ich sogar im Brief an Dich davon spreche.« Das war nun vergessen und Bismarck suchte einen Nachfolger für Delbrück.

Es werden zwei Jahre und drei Monate vergehen, bis der Mann, der seit 1867 als Bismarcks »rechte Hand« galt, zu der Einsicht gebracht wird, selbst um Entlassung zu bitten. Dann endlich, am 1. Juni 1876 konnte sein – ihm nahegelegter – Wunsch zur Aufgabe des Amtes erfüllt werden. Lasker meinte, wie er für seine unvollendet gebliebene Schrift über die Geschichte des Parlaments seit 1866 notierte, der Anlass zu Delbrücks Schritt sei noch nicht aufgeklärt. Zwar habe Bismarck in einer Rede bei passender Gelegenheit sich über Delbrücks Rücktritt überrascht gezeigt und versichert, es habe innerhalb der Regierung keine Differenzen gegeben, doch Lasker war misstrauisch: »Es mag dahingestellt bleiben, wieviel das derzeitige Vertuschungsbedürfnis, wieviel die lebhafte Ausdrucksweise des Redners zur Formulierung dieser Sätze beigetragen hat.« Er war noch bei seinem Rückblick auf den Sommer 1876 nicht sicher, ob Delbrück wohl doch die Möglichkeit zu einer freien Entscheidung gehabt hatte, fast schien es, als wollte Lasker nicht an eine Intrige glauben. Bamberger aber schrieb zu Delbrücks Amtsverzicht in sein geheimes Tagebuch: »Alle seither gemachten sehr zahlreichen Beobachtungen lassen keinen Zweifel, dass Delbrück ging, weil Bismarck ihn systematisch misshandelte.«

Noch waren im Februar 1875 Bismarcks Überlegungen, wie Delbrück zum Rücktritt veranlasst werden könnte, nur im engsten Kreise bekannt. Ein anderes Ereignis hielt in diesen Wintertagen die Öffentlichkeit in Atem: Die schwere Krankheit von Eduard Lasker. Ein Nervenfieber hatte ihn aufs Krankenlager geworfen, die Folge jahrelanger Überarbeitung. Auerbach war tief beunruhigt. Er schrieb an seinen Vetter Jakob Auerbach: »Die Welt geht fort, ob der Besten einer in Todesgefahr schwebt, und sogar ich muss weiter arbeiten, ich muss es können.«

Er hatte Angst, dass die Gespräche mit dem Freund über das Leben, die Kunst und die Politik nun für immer beendet sein müssten. Im April durfte er ihn besuchen, und es war, als hätten sie ihre Unterhaltung erst am Vortage abgebrochen. Auerbach war gerührt, als Lasker ihm erzählte, dass er in den langen Tagen seiner Krankheit oft über ihn und die erstaunliche Wirkung seiner Bücher nachgedacht hatte.

Im Sommer konnte Lasker endlich wieder reisen. Er wollte sich in Freiburg bei seinem Bruder Max erholen. Hier war der Platz seiner Sehnsucht, hier war die Harmonie der Familie, hier waren vor allem die Kinder. Klara, die er schon in London begrüßen konnte, war inzwischen elf Jahre alt. Und drei Söhne hatten in Freiburg das Licht der Welt erblickt, neun Jahre zuvor Daniel Max, fünf Jahre zuvor Albert Eduard und drei Jahre zuvor Ernst Friedrich. Es waren vor allem diese vier kleinen Menschen, denen er seine Kenntnisse über den Beginn des Lebens verdankte: »In der ersten Kindheit wiederholen sich fast ununterbrochen dieselben Entwicklungen: ein fortwährendes Beobachten, Staunen, Angreifen, Zurückweichen und Wiederannähern; Versuche eines zweckwidrigen Gebrauchs und Abneigung, Erfahrung des richtigen Gebrauchs und Versöhnung.«

Max Lasker war in Freiburg ein geachteter Bürger. In seiner Lederfabrik beschäftigte er vierundvierzig Arbeiter. Gewichstes Kalbsleder aus seiner Fabrikation war für die Herstellung von Schuhen weithin gefragt. Max steckte voller Überraschungen. Er hatte die Idee, die Heilkraft des Wassers zu nutzen. Die Verwirklichung dieses Traumes erlebte sein Bruder Eduard nicht mehr. Erst Jahre später, am 9. März 1891, wird das *Amtliche Verkündungsblatt für den Großherzoglich Badischen Amts- und Amtsgerichtsbezirk Freiburg* öffentlich bekanntgeben: »Herr Privat M. D. Lasker dahier beabsichtigt, auf seinem Grundstück Villa Lasker, Gemarkung Freiburg-Güntersthal, eine Wasserheilanstalt nach Pfarrer Kneipp's System zu errichten. Dasselbe soll zur ständigen Aufnahme von Kranken dienen und unter die Leitung eines in Deutschland approbierten Arztes gestellt werden«. Ein Sanatorium wird entstehen: das »Rebhaus«.

Anfang August 1875 schickte Moritz Mohl einen Brief an Lasker, der noch immer in Freiburg weilte. Die ganze deutsche Nation habe mit Beunruhigung die Nachrichten über seine schwere Krankheit verfolgt. Den Wünschen für eine baldige Genesung fügte Mohl hinzu: »Wenn irgend ein Mann, so sind Sie, hochverehrtester Herr, zum Glück und Heil Deutschlands notwendig. Denn Sie sind die Moral und deren Kraft in der Volksvertretung und Gesetzgebung und ein Wettersturm im Kriege gegen die Schlechtigkeit und Korruption.«

Mit dem fast dreißig Jahre älteren Mohl aus Stuttgart, der 1848 ins Frankfurter Vorparlament gewählt worden war und damals seinen Adelstitel abgelegt hatte, gab es bei den Sitzungen im Reichstag freundschaftliche Begegnungen, selbst wenn Mohl und Lasker in den Fragen des Schutzzolls nicht übereinstimmten. Johannes Miquel hatte gehört, dass es Lasker nun wieder besser gehe, in seiner Freude darüber schickte er dem Rekonvaleszenten einen Brief mit herzlichen Worten nach Freiburg. Am 23. August 1875 schrieb Lasker an Franz von Stauffenberg, der zu seinen Vertrauten in der Nationalliberalen Partei gehörte, dass seine Gesundheit sich festige, und er berichtete über die Besuche der Freunde Forckenbeck, Bamberger und Oppenheim im gastlichen Haus seines Bruders Max.

Auch Eduard Simson wollte zu ihm nach Freiburg kommen. Der um neunzehn Jahre Ältere hatte seinen Lebensweg in Königsberg begonnen. Auf Wunsch seiner Eltern war er im Alter von dreizehn Jahren getauft worden. Sie wollten, dass ihm nach dem Jurastudium die Welt in der christlichen Umgebung nicht verschlossen bleiben sollte. Wenige Monate vor Laskers Geburt hatte sich die Geschichte von Simsons Treffen mit Goethe ereignet. Der Jurastudent war nach Weimar gereist, erfüllt von Neugier und Ehrfurcht. Zunächst versuchte er, über Eckermann Zutritt zum Dichter zu bekommen, jedoch der dienstbare Geist war krank und wollte auch zum Geburtstag Goethes dem Meister nur schriftlich gratulieren. Er gab den Rat, Goethes Frau zu fragen. Simson schrieb am 28. August 1829 in seinen Notizen: »Aber wozu der Umweg, dachte ich und trat heute früh um 10 ¾ Uhr nicht furchtsam, aber ebenso leichtsinnig genug, um diesen Besuch für einen alltäglichen anzusehen, in Goethes Haus.«

Er wurde vom Kammerdiener bis zur Stube des Dichters geführt, am Geburtstag brauche sich niemand anzumelden. »Noch mehr ermutigt, trat ich in das Zimmer und sah den Hochgefeierten in einem kleineren rechts, das Büsten und Gipsabdrücke enthielt, einfach in einem langen braunen Rock, langen grauen Hosen und Stiefeln mit lose umgebundenem Halstuch.« Goethe, umlagert von anderen Gratulanten, forderte ihn auf, wiederzukommen. Drei Tage später bekam er eine Einladung zu einer Abendgesellschaft. Simson war ein genauer Beobachter: »Für einen Achtziger ist das Gesicht bildschön, das Haar erst grau, noch nicht weiß, herrliche Augen.«

Der aufmerksame Gastgeber erkundigte sich bei dem Besucher, dessen Geburtsort er erfahren hatte, nach dem botanischen Garten von Königsberg. Zum Abschied erhielt Simson als Geschenk ein Gedicht von Goethe mit eigenhändiger Unterschrift. Der Neunzehnjährige war überglücklich: »Des Himmels Segen über den Heros! Er lebt – und ob er stürbe!« Gestärkt durch die Erinnerung an die freundliche Begegnung mit dem schon zu Lebzeiten Unsterblichen ließ sich für Simson gewiss die schwere Enttäuschung ertragen, dass er 1849 als Präsident der Frankfurter Nationalversammlung vom preußischen König Friedrich Wilhelm IV. kühl zurückgewiesen wurde, als er den Herrscher ersuchte, die Kaiserkrone anzunehmen. Vielleicht war es für Simson eine Genugtuung, dass er einundzwanzig Jahre später, ohne auf eine Zurückweisung gefasst sein zu müssen, dem Nachfolger König Wilhelm I. die Kaiserwürde offerierte. Natürlich war auch Simson in Freiburg im Hause Lasker bei dem Genesenden willkommen.

Lasker fühlte sich im Kreise der Familie seines Bruders Max wie zu Hause und blieb bis Anfang Oktober 1875. Vor seiner Abreise erlebte er noch eine besondere Freude: In einer Feierstunde verlieh die Philosophische Fakultät der Universität Freiburg ihm die Würde eines Ehrendoktors.

Bei seiner Rückkehr nach Berlin spürte Lasker Veränderungen. Bismarcks Politik der Annäherung an die Konservativen vertiefte die Risse in der Nationalliberalen Partei. Der Versuch, an der Regierung gestaltend teilzunehmen, schien zu scheitern. Am 1. November 1875 begann Lasker einen Brief an Hermann Baerwald, den er dann bis zum 27. Dezember liegen ließ. Er stellte fest: »Die Zeitströmung, oder sage ich vielmehr die Tagesströmung geht gegen mich.« Doch er wollte das Vertrauen in die Zukunft nicht verlieren; so schrieb er an diesem Novembertag seinem Freund Baerwald: »Die Zeit als zusammenhängender Geschichtsabschnitt wird die von mir erstrebten Ziele fördern.« Aber er fühlte sich durch die politische Tätigkeit beengt, lieber wollte er sich der wissenschaftlichen Arbeit zuwenden, um »die bewegenden Kräfte der Gesellschaft zu untersuchen«.

Auch der fast gleichaltrige Baerwald kam aus der preußischen Provinz Posen. Er hatte Geschichte studiert, doch fand er an keiner Universität eine Anstellung, nicht einmal zu einem Probejahr wurde er zugelassen, weil er sich nicht taufen lassen wollte. Der Wunsch, sein Wissen weiterzugeben, ging in Berlin in Erfüllung. Hier war 1859 das jüdische Lehrerseminar gegründet worden; es sollte für Baerwald fast zehn Jahre lang die Stätte seines Wirkens bleiben, bis er durch die Fürsprache von Lasker nach Frankfurt am Main als Leiter an das Philanthropin, die Stätte der Menschenfreundlichkeit, berufen wurde. Die Institution, die sich zunächst Waisenkindern angenommen hatte, war seit 1867 von den Behörden anerkannt als Realschule zweiter Ordnung.

Dem treuen Freund Baerwald konnte Lasker seine bedrückenden Gedanken mitteilen: Elf Jahre sei er nun im politischen Kampf, er würde gern davon befreit sein. Er bat um Rat.

In diesen Novembertagen schrieb Oppenheim an Lasker über die auseinandergehenden Strömungen in der Nationalliberalen Partei. Eine Neubesinnung »in unserem Sinne«, gemeint war der linke Flügel, sei notwendig. Es habe den Anschein, dass der Kanzler sich mehr und mehr den Konservativen annähere. Dann sei es an der Zeit, wie es Miquel ihm entschieden nahegelegt habe, »sich von Bismarck zu emanzipieren«.

Die Debatte im Reichstag über Veränderungen im Strafgesetzbuch am 3. Dezember 1875 stand wegen des Arnim-Prozesses im Mittelpunkt des öffentlichen Interesses. Die Wege des Grafen Harry von Arnim-Suckow als preußischer Diplomat waren über Lissabon zum Vatikan und nach Paris gegangen, bis er Anfang April 1874 dort abberufen wurde. Der Kanzler war von dem Argwohn beherrscht, in Paris werde seine Politik nach dem Sieg über Frankreich durch Arnim behindert. Anfang Oktober wurde Arnim-Suckow wegen angeblicher Unterschlagung von Urkunden und wegen Vergehens gegen die öffentliche Ordnung zu drei Monaten Gefängnis verurteilt. Dagegen erhob der Beschuldigte Einspruch. Mitte Juni 1875 kam es in Abwesenheit des Angeklagten zur erneuten Verhandlung vor dem Berliner Kammergericht. Die Strafe wurde auf neun Monate Gefängnis verschärft. Der Verurteilte entzog sich der Haft und reiste ins Ausland.

Dann erschien in Zürich das Buch *Pro Nihilo – Les Antécédents du Procès d'Arnim*, das die Vorgeschichte zum Prozess gegen Graf Harry von Arnim-Suckow zum Inhalt hatte. Ohne den Verfasser zu nennen, wurde der Weg der Entfremdung zwischen Bismarck und Arnim ausführlich geschildert. Im Vorwort des zweihundert Seiten umfassenden Berichts fand sich auf der ersten Seite zur Illustrierung des gnadenlosen Verhaltens Bismarcks im Umgang mit für ihn unerträglichen Personen der Name Lasker. Die Aversion des Kanzlers gegen den in der Schrift als »Chef der Nationalliberalen Partei« bezeichneten Parlamentarier sei der Öffentlichkeit bekannt.

Gegen Arnim-Suckow war das Gerichtsverfahren noch nicht abgeschlossen, ihm drohte eine weitere Strafe wegen Landesverrats. An diesem 3. Dezember 1875 bei der Debatte im Reichstag über Veränderungen im Strafgesetzbuch verwies Lasker, von seinen Gegnern als »privilegierter Freiheitswächter« bezeichnet, auf die ungenauen Strafbestimmungen besonders in den politischen Paragraphen. Für ihn waren das »Kautschukartikel«, die von der anklagenden Behörde ausgenutzt werden könnten. »Wer weiß, wie biegsam Worte sind, der wird zugeben, dass es bei vielen Punkten, wo es sich um das Wohl und Wehe vieler sonst völlig unbescholtener Männer handelt, darauf ankommt, der Willkür möglichst wenig Raum zu geben und die Bestimmungen zu präzisieren.« Über den Paragraphen, der den Dienst Beamter im Auswärtigen Amt berührte, sagte Lasker, dass dieser jeder juristischen Theorie ins Gesicht schlage.

Es überraschte nicht, dass Bismarck in seiner Erwiderung sich vor allem zu dem Paragraphen über den dienstlichen Ungehorsam diplomatischer Vertreter im Ausland äußerte, nun allgemein als »Arnim-Paragraph« bezeichnet. Bismarck griff die Bemerkung Laskers auf, die Bestimmungen gegen unzuverlässige Beamte des auswärtigen Dienstes entsprächen nicht der juristischen Theorie. Er aber, der Kanzler und Außenminister, sage, wenn die Disziplinarbestimmungen nicht verschärft werden, könne er keine Außenpolitik mehr verantworten. Er lasse sich nicht schulmeistern; den Vorwurf, er verstehe nichts von der juristischen Seite in dieser Sache, wies er zurück. Die Angelegenheit wurde an eine Kommission verwiesen.

Ende des Jahres sah Ludwig Bamberger sorgenvoll auf die politische Entwicklung. Er schrieb am 27. Dezember 1875 in sein Tagebuch: »Die Feindschaft zwischen Bismarck und Lasker, genährt durch eine Bemerkung in *Pro Nihilo* und die Strafnovelle, ist sehr weit gediehen. Sie hassen sich.« Im Vorwort dieser Schrift war Bismarcks Unversöhnlichkeit gegen

Arnim-Suckow mit der gegen Lasker verglichen worden. Von beiden hieß es, ihr Bestreben sei, Bismarck zu entmachten. Aus seiner politischen Erfahrung kam Bamberger an diesem Wintertag noch auf einen anderen Vergleich: »Lasker meint, Bismarck wäre jetzt sehr entbehrlich. Das erinnert mich an Twesten, der im Frühjahr 1868 mir dasselbe demonstrierte. Es ist auch zwischen Bismarck und Lasker ganz so wie ehedem zwischen Bismarck und Twesten.«

Am 1. Januar 1876 antwortete Baerwald auf Laskers Bitte um Rat. Gewohnt, das Zeitgeschehen zu analysieren, schrieb er in seinem Brief über die politischen Zustände: »Wenn ich nun keinen sehe, der auch nur annähernd mit gleicher Begabung für parlamentarische Tätigkeit, Furchtlosigkeit, unabhängigen Sinn, Liebe zur Wahrheit und zum Recht verbindet, was bleibt mir übrig, als Dir zuzurufen: Stärke Deinen Mut und bleibe auf dem Posten.« Zu den Schwierigkeiten im Umgang mit Bismarck meinte er: »Ich stelle den Mann, der an der Spitze der Geschäfte steht, sehr hoch; dass er aber Verständnis hätte für das, was Dich leitet, glaube ich nicht. Tritt einmal der Zeitpunkt ein, wo auch das Volk Dich nicht versteht, dann bist du Deiner Pflichten als Volksvertreter ledig, früher nicht.« Baerwald zeigte Mitgefühl für das Verlangen des Freundes, sich wissenschaftlicher Arbeit zu widmen, doch er gab zu bedenken: »Ich meine, selbst für Deine Studien kannst Du der parlamentarischen Tätigkeit nicht entbehren, und wenn die Nation bisher dieser Tätigkeit so manches verdankt, so verdankst Du, verdankt Deine geistige Entwicklung ihr gewiss nicht weniger.«

Zu denen, die dem Fürsten nützlich waren, gehörte Geheimrat Christoph von Tiedemann, seit 1876 Chef der Reichskanzlei. Auch er hatte die Gewohnheit, seine Erlebnisse mit dem Kanzler zur Erinnerung festzuhalten. Am 22. Februar 1877 berichtete er über ein Tischgespräch im Hause Bismarck bei einer gemeinsamen »vortrefflichen« Mahlzeit, zusammengestellt aus »vorzüglicher Blutwurst mit Champignons«. Das Gespräch drehte sich um »die Persönlichkeiten verschiedener Parlamentarier«. Dabei ereiferte sich Bismarcks Frau Johanna über Lasker und suchte nach einem »parlamentarischen Ausdruck«, wie sie ihn bezeichnen könnte. Tiedemann schrieb auf, was er bei Tische hörte: »Darauf antwortete der Fürst: ›Ob der Ausdruck parlamentarisch ist, weiß ich allerdings nicht, aber bei Lasker brauchst du nur den Anfangsbuchstaben seines Namens ans Ende zu setzen; dann hast du einen passenden Ausdruck.‹«

Im Frühjahr 1877 fragte sich Bamberger: »Welches Spiel treibt Bismarck mit dem Sitz des Reichsgerichts?« Zwei Städte waren ins Blickfeld geraten: Berlin und Leipzig. Die Entscheidung Laskers für Leipzig hielt Bamberger für unangemessen, er meinte, das Reichsgericht nicht in Berlin anzusiedeln sei der Beginn, die Hauptstadt »abzutakeln«. Als Lasker am 21. März im Reichstag für Leipzig sprach, war in seiner Rede der Standpunkt des Juristen zu erkennen, der sich von seiner Meinung über die Unabhängigkeit der Richter nicht abbringen lassen wollte. Bamberger hingegen hielt Laskers Auffassung über unabhängige Richter für wirklichkeitsfremd. Vielleicht konnte er nicht ahnen, wie besorgt der Freund um den Rechtsstaat war, also auch um die Unbestechlichkeit der Richter. In Laskers Gedanken lauerte immer die Furcht vor der Entwicklung des Landes zu einem Polizeistaat. Am Ende seiner ausführlichen Begründung für Leipzig erklärte Lasker: »Wenn, wie wir hoffen, Deutschland in der begonnenen Richtung als Rechtssaat sich weiter fortentwickeln soll, so bleibt unser letzter Schutz und Hort das Reichsgericht, welches erfüllt sein soll von seiner nationalen Mission und getragen werden von der Achtung aller Bürger.«

Es fiel allgemein auf, dass Bismarck an keiner der drei Beratungen im Reichstag über den Sitz des Reichsgerichts teilnahm. Eine Mehrheit von 71 Stimmen der Abgeordneten gab den Ausschlag für Leipzig.

Immer wieder, sogar an seinem Geburtstag am 1. April 1877, der in diesem Jahr auf Ostersonntag fiel, ereiferte sich Bismarck über Lasker; er konnte sich aus dem andauernden Widerwillen gegen diesen Mann nicht lösen. Zu den zahlreichen Gratulanten gehörte Baronin Spitzemberg mit ihrem Mann. Das Gespräch unter den Gästen drehte sich um Bismarcks Rücktrittsgesuch, das er am 27. März dem Kaiser zugestellt hatte. Sie schrieb in ihr Tagebuch: »Das neue Reich ohne Bismarck, die Wilhelmstraße 76 ohne ihn, man kann es sich nicht vorstellen, und doch sprach man dort schon vom Einpacken und Verschicken der Familienbilder nach Schönhausen.« Später, beim abendlichen Zusammensein der Geburtstagsgesellschaft, wollte sie es genau wissen: »Ich redete den Fürsten darauf an, der mir des langen seine Gründe auseinandersetzte und hinzufügte: ›Bringen Sie mir Augusta, Camphausen und Lasker nebst Anhang um, so kann ich das Amt weiterführen. Aber dieser ewige Widerstand, dieses ewige Prellkissensein reibt mich auf.‹« Sie notierte, es falle ihm wohl schwer, das Amt zu verlassen, und er habe ihr ausdrücklich erklärt, sie dürften sich trotzdem nicht aus den Augen verlieren. »Wie liebenswürdig und gut und rührend war der große Mann, als er mit feuchten Augen so sprach und leise meine Hand streichelte.«

Diesmal schien seine Abneigung gegen Lasker groteske Züge aufzuweisen, doch der Wunsch, der Gegenspieler möge neben zwei anderen ihm unliebsamen Personen ausgelöscht sein, war ausgesprochen und durch den Schreibeifer der Baronin festgehalten und überliefert. Bismarcks Empörung über Augusta, Kaiser Wilhelms Frau, hatte tiefe Wurzeln. Die Kriege gegen Österreich und Frankreich waren nicht in ihrem Sinne gewesen. Der Verdacht des Kanzlers, dass sie nicht aufhören würde, ihre eigene Meinung in politischen Fragen gegen ihn auszuspielen, war nun so angewachsen, dass er ihren Tod wünschte.

Und der andere, der neben Lasker umgebracht werden sollte, Camphausen? In diesem Augenblick starker Zornesaufwallung wird der Fürst kaum an den Maler Wilhelm von Camphausen gedacht haben, der auf seinen Schlachtgemälden das siegreiche Vorgehen preußischer Truppen bei den Düppeler Schanzen und bei Königgrätz verherrlichte. Zweifellos gehörte das Bild vom Ritt über ein Schlachtfeld im Krieg gegen Frankreich zu den Höhepunkten seines Schaffens: Hoch zu Rosse Kaiser Wilhelm I. und Roon und Moltke und Bismarck.

Der Ausspruch tiefster Verachtung aus dem Munde des Kanzlers galt Otto von Camphausen, dem preußischen Finanzminister, der nach dem Sieg über Frankreich zu den Beratern über die Höhe der Entschädigungen gehört hatte. Im Laufe der Jahre wurden Camphausen die Schwierigkeiten im Staatshaushalt zugeschrieben. Er war für Bismarck lästig geworden. Und letzten Endes konnte ein Minister veranlasst werden, selbst seinen Rücktritt einzureichen, wie es der Fall Delbrück gezeigt hatte. Nur etwa ein Jahr später wird Camphausen selbst darum ersuchen, sein Amt niederlegen zu dürfen. Und am 23. März 1878 wird seine Bitte erfüllt werden. Für Bismarck, der im Grunde von seiner eigenen Unentbehrlichkeit überzeugt war, kam die kaiserliche Antwort auf sein Rücktrittsgesuch nicht unerwartet: »Niemals.« So blieb er Herr der Tagesströmung.

Gegen Ende des Jahres 1877 widmete sich Lasker dem Nachdenken über ein Phänomen, das ihn schon lange beschäftigte: *Über Halbbildung.* Unter diesem Titel sollte die Arbeit 1878 in der *Deutschen Rundschau* im Heft 1 erscheinen. Er begann mit drei Fragen: ob die Halbbildung weiter um sich greift als je zuvor; ob sie die Gegenwart und die Zukunft bedrängen wird; ob der Bildungsgang, um der Gefahr zu entgehen, verändert werden sollte. Er registrierte ein Unbehagen in der Gesellschaft. Einige suchten nach Fortschritten, andere wollten auf dem Bildungsstand beharren. Welche Muster wurden aus der Geschichte übernommen? Er nannte dafür Erinnerungen an glühende Vaterlandsliebe und Heldentod, Herrlichkeit des Staates, Volksfeste und die Sprache. In diesem Zusammenhang feierte er die griechische Sprache als »Flügelschlag des Geistes, der uns ewig umweht und die Saiten der Seele stimmt«.

Mit dem Blick auf die neuen Fortbewegungsmittel stellte er fest, wie auch aus diesem Grunde die Gefahr der Halbbildung drohte. »Der Besuch fremder Völker und entfernter Regionen ist eine gewohnte Erholung für Tausende.« Gewiss sei der Anblick bisher unbekannter Landschaften und Menschen eine Bereicherung. Aber: »Wie Viele kehren heim, ohne in dem fremden Lande mit Anderen in Berührung gekommen zu sein, als mit Wirten, Kellnern, Kutschern und dem übrigen abgeschliffenen Volk der Reisefänger, und doch glauben sie, Land und Leute wenigstens in ihren äußeren Zügen zu kennen.«

Er beobachtete die Folgen der zahllosen Publikationen in Büchern und Zeitungen über vergangene und gegenwärtige Ereignisse aus aller Welt: »Wir alle Zeitgenossen stehen unter dem Einfluss der überstürzenden Hast, unter dem Druck des massenhaft andringenden Stoffes. In mächtigem Anwuchs und eilender Ausbreitung brechen alte und neue Erkenntnisse sich Bahn, und mit dieser Vervielfältigung der Kenntnisse hält die Halbbildung gleichen Schritt und dringt in die oberen und unteren Gesellschaftsschichten ein.« Er kannte auch das Verlangen, sich aus bedrückender Gegenwart in eine angeblich bessere Vergangenheit zurückzuversetzen. »Nicht die Zukunft trügt, sondern das Bild der Vergangenheit.« Eine überwundene Vergangenheit lasse sich nicht wiederholen. Und er warnte: »Wie man Bauten niederreißt und dem Boden gleich macht, so Einrichtungen, die im Wege stehen, Gefühle werden ausgerottet.« Hier zeigte er auf den Mechanismus einer gesteuerten Erinnerung: »Vom Bestehenden bleibt, was hineinpasst.«

Lasker untersuchte die Folgen der Einheitsbestrebungen der Deutschen bis zur Verwirklichung, die er »Großgeburt« nannte: »Aus alledem erwachsen phantastische Pläne, ausschweifende Hoffnungen, Gegensätze überspannter Ziele und unrichtig gespannter Kräfte, welche die Unbehaglichkeit wie einen trüben Nebel über uns ausbreiten, und im günstigsten Falle scheint die aufsteigende Sonne im dunklen Rot sich durchzukämpfen.« Er meinte, mit den wachsenden Kenntnissen auf den verschiedensten Gebieten der Forschungen wachse auch die Halbbildung. Das Thema, das er in seiner Arbeit über *Anlagen und Erziehung* behandelt hatte, die soziale Ungleichheit, erschien wieder. »Vor allem ist die Ordnung der Besitzverhältnisse ein Spielball der ganz entfesselten Spekulation. Ungleich verteilt sind die Güter; keine Regel der Gerechtigkeit, kein Zeichen des Wohlwollens ist in der Verteilung zu erkennen, unzählige Übel erzeugt hier die Entbehrung, dort der Überfluss.« Immerhin sei man aber vorsichtiger geworden in der Anwendung unbegrenzter Willkür. Doch noch immer fordere der »derbere Mann« die Durchsetzung des Zustands, der »ihm als die schönste aller Ordnungen vorschwebt«.

Lasker verlangte, dass die Schule dem Wesen der Halbbildung ein Ende setze, die Forschungsergebnisse sollten fundiert gelehrt werden. Noch einmal verwies er auf das Erbe der Französischen Revolution und auf die Folgen der Erhebungen im Jahr 1848, dabei fand er zu einem Gleichnis für den Zustand der Gegenwart: »Dem beschränkten und geängstigten Blick erscheint die aufgeregte Welle als ein sich ergießendes Meer, die sturmgepeitschte Flut scheint wie eine neue Sündflut sich zu ergießen.«

Mit gewissenhafter Zurückhaltung sah er sich einbezogen in das Bemühen, die Halbbildung aus der Welt zu bringen. Er blieb bei dem Gleichnis der hereinstürzenden Fluten: »Freilich kehre ich zurück zur Tagesarbeit in meine Hütte, welche am bescheidenen Bächlein liegt, so sorge ich, wie um das Wohl der Welt, dass nicht die vorbeitreibende Flut die Menschen zuwälze, die Äcker verwüste und das Häuschen wegspüle. Dann lege ich Hand an, dämme und leite ab, so viel ich vermag.« Er sagte es seinen Feinden: »Aber drohen mir Schaden und Untergang, so täuscht mich doch nicht die Besorgnis, als ob die Welt in ihren Fugen krachte und unter dem nächsten Ausbruch feindlicher Gewalt zusammenstürzen würde.« Und er sagte es seinen Freunden: »Eben hieraus schöpfe ich die Tatkraft, weil ich weiß, dass trotz Allem nur ein kleiner Nachbarkreis und nur zeitweilig bedroht ist und dass die Rettung gelingt, wenn ich rüstig arbeite und die Nachbarn an ihren Stellen das Gleiche tun.«

»Wo sind wir?«

Im Januar 1878 machte der Berliner Dom- und Hofprediger Adolf Stoecker von sich reden. Mit sechsunddreißig Jahren hatte er den patriotischen Begeisterungstaumel erlebt, er war berauscht von sich selber, von seinem Einssein mit dem Buch der Bücher, beglückt vom Sieg gegen die Franzosen, damals, 1871, als Divisionspfarrer in Metz. Gott hatte die deutschen Waffen gesegnet. Wie großartig war er gewesen, dieser Befehl: »Helm ab zum Gebet.« Und das hoch erhobene Kreuz in seiner Hand. Hatte er es nicht damals von seiner Kette am Hals genommen und zum Segen über die Köpfe der Soldaten gehalten? Ja, es war für ihn gewaltig, als geistlicher Beistand verantwortlich zu sein für Hunderte germanischer Kämpfer gegen den Übermut der Welschen. Im Grunde war es eine Selbstverständlichkeit, dass er, Adolf Stoecker, wenige Jahre später in Berlin seinen Platz fand als Dom- und Hofprediger. Er hatte seine Redeweise aus der Kriegszeit mitgebracht: »Das Durchschlagende ist in Berlin die religiöse Idee; niemals würden wir ohne die starke Betonung des Christentums so an das Herz des Volkes gekommen sein.«

Dann dauerte es einige Jahre bis zu seiner »Eiskeller-Versammlung« am 3. Januar 1878, die überall in der Stadt auf Plakaten angekündigt war: »Volksversammlung zur Begründung einer christlich-sozialen Arbeiterpartei«. Rückblickend meinte er zu seiner Rede, die er dort gehalten hatte, es sei eine der größten Stunden seines Lebens gewesen. Er hatte die Ermunterung von höchster Seite verstanden, die Arbeiter müssten für christliche und patriotische Ziele gewonnen werden, um sie von den Sozialdemokraten und allen sozialistischen Bestrebungen fernzuhalten. Er hatte von seiner Liebe aus ganzem Herzen für den »ehrenwerten Arbeiterstand« gesprochen und den Anwesenden versichert, er sei keineswegs ein Bundesgenosse des Kapitals. Er wollte seine Zuhörer für seine christlich-soziale Partei gewinnen. Er gebe »wenn es sein muss, für Sie den letzten Blutstropfen und den letzten Groschen«.

Jedoch zeigte es sich im Laufe der Zeit, dass er kaum Zustimmung bei den Angehörigen des »ehrenwerten Arbeiterstandes« fand. So musste er bald das Wort Arbeiter aus seiner christlich-sozialen Partei verschwinden lassen. Doch es kamen aus allen Richtungen die Kleinbürger und die Biedermänner, die sich gern von ihm in den christlich-sozialen Mantel einwickeln ließen.

Die Aufmerksamkeit Bismarcks war in dieser Zeit auf die Angehörigen einer anderen Partei gerichtet: auf die Nationalliberalen. Auerbach, der das politische Geschehen in Berlin beobachtete, fühlte sich durch das Verhalten des Kanzlers beunruhigt und schrieb am 11. März 1878 an seinen Vetter Jakob Auerbach in Frankfurt am Main: »Was sagst du zu den Ansprengungen Bismarcks gegen Lasker? Bismarck sprach nicht unvorbereitet, er kam eigens zu diesem Zwecke, es war seine Absicht, Lasker von seiner

Adolf Stoecker, Holzstich, 1880

ihm treu anhängenden Partei abzusprengen. Und wie edel hat sich Lasker benommen!« Bei der Debatte im Reichstag vom 9. März über seine Befugnisse als Kanzler hatte Bismarck erklärt, die Ausführungen Laskers zu dieser Frage ließen erkennen, der Abgeordnete ziele auf Anarchie, er wünsche eine »Zerfahrenheit« der Regierung. Er warf Lasker vor, »das sittlich belehrende und strafende Pathos an der unrichtigen Stelle« mache ihn am Ende doch, auch wenn er, der Kanzler, es nicht wolle, zu einem politischen Gegner.

Nach einem Festessen bei Stadtrat Magnus berichtete Berthold Auerbach am 20. März 1878 seinem Vetter Jakob, er habe Lasker als Tischnachbar gehabt. »Er sieht leider sehr angegriffen aus und will noch immer nichts davon wissen, dass er sich schone.«

Am 11. Mai 1878 verübte der Klempnergeselle Max Hödel ein Attentat auf den Kaiser. Es wurde nicht lange nach den Gründen für den Mordanschlag gesucht. Das Individuum, so wurde verbreitet, habe sich in sozialdemokratischen Kreisen herumgetrieben und nach deren Einflüsterungen gehandelt. Dass Hödel in der christlich-sozialen Partei des Dom- und Hofpredigers Stoecker seine politische Heimat hatte, fand in den offiziellen Stellungnahmen keine Beachtung. Jetzt schien die Gelegenheit gekommen, gesetzlich gegen die Sozialdemokraten vorzugehen.

Bismarck ließ die Fassung für ein Gesetz »Zur Abwehr sozialdemokratischer Ausschreitungen« ausarbeiten. Der Entwurf wurde am 20. Mai nach geringfügigen Abänderungen im Bundesrat angenommen. Die Verbreitung von Druckschriften sowie Versammlungen und Vereine, die Ziele der Sozialdemokratie verfolgten, sollten verboten werden. An diesem Tag weilte der Kanzler bereits wieder in Friedrichsruh, er war sicher, dass dem Inkrafttreten des Gesetzes mit Billigung des Reichstags nichts mehr im Wege stehen würde. Er erwartete den Besuch des russischen Botschafters Pjotr Andrejewitsch Schuwalow, der auf seiner Rückreise von Petersburg nach seiner Dienststelle in London auch bei Kaiser Wilhelm vorgesprochen hatte. Bismarck wollte Aufklärung über das Vorgehen von Russland und England in Hinsicht auf die Aufteilung von Bulgarien und das Verhalten beider Regierungen im Raum »Türkisch-Asien«.

Trotz aller Gegensätze zwischen Fraktionsmitgliedern der Nationalliberalen Partei kamen die Abgeordneten am 22. Mai 1878 einstimmig zu dem Beschluss: Der Entwurf für das Gesetz »zur Abwehr sozialdemokratischer Ausschreitungen« ist abzulehnen. Zwei Tage später sprach Lasker bei der ersten Beratung über das Sozialistengesetz im Reichstag zu den Abgeordneten und den Herren vom Bundesrat. In »goldenen Worten«, so sagte er am Beginn seiner Ausführungen, habe sein Vorredner, der Abgeordnete Graf Moltke seine Auffassung zur Notwendigkeit des Gesetzes begründet. Der von vielen als Kriegsheld Verehrte

Max Hödel schießt am 11. Mai 1878 auf Kaiser Wilhelm I.

hatte auf die Gefahren eines Umsturzes hingewiesen und, ohne Namen zu nennen, auch auf Lasker gezielt: »Hinter den Gemäßigt-Liberalen steht gleich jemand, der weitergehen will.« Und wie es inzwischen zum Wortgebrauch jedes Konservativen gehörte, warnte Moltke vor einem Aufflackern der »Schreckenszeiten« des Revolutionsjahrs 1848 und vor den »dunklen Gestalten« der Pariser Kommune von 1871. Natürlich sei es notwendig, derartige Ausschreitungen mit Waffengewalt niederzuhalten, jedoch sehe er nun in diesem Gesetz einen Weg zu »vorbeugenden Maßregeln«.

Lasker begann seine Ausführungen mit dem abschließenden Zuruf aus der Rede des befehlsgewohnten Feldherrn an die Abgeordneten. Er zitierte Moltke: »Wenn nun die Regierung in dem Gesetzentwurf ein Mittel uns darbietet, welches geeignet ist, die vorhandenen Schäden und Gefährdungen zu beseitigen, sollten wir zustimmen.« Im harten Übergang sagte Lasker: »Das wird gerade meine Aufgabe sein, zu erweisen, dass die Regierung ein solches Mittel in dem Gesetz uns nicht anbietet, dass sie uns lediglich einen Schein anbietet.« Er sah in dem Inhalt »einen unbegreiflichen Irrtum des Gesetzgebers«. Der Entwurf sei unannehmbar. »Das ganze Gesetz steht und fällt mit der Ermächtigung, welche die Regierung für sich fordert, Vereine, Druckschriften und Versammlungen unterdrücken zu können, welche Ziele der Sozialdemokratie verfolgen.« Die Debatte habe die Unklarheiten in den Auffassungen über »die Ziele der Sozialdemokratie« gezeigt. Er stellte fest: Nach dem Wortlaut des Entwurfs sei in der Auslegung der Ziele der Weg frei für »einfache Willkür«.

In diesem Zusammenhang wiederholte Lasker die Worte des Abgeordneten Bennigsen, der in der Debatte am Tag zuvor erklärt hatte, »dass ein großer Teil dieser Ziele notwendig und immer wird vertreten werden müssen von allen Gebildeten jeder Gesellschaft für alle Zukunft, damit der Fortschritt möglich sei«. Lasker war der Überzeugung, dass die vorhandene Gesetzgebung ausreiche, ein Ausnahmegesetz brauche man nicht. Er erinnerte noch einmal an das Unrecht Einzelner in der Gründerzeit, da habe es offenkundig Gesetzesverletzungen gegeben, damals habe ihm der preußische Justizminister gesagt, das seien Privatangelegenheiten. Staatsanwälte griffen nicht ein. Bei Ausschreitungen in anderen Vereinen und Versammlungen, wo Hass und Feindschaft gegen Andersdenkende gepredigt wurden, habe man ebenfalls keine politische Gefahr erkennen wollen. Lasker nannte keine Namen und erwähnte auch nicht die christlich-soziale Partei mit ihren antisemitischen Zügen, doch Kundige wussten, es war vor allem diese Gruppierung um Adolf Stoecker gemeint.

Die rechtsorientierten Abgeordneten, die nun ihre Rettung in einem Ausnahmegesetz sahen, erinnerte Lasker mit verhaltenem Spott an die letzte Stichwahl in Sachsen, bei der »Konservative und Mitglieder der obersten Gesellschaft« Bebel ihre Stimmen gegeben hatten, denn diese Herren fanden die »schroffen Nationalliberalen viel schlimmer als die Sozialdemokratie«. Jetzt hielt er den Abgeordneten vor: »Aber dann stelle man nicht die Sozialdemokraten als die Verworfenen der Gesellschaft dar, dann spreche man nicht von der unmittelbaren Gefährdung des Staates, dann sage man nicht hinterher, dass mit den Sozialdemokraten kein staatliches Leben verträglich sei.« Noch einige Male erwähnte er seine Übereinstimmung mit Bennigsen und gebrauchte das von ihm selten eingesetzte Wort »wir«. Er fragte: »Wir sollten nun, angerufen von einem mächtigen Feuerlärm, eilig uns abwenden von den guten Grundlagen und festen Stützen, welche das gemeine Recht und der Schutz des Gesetzes uns gewährt?«

Im Zusammenhang mit dem im Gesetzentwurf beabsichtigten Verbot von Druckschriften wiederholte er seinen Standpunkt, es sei unzulässig, »die Presse einer bestimmten Partei durch ein Sondergesetz zu unterdrücken«. Er malte den Befürwortern aus, was geschehen würde, »wenn es Ihnen gelungen ist, sämtliche Zeitungen und Zeitschriften der Sozialdemokratie zu unterdrücken. Sie haben kein Mittel, die Broschürenliteratur und die Flugblätter aus der Welt zu schaffen.« Er fragte weiter: »Glauben Sie, dass der Bundesrat imstande sein wird, Tausende von Flugschriften auf ihren Inhalt zu untersuchen und zu prüfen, ob sie sozialdemokratische Ziele verfolgen, um sie zu unterdrücken?« Dazu sei der Bundesrat gar nicht fähig. Lasker fügte hinzu: »Die gesamte Polizei besitzt nicht die genügenden Kräfte, um diese Arbeit zu bewältigen.«

Lasker kritisierte die Äußerung des Abgeordneten Gneist, der Reichstag solle mit dieser Frage überhaupt nicht befasst werden, hier sei allein die Macht der Regierung erforderlich. War er erstaunt über den altgedienten Juristen, dessen Vorlesungen er mehr als zwanzig Jahre zuvor in Berlin gehört hatte, der nun auch der Nationalliberalen Partei angehörte? Jedenfalls hielt er seinem ehemaligen Lehrer vor, es handele sich bei dessen Vorschlag nicht um eine Entlastung des Reichstags, sondern um das »Wegziehen dieser Kontrolle«. Zu Gneists Versuchen, durch Veränderungen das Gesetz annehmbar zu gestalten, sagte er: »Das Gesetz ist mit solcher Kunstfertigkeit unbrauchbar gemacht, dass keine durchgreifende Verbesserung sich anbringen lässt.«

Lasker wunderte sich über die für den Entwurf verantwortlichen Verfasser: »Wie ein solcher Vorschlag in dem Kopf eines Gesetzgebers hat entstehen können, ist mir absolut unerklärlich. Entweder der Gesetzentwurf enthält leere Worte, die bestimmt sind, niemals einen Inhalt zu erhalten, indem man den Reichstag mit einer widerlichen, überwältigenden Beschäftigung belastet und denkt, er wird ohnehin sich nicht viel darum kümmern, oder, wenn man nicht den bloßen Schein gewollt, so hat man das Monströseste erdacht, was je auf ein Blatt Papier niedergeschrieben worden ist, um es der gesetzgebenden Versammlung einer großen Nation zu unterbreiten.«

Vermutlich habe die Regierung angesichts der Erregung im Lande über das Attentat auf den Kaiser rasch nach ihrem Belieben einen Gesetzentwurf angefertigt, erklärte Lasker, sie brauche nun nur die Bestätigung des Reichstags, »um eine Quittung zu erhalten, dass sie ihre Pflicht getan habe«. Er gab diesem von ihm erkannten politischen Umstand die Bezeichnung »Quittungstheorie«. Am Ende seiner Rede konnte jeder Abgeordnete sich von Lasker besonders angesprochen fühlen, als er sagte: »Sie verfahren nach den Eingebungen Ihres Gewissens, wenn Sie zu diesem Gesetz Ihr Votum mit ›Ja‹ abgeben – und ich achte die Überzeugung –; wir aber in gleicher Weise, indem wir zu diesem Gesetz und zu jedem Versuch kleiner Abänderungen ›Nein‹ sagen.«

Im Namen der sozialdemokratischen Abgeordneten erklärte Wilhelm Liebknecht, niemand von ihnen werde sich an der Debatte beteiligen, das sei unter ihrer Würde, wohl aber würden sie ihre Stimmen abgeben, »zur Verhütung eines beispiellosen Attentats auf die Volksfreiheit«.

Bei der zweiten Beratung hatte Gneist dann doch noch einen Zusatz für den ersten Absatz der Gesetzesvorlage zur Abstimmung eingebracht. Als verboten sollten gelten: »Druckschriften und Vereine, welche den auf Umsturz der bestehenden Gesellschaftsordnungen gerichteten Bestrebungen der Sozialdemokratie dienen«. 243 Abgeordnete lehnten den Zusatz ab, 60 stimmten dafür. Der Abgeordnete Treitschke,

Mitglied der Nationalliberalen Partei, gehörte zu den Ja-Sagern. Bei der letzten Abstimmung über die Vorlage konnte ein deutliches Anwachsen der Gegenstimmen beobachtet werden, so wurde das Gesetz von der Mehrheit der Abgeordneten mit 251 zu 57 Stimmen verworfen. Von den Nationalliberalen war allein Treitschke als Befürworter geblieben. Mit der Abendsitzung am 24. Mai 1878 galt die Session des Reichstags als beendet. Nach dem Verlesen einer kaiserlichen Grußbotschaft erhoben sich die Abgeordneten und brachten das obligatorische dreimalige Hoch auf den Kaiser aus.

Am 31. Mai 1878 wurde die Hochstimmung von einem schweren Unglück überschattet. Unweit der englischen Küste bei Folkestone stießen die Panzerschiffe *Großer Kurfürst* und *König Wilhelm* zusammen. Es war klare Sicht, kein Nebel, kein Sturm, keine aufgewühlte See, als wenige Minuten nach der Kollision das Schiff *Großer Kurfürst* unterging und sechs Offiziere und 278 Matrosen mit sich in den Tod riss. Marineminister Albrecht von Stosch geriet bei den Fragen nach der Ursache ins Blickfeld. Jedoch überwogen nach Ansicht von Regierungsvertretern seine Verdienste. Sie erinnerten daran, dass er als Generalstabschef der deutschen Truppen im Krieg gegen Frankreich seine Pflicht vorbildlich erfüllt hatte. Auch wurde lobend anerkannt, wie er nach dem Sieg beim Überwachen und Zählen des vom geschlagenen Feind in Versailles abgelieferten Geldes besonders auf Bleichröder geachtet hatte. Der Bankier war der Aufforderung Bismarcks nachgekommen, beim Empfang der Zahlungen in Versailles anwesend zu sein. Stosch schrieb verächtlich in seinem Rückblick auf die Denkwürdigkeiten seines Lebens, es sei für Bleichröder beim Blick auf die Wechsel wie ein Fest gewesen, »so viel Geld auf so kleinem Zettel vereinigt zu sehen«.

Stosch galt auch als Förderer beim Bau von Schiffen aller Art, vor allem von Kriegsschiffen. Durch seine Initiative, so wurde verbreitet, seien nun auch deutsche Werften der harten ausländischen Konkurrenz gewachsen. Man wird ihm endlich in Kiel ein Denkmal setzen.

Am 2. Juni 1878 wurde das zweite Attentat auf den Kaiser verübt. Als der Monarch im offenen Wagen zum Brandenburger Tor gefahren wurde, wartete oben am Fenster im Haus Nummer 18 Unter den Linden der Schütze mit einer Schrotflinte auf ihn. Die Kugeln trafen den Kaiser im Gesicht, an den Armen und am Körper. Es wurde erzählt, er habe voll Verwunderung gesagt: »Ich begreife nicht, warum dauernd auf mich geschossen wird.« Der Attentäter Dr. Karl Nobiling wurde in seinem Zimmer im zweiten Stock ergriffen, dabei versuchte er, seinem Leben ein Ende zu setzen. Tage später verstarb er in einem Krankenhaus. Nun hieß es, dieser Mann, 1848 geboren, der sein Studium der Landwirtschaft mit dem Doktortitel abschloss, habe zweifellos Verbindungen zur »Londoner Internationale« gehabt. Er wurde unverzüglich als Anarchist oder Kommunist eingestuft, auf jeden Fall aber sei er durch sozialdemokratische Schriften zu diesem Verbrechen veranlasst worden.

Am Tag danach schrieb Berthold Auerbach an seinen Vetter Jakob: »Wo sind wir? Kaum haben wir uns mit dem Schreck von dem Marineunglück ein wenig zurechtgesetzt, so kommt das wieder.« Er berichtete dem Vetter in Frankfurt am Main über die Erregung in Berlin, es herrsche Verwirrung und Ratlosigkeit. Am 11. Juni teilte er Jakob mit, er habe als Gast in einer Gesellschaft bei dem Maler Georg Bleibtreu sich gegen die Folgen der allgemeinen Aufregung ausgesprochen, denn schon seien Rufe laut geworden, sozialdemokratische Arbeiter aus Fabriken und Werkstätten zu entlassen. Er war unglücklich bei dem Gedanken, »dass man sich gegen das Ungeheuerliche mit ungeheuerlichen Mitteln wehren muss«.

Auf Drängen des Kanzlers wurde am 11. Juni 1878 der Reichstag aufgelöst; das bedeutete, Neuwahlen mussten ausgeschrieben werden. In seinen *Gedanken und Erinnerungen* beschrieb Bismarck diesen Augenblick seines politischen Lebens: »Wenn ich überhaupt Minister bleiben wollte, was ja eine Opportunitätsfrage geschäftlicher sowohl wie persönlicher Natur war, die ich bei eigener Prüfung mir bejahte, so befand ich mich im Stande der Notwehr und musste suchen, eine Änderung der Situation im Parlament und in dem Personalbestande meiner Kollegen herbeizuführen.«

Mit dem Wort Notwehr griff er auf die Erörterungen über die Todesstrafe zurück, als er schließlich doch gegen Lasker gesiegt hatte. Im Zuge von Neuwahlen erwartete er auch einen Stimmenverlust für die Nationalliberalen. Aber er versicherte: »Nicht ich habe Händel mit den Nationalliberalen gesucht, sondern sie haben im Komplott mit meinen Kollegen mich an die Wand zu drängen versucht. Die geschmacklose und widerliche Redensart von dem ›an die Wand drücken, bis sie quietschten‹ hat niemals in meinem Denken, geschweige denn auf meiner Lippe Platz gefunden.«

Sturm auf den Gefangenenwagen nach dem Attentat auf Kaiser Wilhelm I. am 2. Juni 1878

Bismarcks Überlegungen kreisten mehr um den möglichen Tod des Kaisers als um dessen Genesung. Dann, im äußersten Fall, müsste er zur Stelle sein, um das Reich mit einer starken Regierung zu ordnen, auch gegen einen Widerstand im Parlament mit so unsicheren »Elementen« wie Lasker und Bamberger auf dem linken Flügel der Nationalliberalen. Jedoch wusste er auch, dass er von anderen Herren dieser Partei, wie Treitschke und Bennigsen, die Einsicht erwarten konnte, dass das Parlament sich der Regierung unterzuordnen habe.

Seit 1874 lebte Heinrich von Treitschke in Berlin und lehrte an der Universität Geschichtswissenschaft. Der Sohn eines sächsischen Generalleutnants hatte in Bonn, Leipzig, Heidelberg und Tübingen Geschichte studiert. 1863 kam er als Professor für Staatswissenschaft an die Universität Freiburg im Breisgau. Im August dieses Jahres war er nach Leipzig eingeladen worden, hier sollte er am letzten Tag des dritten deutschen Turnfestes die Festrede zur Erinnerung an die Leipziger Völkerschlacht vor fünfzig Jahren halten. Der erste Satz seiner Ansprache verriet bereits die beiden Grundzüge, die sein Wesen kennzeichneten: »Deutsche, geliebte Landsleute! Überwältigt stehe ich vor der unmöglichen Aufgabe, diese festlich wogende Menge mit einer Menschenstimme zu beherrschen.«

Das Deutsche herauszuheben, wird er immer wieder als ein Gebot aufstellen. Und der Drang, mit seiner Stimme die Zuhörer zu beherrschen, wird ihn nicht verlassen. Später wird sein Verehrer Herman Grimm, der älteste Sohn von Wilhelm Grimm, ihn als einen Redner beschreiben, der durch sein männliches Auftreten zu erkennen gab, dass er Macht über seine Zuhörer ausüben wollte. »Es schien ihm unsichtbares Volk zu folgen, das eine Rede erwartete. Das lauschende deutsche Volk, das er immer als ihm nahe empfand.« Im Herbst 1866 war Treitschke als Professor für Geschichte nach Kiel und ein Jahr später nach Heidelberg berufen worden.

Mit dem Buch *Zehn Jahre deutsche Kämpfe*, einer Sammlung von Aufsätzen, führte er sich 1874 in Berlin ein. In dem Aufsatz *Das Strafgesetzbuch vor dem Reichstage* unterstrich er noch einmal seine Überzeugung von der Notwendigkeit der Todesstrafe. Im Kapitel *Was fordern wir von Frankreich* schilderte er die Dringlichkeit, das Deutschtum in den Elsässern und Lothringern wieder zu erwecken, sie sollten auf »die Stimme des Blutes« eingeschworen werden und gewappnet sein gegen »schleichende französische Ränke«. Er nannte sich einen »alten Kämpen der deutschen Einheit«. In seiner Betrachtung *Der Sozialismus und seine Gönner* behauptete er, der Sozialismus entfremde die Menschen vom Staat und vom Vaterland, »und statt dieser Gemeinschaft der Liebe und Ehrfurcht, die er zerstört, bietet er ihnen die Gemeinschaft des Klassenhasses«.

Seit Treitschke in Berlin an der Universität Geschichte lehrte, hatte er viele Anhänger unter den Studenten gefunden. Zwar litt er zunehmend an Schwerhörigkeit und sprach oft stockend, doch gerade diese Umstände zwangen zu erhöhter Aufmerksamkeit. Manche Zuhörer schätzten seine kritische Sicht auf die Literatur, mit der er Heine und Börne als orientalische Fremde ausgrenzte. Und seine Anhänger waren dankbar, wie er gerade jetzt, nach den Attentaten auf den Kaiser, mit seiner Schrift *Der Sozialismus und der Meuchelmord* nach Zusammenhängen suchte.

In diesem Sommer 1878 trat Treitschke bei Wahlversammlungen auf. Eindringlich redete er zu den Wählern, sie sollten sich entscheiden, wen sie als Abgeordneten im Reichstag wünschten. Seine Formulierungen klangen überzeugend, wenn er auf Gefahren hinwies, die dem deutschen Volk von gewissen Leuten drohten. Man solle genau hinschauen, welcher Parlamentarier zwar als liberal gelten mochte, aber leider doch eine Tendenz nach links hatte. So konnte sich jeder Zuhörer ausmalen, wen er dazurechnete.

Am 4. Juli 1878 erlebte Baronin Spitzemberg Bismarck »äußerst munter und gesprächig« und notierte den Grund: »Die beiden Söhne sind Feuer und Flamme für die Wahlen, bei denen sie kandidieren. Herbert will in Lauenburg gewählt sein und zugleich Lasker in Meiningen aus dem Sattel heben.« Durch seinen Sohn Herbert wollte der Fürst unter allen Umständen die erneute Wahl seines Gegenspielers zum Reichstagsabgeordneten verhindern. Der andere Sohn, Wilhelm, genannt Bill, sollte auf Vorschlag des Vaters der Baronin Spitzemberg in Württemberg kandidieren. Doch Bill zog im letzten Augenblick seine Zusage zurück; er wollte lieber erst sein Jurastudium beenden.

Auf dringenden Wunsch des Fürsten Bismarck setzte sich nun auch Bleichröder mit seinen Mitteln für Herbert von Bismarck ein. Der Leiter der Regierungspresse, der Geheime Regierungsrat Ludwig Ernst Hahn, erhielt von Bismarck Anweisungen, mit welchen Schlagworten der Wahlkampf gegen Lasker zu führen sei. Die Spitze sollte sich auch gegen Ludwig Bamberger richten. In der Formulierung zeigte sich, sicherlich unbeabsichtigt, ein Grund für den andauernden Hass des Kanzlers gegen den Mann aus Jaroczyn und gegen Bamberger: das Beherrschen der Redekunst. Die »überlegene Redefertigkeit« dieser beiden Abgeordneten sei eine Gefahr für die Öffentlichkeit. Das Wort der Kennzeichnung für diese Männer hieß nach wie vor: »Elemente«. Keineswegs seien sie Nationalliberale, man brauche sie nur bei der Fortschrittspartei zu suchen, bei den Regierungsfeinden auf der linken Seite.

Ein Leitsatz für jeden, der sich aus welchem Grund auch immer unglücklich oder benachteiligt fühlte, wurde jetzt in die Welt gegeben: »Der Lasker ist schuld daran, der hat die schlechten Gesetze gemacht, worunter wir leiden.« Auf sein Haupt alle Sünden

In diesen Tagen der Schuldzuweisung an den »Fremdling aus dem Osten« gestaltete der englische Maler William Holman Hunt das Ölgemälde *Der Sündenbock*. Mit der Darstellung des Opfertieres bewies Hunt, wie genau er auf seinen Reisen in den Orient die Natur beobachtet hatte. Getreu nach der Überlieferung aus dem Buch *Leviticus* im *Alten Testament* steht sein sündenbeladenes Geschöpf einsam in der Salzwüste am Ufer des Toten Meeres, die Vorderhufe sind im brüchigen Grund steckengeblieben. Unter dem rötlichen Schimmer der untergehenden Sonne erhebt sich in weiter Ferne ein Gebirge als unüberwindbare Grenze. Ein blutrotes Band liegt wie eine Girlande auf dem Kopf des verjagten Tieres. Doch zeigt seine Kopfhaltung ein Aufbegehren an. Mit seiner Kunst wollte Hunt offenbar die Hoffnung deutlich machen, dass aus dem Opfer der Erlöser erstehe.

Nun sprach der Nationalliberale Heinrich von Treitschke bei seinen Wahlversammlungen am 1. und am 19. Juli 1878 deutlicher von dem beklagenswerten Zustand der Nationalliberalen Partei. An der sich abzeichnenden Spaltung sei der Herr Lasker Schuld, der habe viele dazu verführt, das Sozialistengesetz abzulehnen. Jetzt aber sei die Zeit für dieses Ausnahmegesetz endgültig gekommen. Das Parlament müsse durch neue Mitglieder seine Ehrerbietung vor der kaiserlichen Regierungsgewalt beweisen, sonst würde das deutsche Volk untergehen.

Ermutigt durch Bleichröder schaltete sich Wilhelm von Kardorff, der Mitbegründer des Zentralverbands deutscher Industrieller, in den Wahlkampf ein. Auch ihm lag daran, Bismarcks Sohn durchzubringen. Im Grunde aber ging es ihm und den maßgebenden Herren im Zentralverband, dem sie den Zusatz »Zur Beförderung und Wahrung nationaler Arbeit« gegeben hatten, um das Ausschalten der Parlamentarier, die wie Lasker für den Freihandel eintraten. In manchen Ortschaften wurde den für die Wahl Verantwortlichen vorgeschrieben, wer als Kandidat auf die Wahlliste gesetzt werden durfte: nur solche Mitglieder der Nationalliberalen Partei, die das Bekenntnis ablegten, zum »Flügel Treitschke« und nicht zum »Flügel Lasker« zu gehören.

Jedoch blieb dem Reichskanzler ein Erfolg seines Sohnes Herbert bei der Reichstagswahl versagt. Die Thüringer wussten, warum sie Lasker ihre Stimme gaben, sie kannten seine Uneigennützigkeit und seine Unbestechlichkeit. Sechzehn Tage hatte er in seinem Meininger Wahlkreis mit den Bürgern geredet. Einmal fuhr er gemeinsam mit seinem Freund, dem Landrat Karl Baumbach, in der Kutsche zu einer Wahlversammlung. Die überall anwesenden und immer eifrigen Zuträger meldeten Bismarck auch diesen Vorgang. Drei Jahre lang wird der Kanzler diese Mitteilung in seiner Erinnerung bewahren, um eines Tages in der Öffentlichkeit des Reichstags die Kutschengeschichte zu einem Schlag gegen Lasker zu benutzen.

Noch erholte sich der Fürst in Kissingen. Er nutzte den Aufenthalt, um König Ludwig II. von Bayern in einem Schreiben vom 12. August 1878 seine Sicht auf die politische Situation mitzuteilen. Die Sozialdemokraten seien eine »bedrohliche Räuberbande, mit der wir gemeinsam unsere größeren Städte bewohnen«. Sollte sich jetzt bei dem neu gewählten Reichstag keine Mehrheit für das Sozialistengesetz finden, müsse der Reichstag abermals aufgelöst werden.

Rechtzeitig zur Eröffnung des Reichstags am 9. September 1878 kehrte Lasker von einer Reise in die Schweiz nach Berlin zurück. Er war auch unterwegs nicht unbeobachtet geblieben. Über seinen Aufenthalt in Zürich hatte der Chef der Berliner Polizei, Guido von Madai, einen Bericht vom 27. August erhalten, vom Zuträger eingeleitet mit der Floskel: »Gehorsamst beehre ich mich zu melden ...« Der Reichstagsabgeordnete Lasker sei gestern durch Zürich gereist: »Sein erster Gang galt Herrn Dr. Stamm aus Berlin, dem bekannten Sozialisten, welcher seit 8 Tagen hier in der Pension Neptun, Stadtteil Seefeld, wohnt und dort die Aufmerksamkeit durch die Ansammlung freidemokratischer Schriften und Zeitungen in seinem Zimmer bereits erregt hatte.« Ein Zeuge, der die Zusammenkunft beobachtete, wurde genannt: »Ein Vertrauensmann, der Herr Konsul Marck, ein alter, ehrbarer Herr.« Dieser zuverlässige Beobachter habe Laskers Worte gehört: »Es wären jetzt in Deutschland die Verhältnisse ganz unerquicklich und unheilbar, die Regierung sehe alles schwarz an, jede Freiheit sei bedroht, selbst die Redefreiheit soll nicht mehr bleiben.« Im Bericht hieß es weiter: »Die Auffälligkeit, dass der genannte Lasker in so enge Verbindung mit staatsfeindlichen Personen getreten ist, lässt mich nicht verschweigen, dass ich ihn schon früher in der Eisenbahn als ›Deutscher Gambetta‹ bezeichnen hörte.« Auf die Minute genau, um 9.50 Uhr, war Laskers Abreise nach Bern registriert worden.

Am 9. September 1878 verlas der zum Stellvertreter des Kanzlers ernannte Graf Otto von Stolberg-Wernigerode die übliche Thronrede zur Einführung in die bevorstehenden Aufgaben des Reichstags. Als einzigen Punkt der Tagesordnung nannte er die Beratung über das Gesetz »Zur Abwehr sozialdemokratischer Ausschreitungen«. Er wies auf die beiden Attentate hin: »Jetzt, wo der Nation ein erneutes Verbrechen die dem Reich und der ganzen bürgerlichen Gesellschaft drohende Gefahr mehr und mehr zum allgemeinen Bewusstsein gebracht hat, werden Sie, durch Neuwahl zur Mitwirkung an der Gesetzgebung berufen, aufs Neue zu prüfen haben, ob das bestehende Recht genügende Handhaben zur Unschädlichmachung jener Bestrebungen bietet.«

Mag sein, dass Lasker diese Formulierung als Bestätigung für seine Überzeugung wertete, »das bestehende Recht« sei ausreichend. Doch es hieß in der Thronrede weiter, »außerordentliche Maßregeln« müssten ein Ausbreiten des Übels verhindern.

Zwei Tage später wurde bei der nächsten Sitzung des Reichstags Max von Forckenbeck zum Präsidenten gewählt. Am 13. September 1878 war ein anderer Gegenstand im Reichstag auf die Tagesordnung gesetzt worden, eine Interpellation [Anfrage] zum Untergang des Panzerschiffes *Großer Kurfürst*. Noch immer, drei Monate nach dem Unglück, gebe es seitens der Regierung keine Mitteilung über die Ursache des Zusammenstoßes der Schiffe. In der Anfrage wurde Aufklärung verlangt, was dort wirklich an diesem Tag bei bestem Wetter mit klarer Sicht und ruhiger See zu diesem schrecklichen Schicksalsschlag geführt habe. Bei seiner Antwort, die der Chef der Admiralität Marineminister Stosch sofort gab, vermied er es, sich festzulegen, ob bei dem Zusammenstoß tatsächlich ein Befehl von den Steuerleuten des Panzerschiffes *König Wilhelm* falsch verstanden worden sei. Er ließ sich nicht weiter auf Erörterungen um witterungsbedingte Umstände ein und nannte den Vorgang »ein großes Versehen«. Die Untersuchungen seien noch nicht abgeschlossen. Er könne jedoch den Abgeordneten auch nicht den Zugang zu den gerichtlichen Akten versprechen, das läge außerhalb seiner Kompetenz.

Am 16. September stand die Erörterung über den Gesetzentwurf »Zur Abwehr sozialdemokratischer Ausschreitungen« wieder auf der

Tagesordnung. Der Zentrums-Abgeordnete Reichensperger meinte, die Abwendung von der Religion sei die Ursache für die Regung im Volk, bei der Sozialdemokratie Antworten auf die wesentlichen Lebensfragen zu suchen. Hier müsse Abhilfe geschaffen werden. Er halte die Gesetzesvorlage für unannehmbar, auch Zusätze könnten sie nicht verbessern, die bestehenden Gesetze seien ausreichend.

August Bebel meldete sich zu Wort. Er verwahrte sich gegen den Verdacht, seine Partei sei Schuld an den Attentaten auf den Kaiser. Er wies darauf hin, dass die Regierung die Untersuchungsakten über die beiden Attentate noch immer nicht veröffentlicht habe. Und er sprach aus, was sich für viele Beobachter deutlich abzeichnete: Mit den Anschuldigungen gegen die Sozialdemokraten, zu denen Bismarck doch früher recht gute Beziehungen gehabt hatte, sollten auch die Liberalen getroffen werden.

Bamberger stellte den Antrag, dass eine Kommission von einundzwanzig Abgeordneten über die Gesetzesvorlage beraten solle. Die Debatte wurde am nächsten Tag fortgesetzt. Der Abgeordnete der Fortschrittspartei Albert Hänel sagte, für ihn sei das Gesetz unannehmbar, er nannte es ein »Tendenzgesetz«. Bismarck ließ es sich nicht nehmen, auf die Bemerkung von Bebel über seine Beziehungen zu Sozialdemokraten einzugehen. Gegen Lassalle, mit dem er durchaus erfreuliche Gespräche geführt habe, seien jene, die sich heutzutage auf ihn beriefen, »kümmerliche Epigonen«. Aber wenn es Bebels Wunsch wäre, würde er sich natürlich auch mit ihm zu einer Abendunterhaltung hinsetzen, dann möge der ihm seine Vorstellungen vom »Zukunftsstaat« unterbreiten. Aber gegenwärtig müsse er, Bismarck, die Sozialdemokraten nach den Reden Bebels und Liebknechts zur französischen Kommune beurteilen, wie sie damals das »Evangelium dieser Mörder und Mordbrenner« zu ihrem Bekenntnis gemacht hatten.

Kardorff, der nun wieder seinen Sitz als Abgeordneter im Reichstag einnahm, bemühte sich pflichteifrig, seinen Standpunkt gegen die Sozialdemokraten darzulegen. Nur mit einem strengen Gesetz könne der Staat vor solchen umstürzlerischen, religionsfeindlichen Leuten und vor ihrem »Missbrauch der individuellen Freiheit« geschützt werden.

Der polnische Abgeordnete Jadczewski lehnte die Gesetzesvorlage strikt ab, sie gebe den Weg frei für »exorbitante polizeiliche Willkür«. Er

»Der Pfeil ist auf die Socialdemokraten gerichtet; wie aber, wenn er über das Ziel hinausfliegt?«,
Karikatur aus dem Kladderadatsch, *1878*

berief sich dabei auf seine Erfahrung als Betroffener des Umgangs der preußischen Regierung mit der polnischen Bevölkerung in ihren östlichen Provinzen. Benachteiligung und Unterdrückung wegen ihres katholischen Glaubens und ihrer Nationalität gehörten dort zum Alltag.

Schließlich kam es zur Abstimmung über Bambergers Antrag, eine Kommission mit der Beratung über den Gesetzentwurf für eine erneute Vorlage vor dem Reichstag zu beauftragen. Die Mehrheit stimmte zu. Am 18. September 1878 wurde der Beschluss umgesetzt. Die Wahl fiel auf sieben Nationalliberale; Bennigsen, Gneist, Lasker und Stauffenberg gehörten dazu. Für die vereinigten Konservativen wurden sechs, für das Zentrum ebenfalls sechs und für die Fortschrittspartei zwei Mitglieder gewählt. Der Vorsitz wurde Bennigsen anvertraut. Rechtsanwalt Julius von Hölder, den Nationalliberalen zugehörig, bedauerte, so wurde berichtet, mit Lasker in der Kommission sitzen zu müssen.

Aber was ging in Laskers »verehrtem Freund« Rudolf von Bennigsen, dem Kommissionsvorsitzenden, vor? Es begann nun für die Kommission die Zeit der Abänderungsvorschläge zum Text der Vorlage, Zeit für Zusätze und Veränderungen. Auf diesem Gebiet fühlte sich Lasker zu Hause. Tagelang, nächtelang hatte er über Dokumenten gesessen, um zu beweisen, dass die bestehenden Gesetze ausreichen. Er nannte die

Gefahren, die durch ein Ausnahmegesetz heraufbeschworen werden konnten: Polizeistaat, Belagerungszustand. Seine Argumente überzeugten die Kommissionsmitglieder nicht. Seine geschliffenen Worte gingen unter.

In welche Gesellschaft war er geraten? Es war, als hätten »die Schwirrenden«, die unsichtbaren Gespenster, Menschengestalt angenommen und ihn ringsum eingekreist. Er konnte nicht einen unter den hier in der Kommission Versammelten als Bundesgenossen gewinnen, auch nicht seinen »verehrten Freund« Bennigsen. Hatte denn Bennigsen nicht noch im Mai über einen Teil der Ziele der Sozialdemokraten erklärt, sie seien notwendig und müssten für alle Zukunft von allen Gebildeten jeder Gesellschaft vertreten werden, damit der Fortschritt möglich sei? Vergessen?

Lasker musste endlich erkennen, das Resultat der Beratung war schon im Voraus mit der Regierung abgesprochen, zu einträchtig traten die Herren in der Kommission gegen ihn auf. Der Text wurde verschärft: »Vereine, welche durch sozialdemokratische, sozialistische oder kommunistische Bestrebungen den Umsturz der bestehenden Staats- und Gesellschaftsordnung bezwecken, sind zu verbieten. Dasselbe gilt von Vereinen, in welchen sozialdemokratische, sozialistische oder kommunistische, auf den Umsturz der bestehenden Staats- und Gesellschaftsordnung gerichtete Bestrebungen in einer den öffentlichen Frieden, insbesondere die Eintracht der Bevölkerungsklassen gefährdenden Weise zu Tage treten.«

Bei der Erörterung über die Dauer des Gesetzes meinten einige Kommissionsmitglieder, zweieinhalb Jahre könnten wohl genügen, doch Gneist forderte mindestens fünf Jahre. Am Ende der Beratung entschied sich Lasker bei der Abstimmung in der Kommission für die Möglichkeit der Stimmenthaltung. Wenigstens sollte hier deutlich werden, dass er mit den Kommissionsmitgliedern nicht mitschwimmen wollte im Meer der Knechtsseligkeit.

Nun blieb nur seine Anwesenheit im Reichstag. Er konnte bei der Debatte über den Gesetzentwurf »Zur Abwehr sozialdemokratischer Ausschreitungen« versuchen, doch noch einmal die Mehrheit zur Ablehnung zu gewinnen. Andererseits konnte er ausweichen, sich krank melden, nicht hingehen. Und fühlte er sich nicht auch krank in der Seele? Aber er würde hingehen.

Tag um Tag war er zur zweiten Beratung über das Sozialistengesetz vom 9. bis zum 15. Oktober 1878 im Reichstag. Er nahm zur Kenntnis, wie Bismarck in seinen Ausführungen maliziös wurde, wenn er von Deutschland sprach, von einem Land »mit hervorragenden Freunden der Kritik, namentlich, wenn sie die Regierung trifft«. Hier gelte es als eine große Tat, einen Minister zu tadeln. Dieses Land sei durch die Fortschrittler zur Operationsbasis des Sozialismus geworden. Er forderte, die Arbeiter sollten sich vom Sozialismus lossagen, dann würde auch die Arbeitslosigkeit abnehmen. Immerhin, er hatte mit dem Wort Arbeitslosigkeit die schwierige Lage im Lande gestreift. Bismarck appellierte an die Abgeordneten, den Gesetzentwurf anzunehmen.

Der sozialdemokratische Abgeordnete Wilhelm Hasselmann erinnerte an den 18. März 1848, als das Volk um Recht und Gerechtigkeit gekämpft hatte. Er sei bereit, für sein Recht mit seinem Leben einzutreten.

Aus den Worten von Bennigsen wurde deutlich: Für ihn war die Sache entschieden. Keineswegs seien er und die Nationalliberale Partei inkonsequent, wenn sie nun die zweite Gesetzesvorlage zur Annahme empfahlen. Es sei wohl ein Spezialgesetz, keineswegs aber ein »Klassen- oder Parteigesetz«. In diesem Augenblick lag ihm vor allem daran, ein Treuebekenntnis zu Bismarck abzulegen. Durch den Fürsten sei Großes für Deutschland erreicht worden.

Während der lang andauernden Beratung über die einzelnen Paragraphen machte sich bei manchem Abgeordneten Überdruss bemerkbar. So rief der sozialdemokratische Verleger und Buchhändler Wilhelm Bracke: »Wir pfeifen auf das Gesetz!« Der Zentrums-Abgeordnete Ludwig Windthorst machte sich lustig über eine neue, bereits aus der Taufe gehobene »Fraktion Bismarck« mit Kardorff und Bennigsen. Am 15. Oktober blieben zwar noch einige Punkte unerledigt, doch mit dem Zugestehen der Fristbegrenzung des Gesetzes bis zum 31. März 1881 war an diesem Tag das Ende der Beratung erreicht.

Die dritte Lesung des Gesetzes wurde für den 18. Oktober 1878 anberaumt. Jetzt wollte Lasker nicht schweigen. Er bekam das Wort fast am Schluss dieser letzten Beratung über den Gesetzentwurf, der nun hieß: »Gegen die gemeingefährlichen Bestrebungen der Sozialdemokratie«. Damals im Mai hatte er das Gesetz Stück für Stück zerpflückt. Er hatte lange geredet, mit Schärfe, manchmal mit Ironie. Die Mitglieder der nationalliberalen Fraktion, mit Ausnahme von Treitschke und seinem alten Lehrer Gneist, waren an seiner Seite gewesen. Und die Ablehnung des Gesetzes war erreicht.

Und diesmal? Hatte er wirklich noch Hoffnung, genügend Stimmen zur Ablehnung des Gesetzes auf seine Seite zu ziehen? War er denn nicht informiert, dass die Annahme schon längst als beschlossene Sache galt? Wusste er nicht oder wollte er nicht wahrhaben, dass an diesen beiden Zwischentagen, am 16. und 17. Oktober, ausgesuchte Herren des rechten Flügels der Nationalliberalen in perfekter Übereinkunft mit Abgeordneten der Konservativen alle Bedenken über einzelne Paragraphen beiseite geräumt hatten?

Lasker bat zu Beginn die Herren Abgeordneten um Nachsicht, dass er nun am Ende einer so langen Debatte noch einmal seine Sicht auf das Gesetz darlegen wollte: »Welche Entscheidung hier auch gegeben werden mag, es wird auf der einen Seite nicht befriedigen, wenn Gesetze gegeben werden, die nicht mit Unrecht bald als Ausnahme-, bald als Spezialgesetze bezeichnet werden; aber, meine Herren, würde es denn andrerseits besser befriedigen, wenn wir mit dem bloß negativen Ergebnis abschlössen, dass Regierung und Reichstag sich bemüht haben, einem anerkannt ungesunden Zustand abzuhelfen, und dass es dem ernstesten Streben doch misslungen ist, zu einer Verständigung zu kommen?« Gab er schon hier mit dem Nachdenken über das »Wenn« und das »Wäre« eine Begründung für seine Resignation? Wenn der Gesetzentwurf nicht »in dieser lärmenden aufgeregten Weise« behandelt worden wäre. Auch wäre zur Feststellung, dass die bestehenden Gesetze ausreichen, lediglich eine umfangreiche Prüfung notwendig gewesen.

Er wusste es damals, und er sprach es jetzt aus, dass nach der Auflösung des Reichstags die Regierung ihre Meinung nicht ändern würde. Nun wollte er bei dieser dritten Lesung auch nicht verschweigen, wie er nicht nur in der Kommission ausgegrenzt worden war. Er fragte: »Was ist denn seit dem Mai geschehen?« Er sagte in aller Klarheit: »Im Mai ist der Standpunkt der Spezialgesetzgebung zurückgewiesen worden und heute nehmen dieselben Herren den Standpunkt der Spezialgesetzgebung ein. Ich will von vornherein erklären, weil Mitglieder dieses Hauses und sehr viele außerhalb des Hauses ein Interesse daran haben: Ich halte den Beweis für erbracht, dass das, was nach dem Mai geschehen ist, kein Produkt der Sozialdemokratie gewesen ist. Gerade in dieser

Überzeugung ist die Frage hier wiederholt aufgeworfen worden: Wie hängt das Attentat überhaupt mit dem zusammen, was jetzt die Gesetzgebung beschäftigt?« Eine logisch-mathematische Berechnung eines Zusammenhangs lasse sich nicht finden. Nach dem ersten Attentat auf Kaiser Wilhelm sei der Reichstag auch nicht aufgelöst worden, obwohl manche gemeint hatten, es müsse etwas geschehen.

Lasker beschwor die Junitage herauf und wies auf Bismarck, ohne seinen Namen auszusprechen: »Als aber das zweite Attentat geschehen war, wusste der Staatsmann, der auf das Volk sich versteht wie keiner – ich will nicht sagen in der Vertiefung des Volksgemüts oder im Sinne der augenblicklichen Zweckmäßigkeit – da wusste er: Jetzt ist die Zeit, an das Volk zu appellieren, weil er fühlte – und so war es tatsächlich – nun sind die Gesinnungen im ganzen Volk gewandelt oder wenigstens in einem großen Teil desselben.«

Und dennoch, trotz der weitverbreiteten Wandlung der Stimmung erinnerte er daran, »dass ich schon im Mai als ersten Einwand gegen das damals vorgelegte Sozialistengesetz hervorgehoben habe, nicht die Sozialdemokratie und ihre Tendenz wollen wir verfolgen, ausschließlich gegen ihre friedenstörende Methode wollen wir einschreiten, und wenn irgend ein Wort, so hat, wie ich glaube, dieses Wort in den weitesten Kreisen Widerhall gefunden.«

Lasker wandte sich ausdrücklich an den sozialdemokratischen Abgeordneten Wilhelm Liebknecht mit dem Hinweis, das Gesetz sei auf keinen Fall so zu verstehen, als ob nun eine Million deutscher Bürger für vogelfrei erklärt werden sollten. Es klang wie eine Warnung an die konservativen Gegner vor Übergriffen. Und es war wie die Suche nach einer Erklärung auch vor sich selbst, als er auf das Ergebnis der Beratungen in der Kommission zu sprechen kam. Er fand sogar noch die Kraft zu dem »Wir«, obwohl er dort auch von den Mitgliedern seiner eigenen Fraktion längst isoliert war, wie er ja soeben in seiner Rede bekannt hatte. »Wir haben so deutlich als möglich, und es tut mir leid, dass gerade die Gegner diese Deutlichkeit zu verwischen suchten, obwohl sie wissen, dass das Gesetz vermutlich zur Annahme kommt, so deutlich, als die Sprache in der Behandlung des Stoffes es zuließ, haben wir das Gegenteil ausgedrückt: Nicht die Sozialdemokratie und ihre Tendenzen, sondern die friedensgefährdende Agitation soll unter dieses Gesetz fallen.«

Noch einmal kam er auf die Arbeit in der Kommission zu sprechen, auf die Erörterung der Worte »sozialistisch, sozialdemokratisch und kommunistisch«. Man hätte diese Worte für den Gesetzestext sicherlich nicht gebraucht. »Aber ich habe es mit einer Regierung zu tun, welche ohne diese Worte dieses Gesetz nicht annimmt.« Ja, er habe diese Worte für entbehrlich gehalten, aber – und wieder dieses »wir« – »sollten wir deshalb resultatlos auseinandergehen?«

Lasker war bis zum Ende bei den Beratungen in der Kommission geblieben. Er hatte gehofft, wenigstens auf den Text entschärfend einwirken zu können, doch seine Zweifel an einer besonnenen Umsetzung des Gesetzes waren gewachsen. Jetzt fragte er nach den Garantien, dass die vorgeschriebenen Grenzen gewahrt würden, und er sah nicht einmal in dieser Sache einen Ausweg: »Dann muss ich in voller Redlichkeit für meine Person bekennen, diese Garantien sind nicht erreicht.«

Er blieb bei seinen Zweifeln über die Anwendung, »ob es ein Gesetz des Friedens oder der Zwietracht, ob es ein Gesetz der Beruhigung oder der Hasserregung sein wird«. In diesem Augenblick musste er vor der Öffentlichkeit des Reichstags zugeben, dass er gescheitert war: »In den letzten Stunden, da nun sehr wahrscheinlich nach den uns unterbreiteten Anträgen das Gesetz zustande kommen wird« – als wolle er es noch immer nicht wahrhaben, verwies er auf einige Abänderungen – »habe ich mich abermals gefragt: Kann man es wagen, für das Gesetz zu stimmen und sich beruhigen, dass die Disposition des Gesetzes klar ist? Meine Herren, ich halte den Missbrauch für möglich.« Man könne Regierungen, deren Zusammensetzung man nicht kenne, kein Vertrauensvotum geben, noch weniger aber Regierungen, deren Zusammensetzung man kenne. »Aber vor diese Gefahr gestellt suche ich Schutz in der Bestimmung, welche für viele im Hause, wie es scheint, nur einen untergeordneten Wert hat.« Lasker meinte die Befristung auf zweieinhalb Jahre. Es war, als sehe er in dieser Bemessung der Zeit für sich selbst ein kleines Quäntchen Hoffnung trotz seiner Niederlage. Für ihn seien diese zweieinhalb Jahre von besonderer Bedeutung, weil in der Zwischenzeit das, was er gewollt und gewünscht hatte, ausgeführt werden könne, die ordentlichen Gesetze zu ergänzen, dass ein außerordentliches, ein Spezialgesetz nicht mehr gebraucht würde.

Lasker griff die Frage eines Abgeordneten auf, warum der Reichstag nachgeben müsse und nicht die Regierung: Es sei für eine Versammlung

August Bebel   *Wilhelm Liebknecht*

von vierhundert Köpfen schwer, einer Regierung gegenüberzutreten, »die doch im wesentlichen von einem Kopf geleitet wird«. Er brauchte keinen Namen zu nennen, jeder wusste, die kaiserliche Majestät war nicht gemeint. Lasker war am Ende. So sagte er an diesem 18. Oktober 1878 im Reichstag nur noch einmal warnend zum Abschluss seiner Rede: »Aber die schwere Verantwortlichkeit legen wir der Regierung auf, dass sie nicht allein loyal die gezogenen Grenzen anerkenne, sondern fortwährend darüber wache, dass ihre einzelnen Organe bis in die untersten Instanzen hinein diese Grenze anerkennen und das Gesetz, welches zur Herstellung des Friedens dienen soll, nicht missbrauchen zu einem Gesetze des Krieges und des Hasses.«

Nach den letzten Worten von Eduard Lasker beantragte ein Abgeordneter mit dem Namen Schön den Schluss der Debatte. Der Antrag fand die Mehrheit des Hauses. Am nächsten Tag sollte es zur Abstimmung kommen. Dieser Termin für die Entscheidung über das Gesetz, der 19. Oktober 1878, war ein Samstag.

Ein Samstag. Lasker hätte der Sitzung fernbleiben können, aber beim Erwägen seiner parlamentarischen Pflichten gegenüber dem Einhalten der Sabbatruhe hatte schon längst der Politiker in ihm den Vorrang gewonnen, spätestens seit dem 20. April 1869, als ihn die Einladung erreichte: »Graf Bismarck-Schönhausen würde es dankbar erkennen, wenn der Abgeordnete zum Norddeutschen Reichstag, Herr Gerichts-Assessor Lasker, ihm die Ehre erzeigen wollte, ihn am 24. d. M. und an jedem der folgenden Sonnabende während der Dauer des Reichstags Abends 9 Uhr zu besuchen.« Das lag nun schon fast zehn Jahre zurück. Anfangs hatte er die Einladung ohne Bedenken angenommen. Jedoch im Laufe der Zeit war er diesen Zusammenkünften ferngeblieben.

Bei der Abstimmung am Nachmittag des 19. Oktober 1878 gehörte Lasker zu denen, die sich *für* die Annahme des Sozialistengesetzes entschieden hatten. Nach seinem Ringen in den Kommissionssitzungen um jedes einzelne Wort in den verschiedenen Paragraphen lag das Feld seiner Wirkung wie im Nebel vor ihm. Mit all seinen Erfahrungen in schwierigsten Gesetzesfragen war er nicht mehr imstande, die Folgen seiner Zustimmung zu bedenken. Er konnte jetzt auch nicht mehr ein »Hätte« für sich in Anspruch nehmen – hätte er sich doch wenigstens der Stimme enthalten. Diese seine Stimme, kostbar für viele, die ihm vertrauten, hatte er aufs Spiel gesetzt. Um der Fraktion seiner Partei die Geschlossenheit zu erhalten? Um Schlimmeres zu verhüten? Gab dieser düstere Samstagnachmittag des 19. Oktober 1878 ihm die Ahnung vom Vergehen seines Ansehens? Noch blieb wohl ein wenig vom Tag, noch war die Nacht des Vergessenseins für ihn nicht angebrochen.

»Somit stehen wir am Schluss unserer Geschäfte«, erklärte Präsident Forckenbeck. Die Stimmen waren gezählt, das Gesetz angenommen. Zu den von nun an verbotenen Einrichtungen gehörte auch die Johann-Jacoby-Stiftung, gegründet 1877 im Todesjahr von Johann Jacoby. Die Gründer dieser Stiftung wollten im Gedenken an den Arzt und Politiker aus Königsberg verfolgte Journalisten und Schriftsteller unterstützen. Und Jacobys Solidaritätsbekundung aus dem Jahr 1872 sollte nicht vergessen werden: Als er vom Hochverratsprozess gegen Liebknecht und Bebel und der Verurteilung für jeden zu zwei Jahren Festungshaft gehört hatte, war am 2. April 1872 seine Antwort auf diesen Prozess in der von Liebknecht herausgegebenen Zeitschrift *Volksstaat* zu lesen: Johann Jacoby ist Mitglied der Sozialdemokratischen Arbeiterpartei geworden.

Nach altem Brauch sollten im Reichstag auch an diesem 19. Oktober 1878 die Worte des Herrschers die Session abschließen. Bismarck erhob sich, er werde jetzt die Botschaft des Kaisers mit dem Dank für geleistete Arbeit verlesen. Nicht einer der sozialdemokratischen Ab-

Einladung des preußischen Ministerpräsidenten Graf Otto von Bismarck-Schönhausen an den Abgeordneten zum Norddeutschen Reichstag Eduard Lasker, 20. April 1869

geordneten wollte die kaiserliche Verlautbarung anhören, sie mussten diesen Dank wie einen Hohn empfinden und verließen den Saal.

Bismarck kritisierte am Ende noch die Befristung des Gesetzes: »Denn niemand unter uns kann sich der Ansicht hingeben, dass die Heilung der Schäden, die wir hiermit beginnen, in 2 ½ Jahren vollendet sein wird.«

Die Zurückgebliebenen stimmten das vorgeschriebene dreimalige Hoch auf den Kaiser an, danach verließen auch sie den Saal.

Reichs=Gesetzblatt.

№ 34.

(Nr. 1271.) Gesetz gegen die gemeingefährlichen Bestrebungen der Sozialdemokratie. Vom 21. Oktober 1878.

Wir Wilhelm, von Gottes Gnaden Deutscher Kaiser, König von Preußen ꝛc.

verordnen im Namen des Reichs, nach erfolgter Zustimmung des Bundesraths und des Reichstags, was folgt:

§. 1.

Vereine, welche durch sozialdemokratische, sozialistische oder kommunistische Bestrebungen den Umsturz der bestehenden Staats = oder Gesellschaftsordnung bezwecken, sind zu verbieten.

Dasselbe gilt von Vereinen, in welchen sozialdemokratische, sozialistische oder kommunistische auf den Umsturz der bestehenden Staats = oder Gesellschafts= ordnung gerichtete Bestrebungen in einer den öffentlichen Frieden, insbesondere die Eintracht der Bevölkerungsklassen gefährdenden Weise zu Tage treten.

Den Vereinen stehen gleich Verbindungen jeder Art.

§. 2.

Auf eingetragene Genossenschaften findet im Falle des §. 1 Abs. 2 der §. 35 des Gesetzes vom 4. Juli 1868, betreffend die privatrechtliche Stellung der Erwerbs = und Wirthschaftsgenossenschaften, (Bundes = Gesetzbl. S. 415 ff.) Anwendung.

Auf eingeschriebene Hülfskassen findet im gleichen Falle der §. 29 des Gesetzes über die eingeschriebenen Hülfskassen vom 7. April 1876 (Reichs=Gesetzbl. S. 125 ff.) Anwendung.

§. 3.

Selbständige Kassenvereine (nicht eingeschriebene), welche nach ihren Sta= tuten die gegenseitige Unterstützung ihrer Mitglieder bezwecken, sind im Falle des

Ausgegeben zu Berlin den 22. Oktober 1878.

»Gesetz gegen die gemeingefährlichen Bestrebungen der deutschen Sozialdemokratie« vom 21. Oktober 1878, Reichsgesetzblatt Nr. 34

Wie all die 221 Abgeordneten, die für das Gesetz gestimmt hatten, gegen 149 Neinstimmen, war Lasker in die Fänge der »Jasagemaschine des Fürsten Bismarck« geraten. Doch wer von den Befürwortern des Sozialistengesetzes wollte sich gerade jetzt noch an dieses Wort über den Reichstag erinnern lassen, das Liebknecht drei Jahre zuvor ins Leben gerufen hatte. Noch früher aber, bereits im Mai 1871, hatte Bismarck dem konservativen Abgeordneten Dr. Lucius seine Kennzeichnung für das ihm lästige Gremium der Volksvertretung anvertraut: »Der Reichstag beobachtet die Regierung wie ein knurrender Hund mit äußerstem Misstrauen.«

Und im Jahr 1876 war Bebel Zeuge geworden, wie Bamberger in Erkenntnis der schäbigen Behandlung der Nationalliberalen durch Fürst Bismarck zu dem bitteren Ausspruch fand: »Hunde sind wir ja doch.« An diesem 19. Oktober 1878 hatte auch Bamberger »mit innerem Widerstreben« seine Stimme für das Gesetz gegeben. Jetzt, nach Kenntnisnahme des Berichts von der Abstimmung über das Sozialistengesetz, erinnerte sich Karl Marx an Bambergers Worte, die Bebel ihm damals überliefert hatte; er schrieb aus London an Engels in Littlehampton: »Bamberger bleibt treu dem ›Hunde sind wir ja doch‹«.

Mit dem Verhalten eines Geschöpfes, das der Versuchung ausgesetzt ist, sich anzugleichen, hatte sich Heine schon in der Zeit zwischen 1852 und 1856 beschäftigt. Hier sei seine Betrachtung in Erinnerung gebracht:

Der tugendhafte Hund

Ein Pudel, der mit gutem Fug
Den schönen Namen Brutus trug,
War vielberühmt im ganzen Land
Ob seiner Tugend und seinem Verstand.
Er war ein Muster der Sittlichkeit,
Der Langmut und Bescheidenheit.
Man hörte ihn loben, man hörte ihn preisen
Als einen vierfüßigen Nathan den Weisen.
Er war ein wahres Hundejuwel!
So ehrlich und treu! Eine schöne Seel'!
Auch schenkte sein Herr in allen Stücken

Ihm volles Vertrauen, er konnte ihn schicken
Sogar zum Fleischer. Der edle Hund
Trug dann einen Hängekorb im Mund,
Worin der Metzger das schöngehackte
Rindfleisch, Schaffleisch, auch Schweinefleisch packte. –
Wie lieblich und lockend das Fett gerochen,
Der Brutus berührte keinen Knochen,
Und ruhig und sicher, mit stoischer Würde,
Trug er nach Hause die kostbare Bürde.

Doch unter den Hunden wird gefunden
Auch eine Menge von Lumpenhunden
Wie unter uns –, gemeine Köter,
Tagediebe, Neidharde, Schwerenöter,
Die ohne Sinn für sittliche Freuden
Im Sinnenrausch ihr Leben vergeuden!
Verschworen hatten sich solche Racker
Gegen den Brutus, der treu und wacker,

Mit seinem Korb im Maule, nicht
Gewichen von dem Pfad der Pflicht. –
Und eines Tages, als er kam
Vom Fleischer und seinen Rückweg nahm
Nach Hause, da ward er plötzlich von allen
Verschwornen Bestien überfallen;
Da wird ihm der Korb mit dem Fleisch entrissen,
Da fielen zu Boden die leckersten Bissen,
Und fraßgierig über die Beute
Warf sich die ganze hungrige Meute –
Brutus sah anfangs dem Schauspiel zu
Mit philosophischer Seelenruh';
Doch als er sah, dass solchermaßen
Sämtliche Hunde schmausten und fraßen,
Da nahm auch er an der Mahlzeit teil
Und speiste selbst eine Schöpsenkeul'.

Moral

Auch Du, mein Brutus, auch du, du frisst?
So ruft wehmütig der Moralist.
Ja, böses Beispiel kann verführen;
Und, ach! gleich allen Säugetieren,
Nicht ganz und gar vollkommen ist
Der tugendhafte Hund – er frisst!

Lasker wusste um die Gefahr für die Seele nach einer Niederlage. Er hatte im Buch der *Erlebnisse einer Mannesseele* das Gefühl der Ohnmacht beschrieben: »Vor der völligen Leere des Geistes gibt es nur die beiden Wege: zum Wahnsinn, welcher mildert, oder zurück zur Arbeit, welche den Geist zum Überwinden übt und zum Schaffen erstarkt. Mir war die Rückkehr beschieden und eine lange Vorübung zeigte mir die rechte Weise. Von Kindheit an war ich gewöhnt, aus Irrungen mich mit einem bestimmten Vorsatz zu retten, welcher der Irrung an Kraft und Inhalt entsprach. Jeder erhebliche Fehltritt oder Unfall führte eine bestimmte Lehre ins Leben ein oder kräftigte mein früheres Beginnen, und nicht selten wurde der angestiftete Schade durch den Gewinn überholt oder ausgeglichen. Nur so erlangte ich das lindernde Gefühl der Sühne.«

Auch jetzt raffte Lasker sich zu einem Entschluss auf. Unmittelbar nach seiner Niederlage, als er mit seinen Worten die Abgeordneten der eigenen Fraktion nicht mehr überzeugen konnte und als er dann am 19. Oktober 1878 zu dem Gesetz »Gegen die gemeingefährlichen Bestrebungen der Sozialdemokratie« selbst Ja sagte, suchte er einen Ausweg. Für sich und vor allem für die Betroffenen. Er gewann einen Bundesgenossen: Ludwig Loewe.

Als Mitglied der Fortschrittspartei gehörte Loewe seit 1876 zu den Abgeordneten des Preußischen Landtags. Bei der Reichstagswahl im Sommer 1878 hatte er große Zustimmung bei den Wählern gefunden, so konnte er auch dort als Parlamentarier wirken. In jungen Jahren hatte er eine Zeit lang für Ferdinand Lassalle als Privatsekretär gearbeitet. Dann hatte er sich in Nordamerika dem Studium des Maschinenbaus zugewandt. Er kehrte zurück nach Berlin und gründete hier 1869 eine Nähmaschinenfabrik. Es war bekannt, dass Loewe seine Verbundenheit mit der Arbeiterbewegung nie verleugnete. Von antisemitischen Kreisen wurde er stets argwöhnisch betrachtet. Und als er im Kriegsjahr 1871 der Aufforderung der Regierung nachkommen musste, seine Produktion auf Kleinkaliberwaffen umzustellen, beschuldigten ihn diese Kreise, dass er mit Absicht minderwertige »Judenflinten« liefere. Jedoch ergab die Untersuchung einer Reichstagskommission »die völlige Haltlosigkeit dieser Verdächtigungen«. Unermüdlich setzte Loewe sich für soziale Gerechtigkeit ein. Seine Sorge galt vor allem den Schwächsten in der Gesellschaft, den Kindern. Er kämpfte gegen Kinderarbeit.

Gemeinsam fanden Lasker und Loewe in diesem Herbst 1878 zu einer Tat, die ganz im Geheimen geschehen sollte. Doch der Apparat der königlichen Polizei zu Berlin registrierte auch diesen Schritt.

Lasker hatte seine Kenntnis über England eingebracht. Dort war das Gedenken an den 1865 in London verstorbenen Richard Cobden lebendig geblieben. Dieser Mann hatte sich vom Schafhirten auf dem kleinen Bauernhof seiner Eltern zum berühmten Politiker heraufgearbeitet. Er hatte sich nicht mit seinen wirtschaftlichen Erfahrungen als Verfechter des Freihandels begnügt, als konsequenter Kriegsgegner hatte er Friedensgesellschaften ins Leben gerufen. Auf Cobden ging der Ausspruch vom »blutbefleckten Fetisch des Empires« zurück. Nach seinem Tode gründeten seine Freunde und Anhänger in London einen Klub, dem sie seinen Namen gaben.

Bei den »Akten Lasker« mit Datum vom 10. Mai 1882 ist die Beobachtung aus den Oktobertagen 1878 festgehalten: »Gleich nach Erlass des Sozialistengesetzes haben die Abgeordneten Lasker und L. Loewe auf Ansuchen von Fritzsche es vermittelt, dass der Cobden-Club in England eine reiche Geld-Unterstützung an die hiesige sozialdemokratische Partei gezahlt hat.«

Nach dem Inkrafttreten des Sozialistengesetzes gehörte auch der Sozialdemokrat Friedrich Wilhelm Fritzsche zu den aus Berlin Ausgewiesenen. Er konnte nach Leipzig ausweichen. Von dort aus gelangte durch seine Verbindungen zu Abgeordneten des Reichstags das Rundschreiben von August Bebel auch an Ludwig Loewe und Eduard Lasker:

»Geehrter Herr! Infolge von Vorgängen, die Ihnen hinlänglich bekannt sein dürften, sind eine große Anzahl von Personen heimat- und existenzlos geworden und mit ihren Angehörigen bitterster Not überantwortet. Diese Notleidenden soweit als möglich zu unterstützen und ihnen zu einer anderweitigen Existenz zu verhelfen, dürfte ein Gebot der einfachsten Menschenpflicht sein, und erlaube ich mir deshalb im Einverständnis einer Anzahl meiner Freunde, auch an Sie die Bitte zu richten, ein Scherflein für die Notleidenden beitragen zu wollen und im gleichen Sinne im Kreise Ihrer Freunde zu wirken.«

Bebel konnte feststellen, dass seine Aufforderung zur finanziellen Hilfeleistung eine so große Resonanz fand, wie er es nicht erwartet hatte. Im Buch *Aus meinem Leben* schrieb er: »Sogar der Abgeordnete Lasker, dem sehr bald das Gewissen wegen seiner Zustimmung zum Gesetz schlug, beteiligte sich an einer solchen.«

Auf die Spitze getrieben

Wort und Tat nannte Lasker seinen Essay, den er im Herbst 1878 zur Veröffentlichung in der *Deutschen Rundschau* vorbereitete. Wieder ging er weit zurück in die Geschichte, zu den Anfängen, zu dem frühen Verhältnis von Mensch und Tier, zu der Furcht vor Dämonen oder Göttern. Seine Untersuchung führte ihn bis zu dem Zustand, als der Mensch, wie er formulierte, »bescheiden und stolz« seine Überlegenheit über die Tiere erkannte und zur reinen Anschauung des Gotteswesens gelangte. Doch er beschrieb auch den Zwiespalt im Menschen: »Offenbarungen und Visionen, Glaube und Zweifel, Aufjauchzen und Verzagtheit der Seele, fröhliches Anschauen der Natur, Gehorsam aus Furcht und freiwillige Hingebung, Resignation gegen jede Anregung bis zur völligen Gedankenleere.«

Konsequent führte er seine Betrachtung über den Menschen, das redende Wesen, bis zur Gegenwart. Er kannte die Macht der Mitteilung, die den Endpunkt der Lebenden bildet und den Ausgangspunkt der folgenden Generationen: das Wort, das nicht nur bindet, das auch trennt. Die maßlose Begierde zu reden, auch wenn keine Gedanken den Inhalt ausfüllten, hatte er als Zuhörer oft genug erleben müssen. Er sah im Phrasenhaften »die tiefste Stufe der Unwürde« und beschrieb die Art des öffentlichen Redens von Leuten, die Macht beanspruchten: »Sie stellen Fragen, auf die sie keine Antwort erwarten.« Jetzt war Lasker beim Mächtigsten angelangt – abermals ohne ihn beim Namen zu nennen – der mit Blick auf die Parlamentarier den Begriff Redner als

Schimpfwort benutzte: »Denn der ›Redner‹ ist dem herrschbegierigen Manne der lebendige Repräsentant des ihm verhassten Zwanges, in die öffentliche Verhandlung einzutreten und um den Sieg der Meinungen sich zu bewerben.« Doch er wollte am Ende seiner Schrift nicht bei negativen Erscheinungen stehenbleiben, er fand auch hier, wie er es so oft gehalten hatte, zu einem lebensbejahenden Ausblick: »Das Wort ist das Zeichen der Freiheit, welche die Triebe im Menschen zur zielbewussten hochanstrebenden Tat veredelt.«

Für Eingeweihte war es keine Überraschung, als in Übereinstimmung mit dem Gesetz »Gegen die gemeingefährlichen Bestrebungen der Sozialdemokratie« am 28. November 1878 über Berlin der Ausnahmezustand verhängt wurde. Zur Begründung diente die Vorsorge für eine ungestörte Rückkehr des Kaisers, der Anfang Dezember erwartet wurde. Gefährliche Individuen mussten ausfindig gemacht und ausgeschaltet werden. Mit militärischen Mitteln.

Seit dem 22. Juli war der Kaiser unterwegs gewesen. Im August hatte er sich mit Bismarck in Bad Gastein getroffen, im September hatte er seinen Aufenthalt in Schloss Wilhelmshöhe bei Kassel genommen, um das in der Umgebung geplante Manöver des 11. Armeekorps zu beobachten. Dann hatte er in Köln die Feier zur Enthüllung des Denkmals für Friedrich Wilhelm III. besucht und war weitergereist nach Koblenz. Am 4. November 1878 hatte er von dort ein Dankschreiben an Bismarck gerichtet.

Es lag Kaiser Wilhelm I. daran, seiner Genugtuung auch sichtbaren Ausdruck zu geben »für die Entschiedenheit, mit welcher Sie den Rechtsboden verteidigt haben«. Er verwies in diesem Zusammenhang auf das Gesetz, das der Kanzler verteidigt hatte. Der hohe Herr vermied den Ausdruck Sozialistengesetz. Der Zusatz, dieses Gesetz sei durch die Verkettung mit einem für ihn, den Kaiser, »schmerzlichen Ereignis« entstanden, machte deutlich, auch er verknüpfte die beiden Attentate mit den Sozialdemokraten. Jetzt verlieh er dem Fürsten für sein Engagement beim Durchbringen des Gesetzes »Zur Abwehr sozialdemokratischer Ausschreitungen« eine besondere Ehrung. Dem Großkreuz des Roten Adlerordens, eine Auszeichnung, die Bismarck bereits erhalten hatte, sollten nun die Symbole für Preußens Glanz und Stärke hinzugefügt werden: Krone, Zepter und Schwert. Jedes Zeichen erhielt die für den Empfänger zutreffende Begründung: »Das Schwert spricht für den Mut und die Einsicht, mit welcher Sie meinen Zepter und meine Krone zu unterstützen und zu schützen wissen.«

Der Kaiser hatte seine Rückkehr auf den 5. Dezember 1878 festgelegt. Er wollte vorher noch nach Karlsruhe, um dort am 1. Dezember bei der Konfirmation seiner Enkelin, Prinzessin Viktoria von Baden, anwesend zu sein. Für den Ausnahmezustand in Berlin wurde jetzt ein Kommandant, der hart durchgreifen konnte, gebraucht. Besorgte Stimmen hatten darauf hingewiesen, der amtierende Generalleutnant Rudolf von Neumann sei mit seinen 73 Jahren zu alt für den Posten in so schwierigen Tagen, zumal er eigentlich nur aus Verlegenheit an diese Stelle gesetzt worden war, als eine Art Ruhestand, um seine Verdienste als preußischer Artilleriegeneral zu würdigen. An seine Stelle trat der etwa zwanzig Jahre jüngere Generalmajor Graf Hermann von Wartensleben. Er hatte bereits 1866 im Krieg gegen Dänemark Militärerfahrungen gesammelt. 1870, im ersten Jahr des Krieges gegen Frankreich, stieg er auf zum Generalstabschef der Südarmee. Zwei Jahre später leitete er die kriegsgeschichtliche Abteilung des Generalstabs. Als Kommandant von Berlin war es nun in seine Hände gelegt, Notmaßnahmen wegen drohender äußerster Gefahr zu verhängen und auch mit bewaffneter Gewalt einzuschreiten.

Am 29. und 30. November 1878 wurden zweiundvierzig Personen aus der Stadt ausgewiesen, sie galten als gefährliche Radikale. Auch die sozialdemokratischen Reichstagsabgeordneten, der Zigarrenmacher Fritzsche und der Schriftsteller Hasselmann, hatten Berlin unverzüglich zu verlassen.

Die Freudenbekundungen zur Rückkehr des Herrschers wurden systematisch vorbereitet. Das Jubelspalier an den Straßen musste so gesichert sein, dass der sechsspännige offene Wagen mit dem Kaiser und die einundzwanzig begleitenden Kutschen mit dem Hofstaat ohne Risiko durch die Stadt zum Schloss fahren konnten. Die Maßnahmen von Generalmajor Wartensleben waren bis zur Endstation der kaiserlichen Reise umsichtig: scharfe Patronen für die Wachmannschaft am Schloss zur Abwehr von gefährlichen Zudringlichen. Als der hohe Herr dann dort eingetroffen war, freudig begrüßt von allen Ministern, auch von Feldmarschall Moltke und von Oberbürgermeister Forckenbeck, bemerkten aufmerksame Beobachter, dass Bismarck fehlte.

Wenige Tage nach der Rückkehr des Kaisers, am 9. Dezember 1878, brachte der Abgeordnete der Fortschrittspartei Rudolf Virchow im

Preußischen Landtag seine Interpellation gegen den »kleinen Belagerungszustand« ein. Lasker unterstützte ihn mit seiner Feststellung, diese Debatte müsse aber auch im Reichstag geführt werden. Und er wies darauf hin, dass viele im Lande sich von den Auswirkungen des Sozialistengesetzes bedrückt fühlten.

Am Ende des Jahres 1878 erfuhr die Welt von Papst Leo XIII. seine Version vom Ursprung sozialistischer Gedanken. All das, was mit Sozialismus zusammenhänge, sei aus der Reformation hervorgekrochen. Am 26. Dezember 1878 gab er in einer Enzyklika zu bedenken: »Denn ihr wisset wohl, ehrwürdige Brüder, dass der wahnsinnige Krieg, welcher seit dem sechzehnten Jahrhundert von den Neuerern gegen die katholische Kirche angestellt ist und von Tag zu Tag bis heute heftiger entbrannte, dahin strebt, dass nach Beseitigung jeder Offenbarung und nach dem Umsturz jeder übernatürlichen Ordnung nur noch die Entdeckungen oder vielmehr die Fieberträume der Vernunft allein zugelassen werden sollen.«

Im neuen Jahr hatte Bismarck unter Berufung auf das Sozialistengesetz den Reichstag aufgefordert, der Verhaftung von zwei sozialdemokratischen Abgeordneten zuzustimmen. Am 19. Februar 1879 eröffnete Präsident Forckenbeck die fünfte Sitzung des Reichstags. Zur Debatte stand als erster Gegenstand auf der Tagesordnung die »Beratung des Schreibens des Reichskanzlers, betreffend die Einholung der Genehmigung des Reichstags zur strafrechtlichen Verfolgung und zur Verhaftung der Reichstagsabgeordneten Fritzsche und Hasselmann wegen Zuwiderhandelns gegen Paragraph 28 des Gesetzes gegen die gemeingefährlichen Bestrebungen der Sozialdemokratie vom 21. Oktober 1878«.

Der Abgeordnete Heinrich Rickert, Mitglied der Nationalliberalen Partei, brachte dazu seinen Antrag: »Erstens: Die Genehmigung zur strafrechtlichen Verfolgung und Verhaftung der beiden Reichstagsabgeordneten zu versagen. Zweitens: Gleichzeitig zu erklären, dass der Reichstag mit dem § 28 des Gesetzes vom 21. Oktober 1878 nicht den Sinn verbunden hat, dass ein Mitglied des Reichstags durch eine polizeiliche Ausweisung in seiner verfassungsmäßigen Obliegenheit, an den Verhandlungen teilzunehmen, verhindert werden dürfe.«

Lasker meldete sich zu Wort, von seinem Platz aus sprach er für den Antrag des Abgeordneten Rickert. Den Zurufen, er solle zur Tribüne gehen, hielt der Präsident entgegen, der Redner habe das Recht, dort zu bleiben. Lasker begann mit einer ironischen Einleitung: Das Schreiben des Kanzlers an den Reichstag sei ein Vorgang, wie er sich bisher in diesem Haus noch nie ereignet habe, »dass die Regierung die Genehmigung nachsucht, die Verhaftung und Verfolgung eines Reichstagsmitglieds eintreten zu lassen«. Der Kanzler habe in diesem Falle das Ansuchen einer untergeordneten Landesbehörde vor den Reichstag gebracht; damit sei das Anliegen des Staatsanwalts in Berlin zu einem Gesuch der Regierung erhoben worden. Lasker wollte wissen, ob sich dahinter nicht doch die politische Absicht verberge, die Zahl der Reichstagsabgeordneten durch Verhaftung zu verringern: »Ist es denkbar, dass der deutsche Reichstag eine solche Befugnis über seine eigene Zusammensetzung in die Hände von Berlin hat legen wollen? Denn hierfür kommt allein Berlin als Sitz des Reichstags in Betracht.« Er fragte die Abgeordneten: »Auf Ihr Gewissen: Wenn das Zustandekommen des Sozialistengesetzes davon abgehangen hätte, dass dem Reichstag klar gelegt wurde, mit der Votierung dieses Gesetzes gebe er jene Macht dem Polizeipräsidenten von Berlin, wer von Ihnen würde heute wagen, sich zu erheben und Zeugnis dafür abzugeben: Dennoch würde der Reichstag einem solchen Gesetz zugestimmt haben?«

Er erinnerte an die abschließende Beratung über das Sozialistengesetz im Oktober des vergangenen Jahres. Damals habe von den Zustimmenden keiner an die Möglichkeit gedacht, »dass das Sozialistengesetz ausgedehnt werden könnte zum Nachteil des Reichstags, dass es angewendet werden könnte, ein Reichstagsmitglied durch polizeiliche Ausweisung abzuhalten von der Erfüllung seiner verfassungsmäßigen Obliegenheit.« Auch bei der Kommissionsarbeit sei ein solcher Fall nicht erörtert worden. Und er wies noch einmal darauf hin, dass er in der Schlussdebatte von einer notwendigen Kontrolle über die Grenzen dieses Gesetzes gesprochen hatte.

Lasker führte die Zuhörer in seinen Gedankengang ein, wie nun eine Grenze des Sozialistengesetzes peinlich sichtbar geworden war: Der Kaiser hatte am 23. Januar 1879 angeordnet, dass der Reichstag am 12. Februar zusammentreten sollte. »Dieser Befehl ist nicht an ein Abstraktum ergangen, sondern an diejenigen Personen, welche den Reichstag darstellen.« Lasker richtete seine Frage an die preußische Regierung: »Konnte sie nicht den Polizeipräsidenten anweisen, dass er für die Dauer der Reichstagssitzung die Ausweisungsordre gegen die Abgeordneten für unwirksam erklären sollte?« Die Staatsanwaltschaft werfe dem Abgeordneten Fritzsche vor, er verstoße gegen eine Polizeiverordnung, er seinerseits werfe der Polizeiverwaltung vor, sie stelle sich gegen einen Befehl des Kaisers. »Was meinen Sie wohl, meine Herren, wenn der Herr Polizeipräsident von Berlin es im Interesse der öffentlichen Ordnung für notwendig halten würde, ein Mitglied des Bundesrates auszuweisen?« Wenn die Polizeiverwaltung von Berlin die Anwesenheit des Abgeordneten Fritzsche in Berlin für so staatsgefährdend wie einen Kriegsfall halte, dann müsste auch, um jede Gefahr zu vermeiden, der Reichstag aus Berlin nach einem anderen Ort verlegt werden. Er wollte mit seinen bissigen Bemerkungen auch dem letzten Hinterbänkler klarmachen, dass er die Verfolgung der beiden Abgeordneten für ungesetzlich hielt. Sehr ernst erklärte er, dass seine Zustimmung zu dem Sozialistengesetz vier Monate zuvor nicht missdeutet werden dürfe. »Es sollen wenigstens in Zukunft der Richter und die Staatsverwaltung sich nicht auf uns berufen für ihre Interpretation.«

Lasker sprach noch einmal von der »trübseligen Angelegenheit«, wie offensichtlich durch das Schreiben des Kanzlers ein Gegensatz zwischen dem Kaiser, der den Reichstag einberufen habe, und dem Polizeipräsidenten von Berlin aufgebrochen sei. Von seinem Platz aus sagte er deutlich genug, er hoffe, die Mehrheit der Abgeordneten werde den Antrag ablehnen. Natürlich war es für Bismarck ein Ärgernis, dass die Abstimmung verlief, wie Lasker erhofft hatte: keine Genehmigung zur strafrechtlichen Verfolgung und Verhaftung von Fritzsche und Hasselmann. Es hieß im Kreis um Bismarck, Lasker habe wieder einmal alles auf die Spitze getrieben.

»Himmelweit verschieden«

In der Sitzung des Reichstags am 8. März 1879 wurde die Frage erörtert, ob die Maßregeln gegen das Einschleppen von Tierseuchen an der Ostgrenze als ausreichend angesehen werden könnten. Bismarck gab im Zusammenhang mit dem Eindringen der Rinderpest bekannt, in Ostpreußen seien Beamte ermittelt worden, die falsche Atteste ausgestellt hatten. Ihm schien dieses verbrecherische Verhalten, durch das die Seuchengefahr landesweit um sich greifen könnte, eine Folge der vom Reichstag beschlossenen, zu milden Gesetzgebung. Der Kanzler sprach den Verdacht aus, dass eine Reihe von Abgeordneten des Reichstags »mehr Angst hat, dass dem Verbrecher zuviel geschehe, als davor, dass die Gesellschaft unzulänglich beschützt sei.« Den Straffestsetzungen fehle die abschreckende Wirkung. Bismarck spielte auf eine Debatte Ende des vergangenen Jahres an, in der Lasker eine Änderung der untersten Grenze der Strafzumessung befürwortet hatte, das so genannte Minimum sollte herabgesetzt werden.

In seiner Entgegnung sagte Lasker, er wisse wirklich nicht, aus welchem Anlass Bismarck bei einer sachlichen Debatte sich so gereizt äußere und einigen Mitgliedern des Reichstags vorwerfe, Verbrecher zu begünstigen. Er sprach von Bismarcks Neigung, immer wieder »aufregende Debatten« hervorzurufen. »Es ist sehr gut, dass der Herr Reichskanzler einmal auf frischer Tat erfährt, wie ein solches Verfahren wirkt.« Lasker bewies mit juristischen Argumenten die Haltlosigkeit von Bismarcks Angriff. Tatsächlich habe das Parlament der Regierungsvorlage für das Gesetz zugestimmt, nach der die Höchststrafe für solche vom Kanzler geschilderten Personen, die in gewinnsüchtiger Absicht handelten, auf Zuchthaus bis zu zehn Jahren festgelegt sei. Das bedeute jedoch nicht, dass ein Richter – unter Berücksichtigung mitwirkender Umstände – im freien Ermessen eine geringere Strafe aussprechen könne. Lasker bezweifelte, ob es angebracht war, »aus dem Munde des ersten Beamten des Reichs« hören zu müssen, dass Mitglieder des Hohen Hauses lieber Verbrecher begünstigen, als an das Wohl des Landes zu denken.

Umgehend erwiderte Bismarck: »Ich rufe den Reichstag und alle Zuhörer zu Richtern an, wer ruhiger und sachlicher gesprochen hat, ich oder der Herr Abgeordnete Lasker. Ich habe mich vollständig innerhalb der sachlichen Debatte bewegt, ich habe auch niemand persönlich genannt, ich habe namentlich den Herrn Abgeordneten Lasker nicht genannt.« Bismarck meinte: »Wenn der Herr Abgeordnete Lasker sich zu der Bezeichnung derer meldet, die den Schutz des Verbrechers gegen Ungerechtigkeiten schärfer akzentuieren als den Schutz des ehrlichen Mannes vor dem Verbrecher, so kann ich doch nicht dafür.« Außerdem habe er immer wieder belehrende Verweise von Lasker erfahren müssen, die »himmelweit verschieden« von seiner stets sachlichen Kritik gewesen seien. Jetzt aber könne er es zurückgeben, dass er Lasker »hier auf frischer Tat ertappe«. Er warf Lasker vor, geäußert zu haben, einem Viehschmuggler müsse die gewinnsüchtige Absicht erst nachgewiesen werden. Durch den Zuruf von Lasker, diese Behauptung sei unrichtig, sah Bismarck sich veranlasst, zu erklären, er wisse es nicht so genau, es schwebe ihm aber so vor, auch sei er auf solche Erörterungen nicht vorbereitet. Er meinte, bei dieser Gesetzgebung zum Schutz materieller Interessen sollten nicht die Juristen, sondern hauptsächlich die Interessenten mitreden.

Noch einmal meldete sich Lasker zu Wort, es lag ihm daran, deutlich zu machen, dass damals eine Mehrheit der Reichstagsmitglieder sich bemüht hatte, das Minimum herunterzusetzen, nun sollten sie nachträglich »provoziert werden durch die Worte des Herrn Reichskanzlers«, sie hätten sich, er sagte es noch einmal, für Verbrecher mehr eingesetzt als für das Wohl des Volkes. Er verwies auf die psychologische Wirkung einer solchen Anschuldigung. Es sei bekannt, dass Bismarck, »der große Meister der Rede, genau jedes Wort abzumessen weiß, damit es an die richtige Adresse komme«. Er bedauerte, dass die Diskussion sich nicht in den Grenzen der Objektivität halte, damit sei der Sache nicht gedient.

Bismarck erwiderte: »Ich habe mich vollständig in sachlichen Grenzen bewegt.« Es wäre besser gewesen, wenn Lasker geschwiegen hätte, er, der Kanzler, habe ja nur allgemeine Hinweise gegeben und keinen Namen genannt.

Etwa eine Woche später lud Lasker die Parteifreunde Bennigsen und Forckenbeck zum Mittagstisch in seine Wohnung ein. Er glaubte an diesem Märztag im Jahr 1879 vielleicht noch immer an ein nützliches Zusammenwirken mit Bennigsen in der Nationalliberalen Partei, als wollte er es nicht wahrhaben, dass sich eine Spaltung andeutete. Auch Berthold Auerbach war der Einladung gefolgt, er schrieb an seinen Vetter Jakob über das Zusammensein, zu dem der Historiker Herman Grimm noch gekommen war: »Behaglich« sei es gewesen, trotz »der Erregung aller Gemüter«. Nach einem Gedankenaustausch über Literatur, Schulbildung und Soldatendienst habe man später beim Kaffee über Politik gesprochen. Auerbach berichtete weiter, bei diesem Tischgespräch habe Forckenbeck ihn daran erinnert, wie sie beide ein Jahr zuvor bei Lasker zu Gast gewesen waren. Damals habe man in der Runde von der Absicht des Kanzlers gesprochen, Bennigsen als Minister in sein Kabinett zu berufen. Das Vorhaben war gescheitert, es hieß, ein Vorschlag, noch andere Nationalliberale als Minister zu berufen, sei für den Kanzler unannehmbar gewesen. Daraufhin habe Bennigsen verzichtet. Umgehend war in konservativen Kreisen wieder einmal Lasker beschuldigt worden, der Gedanke, außer Bennigsen noch Stauffenberg und Forckenbeck als Anwärter auf einen Ministerposten ins Gespräch zu bringen, sei von ihm gekommen.

Max von Forckenbeck, Fotografie, um 1870

Am Ende des Briefes an Jakob berichtete Auerbach, wie Forckenbeck sich beim gemeinsamen Heimweg über seine schwierige Situation im Reichstag beklagte: »Er habe bei der letzten Attacke Bismarcks wieder gefühlt, wie er als Präsident die brennende Lunte in der Hand hat über einem Fass von Sprengstoffen.«

Am 8. Mai 1879 erlag Bismarck im Reichstag abermals seinem Drang, Spott und Hohn über seinen Gegenspieler auszugießen. Er war am Anfang von Laskers Rede zur Zollpolitik und zu Steuerfragen noch nicht auf seinem Platz gewesen. Jetzt entnahm er aus Stichworten, die sein Sohn Wilhelm derweil für ihn aufgeschrieben hatte, Andeutungen über Änderungen in der Nationalliberalen Partei. Weiter hieß es in den Notizen, Lasker habe ihm, dem Kanzler, nicht nur Unkenntnis in Steuerfragen vorgeworfen, sondern er habe auch noch die Regierungsvorlagen zu den Steuerfragen als eine Finanzpolitik der Besitzenden gegen die Nichtbesitzenden gekennzeichnet. Und: Lasker fühle sich als Parlamentarier verpflichtet, für den Rechtsstaat einzustehen.

Bei der Antwort Bismarcks wuchs das Vergnügen all derer, die schon lange in Lasker ein »nationales Unglück« gesehen hatten. In aller Ausführlichkeit behielten sie die drastischen Formulierungen des Kanzlers im Gedächtnis und gern wurden sie weiter erzählt: »Ja, ich kann dem Herrn Abgeordneten Lasker ebensogut sagen, er treibt die Finanzpolitik eines Besitzlosen; er gehört zu denjenigen Herren, die ja bei der Herstellung unserer Gesetze die Majorität bilden, von denen die Schrift sagt: Sie säen nicht, sie ernten nicht, sie weben nicht, sie spinnen nicht, und doch sind sie gekleidet – ich will nicht sagen wie, aber jedenfalls sind sie gekleidet.«

Weiter auf der Welle der Heiterkeit: »Die Herren, die unsere Sonne nicht wärmt, die unser Regen nicht nass macht, wenn sie nicht zufällig ohne Regenschirm ausgegangen sind, die die Mehrheit bei uns in der Gesetzgebung bilden, die weder Industrie, noch Landwirtschaft, noch ein Gewerbe treiben, es sei denn, dass sie sich damit vollständig beschäftigt fühlen, das Volk nach verschiedenen Richtungen hin zu vertreten, und dass sie das das ganze Jahr lang tun, die verlieren leicht den Blick.« Er meinte den Blick auf die Schwierigkeiten, denen ein Minister ausgesetzt sei, der über Besitz verfüge und der dann deshalb dem Vorwurf ausgesetzt sei, »dass er hier die Finanzpolitik vielleicht im eigenen Interesse triebe«.

Der Kanzler fühlte sich gekränkt, dass Lasker ihm Unkenntnis bestimmter Gesetze vorgeworfen hatte. »Schaudernd« habe er zur Kenntnis nehmen müssen, wie dieser Abgeordnete, der doch eigenem Bekunden nach zu den empfindsamen Menschen gehöre, heute wenig Empfindsamkeit anderen gegenüber zeigte. Bismarck beanstandete ein weiteres Wort, das Lasker gegen ihn gebraucht haben sollte: »unzuverlässig«. Das sei ein unparlamentarischer Ausdruck, den der Präsident nicht gerügt habe. Ihm, dem Kanzler könne man nicht Unzuverlässigkeit vorwerfen: »Meine Darstellung ist nicht irrig.«

Forckenbeck, als Präsident zuständig, erklärte, Lasker habe das Wort nicht verwendet, jeder könne das im unkorrigierten stenographischen Bericht nachlesen.

Bismarck erwiderte, er respektiere zwar das Urteil des Präsidenten, aber: »Ich bin meinerseits Präsident des Bundesrates und spreche als solcher in Ihrer Mitte. Ich habe mein eigenes Urteil und habe meinen Äußerungen weder etwas hinzuzufügen noch etwas davon zurückzunehmen.« Was auch immer der Grund für Forckenbecks Verhalten gewesen sein mochte, er erteilte Lasker nicht mehr das Wort zu einer persönlichen Bemerkung.

Am 17. Mai 1879 erklärte Forckenbeck bei einem Festessen zum Städtetag in Berlin »als freier Mann vor freien Männern«, er sehe in seinem Amt als Präsident des Reichstags keinen Sinn mehr. Er wolle sich nicht mehr bedrängen lassen, die gebotene Neutralität gegenüber den Parteien und der Regierung aufzugeben. Drei Tage später teilte er dem Reichstag mit, dass er sein Amt niederlege.

Ende Juni schrieb Lasker an Stauffenberg über eine längere Unterredung mit Bennigsen, dabei sei ihm dessen Absicht klar geworden, »dass er fest entschlossen ist, eine nach rechts neigende ›liberale‹ Partei unter dem alten Namen in festem Anschluss an die zur Mehrheit befähigten Fraktionen zusammenzuhalten«. Bennigsen, der seine Heimat mehr und mehr bei den Rechten sah, habe schon vor geraumer Zeit die Trennung für eine unvermeidliche Notwendigkeit gehalten. In einem Schreiben vom 29. Juni 1879 gab Lasker auch Miquel Auskunft über Bennigsen und seinen Anhang, dass diese jetzt die Annäherung an die von Bismarck bevorzugten Konservativen suchten. Lasker machte seine Haltung deutlich: »Ich aber bin der Meinung, dass nur Entschlossenheit dem um sich greifenden Übel der Gesinnungslosigkeit, der Herabwürdigung einigen Einhalt tun kann.«

Bei der Debatte im Reichstag Anfang Juli 1879, als es auch um die Petroleumsteuer ging, zeigte Lasker, dass er von seinem Grundsatz, für das Recht der Unbegüterten einzutreten, nicht abwich. Bamberger wusste, im Grunde waren Erörterungen um den Freihandel nicht das Gebiet, für das der Freund sich besonders interessierte; er meinte, Lasker habe jedoch im freien Austausch fremder Produkte die Möglichkeit gesehen, »den Frieden im Verkehr der Völker untereinander zu befördern«. Bei Gesprächen über dieses Thema hatte Bamberger bemerkt: »Das Für und Gegen der einzelnen wirtschaftlichen Erwägungen rührten sein Herz eigentlich wenig.«

Jetzt, in dieser Sitzung am 5. Juli, wurde Bamberger Zeuge, wie Lasker im Reichstag gegen die Petroleumsteuer sprach und er hielt diesen Augenblick in seinen Aufzeichnungen fest: »Aber als es daran ging, die rechtliche Seite dieser Umwälzung ins Auge zu fassen, als die nötigsten Nahrungsmittel des Volkes besteuert werden sollten, als das tägliche Leben des bedürftigen Mannes erschwert werden sollte zu Gunsten bevorzugter Klassen, als er merkte, dass es galt, die Großindustrie und den Großgrundbesitz zu begünstigen unter dem Scheine, dem armen Mann Wohltaten zu erweisen, da fasste er den Gegenstand mit der ganzen Wärme seines Gerechtigkeitsgefühles, da hielt er vielleicht die heftigste Rede, die ich je von ihm gehört habe, die Rede über den Petroleumzoll, die Absicht, das Licht der Arbeiter zu besteuern.«

Bamberger erlebte, wie leidenschaftlich Lasker sich für die wirtschaftlich Schwachen einsetzte, und er bewunderte den Scharfblick des

Freundes, mit dem er den Umschwung der Innenpolitik, das Erstarken der Konservativen seit 1879, bezeichnete: »Da sprach er das charakteristische Wort: ›Wir haben jetzt eine aristokratische Politik.‹ Dieses Wort der ›aristokratischen Politik‹, das wir in den neuen Gesetzgebungen sich immer mehr entfalten und entlarven sehen, dies ergriff er mit seinem ganz eigentümlichen Scharfblick heraus aus den noch unfertigen Entwürfen und er traf mit diesem Worte so sehr das Richtige, dass es an der Stelle, wohin es gesandt war, den höchsten Unwillen erregte; denn ein guter Taktiker weiß sehr wohl, dass man an seiner schwächsten Stelle auch die stärksten Kanonen aufführen muss.« So habe das von Lasker aufgebrachte Wort »von der neuen aristokratischen Politik« an entsprechender Stelle höchsten Unmut erregt.

Am 4. August 1879 nutzte Bismarck wie im Jahr zuvor seinen Aufenthalt in Kissingen, um für König Ludwig II. von Bayern seine Beurteilung der politischen Lage aufzuschreiben. Auch jetzt in seiner Mitteilung an den bayerischen König konnte er seine Gedanken nicht von Lasker lösen: »Die Brandreden an die besitzlosen Klassen von Lasker und Richter haben die revolutionäre Tendenz dieser Abgeordneten so klar und nackt hingestellt, dass für Anhänger der monarchischen Regierungsform keine politische Gemeinschaft mehr mit ihnen möglich ist.« Der Fürst nannte die ihm unbequemen Abgeordneten, den Nationalliberalen Lasker und das Mitglied der Fortschrittspartei Eugen Richter, »Vorarbeiter der Revolution« aus dem »gelehrten Proletariat«. Für Ludwig II. von Bayern wollte er es besonders anschaulich machen: »Es sind die studierten und hochgebildeten Herren ohne Besitz, ohne Industrie, ohne Erwerb.« Allenfalls lebten sie von Gehältern im Staats- oder Gemeindedienst oder von der Presse. »Diese Herren sind es, welche das revolutionäre Ferment liefern und die fortschrittliche und nationalliberale Fraktion und die Presse leiten. Die Sprengung ihrer Fraktion ist nach meinem untertänigsten Dafürhalten eine wesentliche Aufgabe der erhaltenden Politik.«

Vierzehn Tage später dankte der König von Bayern Bismarck für die Informationen. »So möge auch im Übrigen Ihr kräftiges Bestreben, eine große konservative Partei zu schaffen, vom Glück begünstigt sein.«

Die Wahl zum Preußischen Landtag endete für Lasker mit einer Niederlage. In Frankfurt am Main verfehlte er die notwendige Mehrheit. Bei einer Nachwahl in Breslau kam er nicht auf die Kandidatenliste. Auch sein dritter und letzter Versuch war in Magdeburg gescheitert.

Mit Sorge hatte Berthold Auerbach die Wahlen beobachtet. Er berichtete in seinem Schreiben vom 8. November 1879 an seinen Vetter Jakob: »Lasker ist nun in Breslau nicht einmal als Kandidat aufgestellt worden. Da spielt auch wieder die Judenhetze mit. Gestern stand im hiesigen Beobachter aus einer Breslauer Zeitung, dass die Juden in Häusern wohnen, die sie nicht selbst gebaut haben etc. Das ist Anreizung zu Mord und Raub, und das müssen wir noch miterleben!«

Lasker schrieb an seinen Freund Karl Baumbach in Thüringen, seit einem halben Menschenalter sei es nun zum ersten Mal geschehen, dass er nicht in das preußische Abgeordnetenhaus gewählt wurde. Er versicherte, er sei nicht gekränkt, im Gegenteil, er fühle sich eher erleichtert, weil er nun die gewonnene Zeit für seine wissenschaftlichen Arbeiten nutzen könne. Aber dass er auch sein Reichstagsmandat niederlegen wolle, sei ein Gerücht der Gegner. In einem Brief an Stauffenberg meinte Lasker: »Zum Ersatz für die politische Wahlniederlage zähle ich an erster Stelle, dass ich von der Politik für jetzt mich möglichst fernhalten darf.« Sehr klar erkannte er, Bismarck sei »unbedingter Herr der Situation«. Lasker wusste, er würde mit den gleichgesinnten Freunden der Nationalliberalen Partei bei Entscheidungen im Reichstag in der Minderheit sein, dennoch wollte er nicht schweigen.

Über das Ergebnis der Wahlen schrieb der ehemalige »Dolmetscher des Kanzlers«, Moritz Busch, in sein zur Veröffentlichung bestimmtes Tagebuch: »Lasker hat erfahren, dass er nicht mehr gilt, was er galt. Dreimal bei der Wahl durchgefallen, der große Mann, und die beiden ersten Male in Judenstädten.« Busch sah sich im Einklang mit denen, die den judenfeindlichen Ton angaben, für ihn waren Frankfurt am Main und Breslau »Judenstädte«.

Schatten

Heinrich von Treitschke fühlte sich durch die Landtagswahl bestätigt: Lasker hatte eine Niederlage erlitten, weil die Breslauer keinen Juden wählen wollten. Bereits im Sommer des vorangangenen Jahres, als nach dem zweiten Attentat auf den Kaiser Neuwahlen für den Reichstag ausgeschrieben worden waren, hatte Treitschke in Übereinstimmung mit dem Kanzler sich bei seinen Wahlkampfreden von Lasker entfernt. Schon damals hatte ihn die Sorge bewegt, dieser Mann jüdischer Herkunft könne mit seinen linken Tendenzen der Nation schaden. Aber jetzt, gerade vor dem Hintergrund der für den »Fremdling aus dem Osten« verlorenen Breslauer Wahl, sah er es als seine notwendige Aufgabe, die Gedanken, die ihn in diesem Zusammenhang schon jahrelang bewegten, offen zu legen. *Unsere Aussichten* nannte er seinen Beitrag, mit dem er Mitte November 1879 das fünfte Heft der *Preußischen Jahrbücher* abschloss. Er behauptete, dass »in den Tiefen unseres Volkslebens« eine wunderbare, mächtige Erregung arbeite. Das Gewissen des Volkes sei erwacht. Er beschrieb dieses Wachwerden als eine »leidenschaftliche Bewegung gegen das Judentum«.

In seinen Worten über den Wahlausgang in Breslau schien es fast, als bedaure er Lasker. »Heute sind wir bereits soweit, dass die Mehrheit der Breslauer Wähler – offenbar nicht in wilder Aufregung, sondern mit ruhigem Vorbedacht – sich verschwor, unter keinen Umständen einen Juden in den Landtag zu wählen.« Treitschke war sich bewusst, dass er Lasker brauchte, um auf Kosten des bei der Wahl zum Preußischen Landtag Unterlegenen seine eigene Überlegenheit herauszukehren: »Was wir von unseren israelitischen Mitbürgern zu fordern haben, ist einfach: Sie sollen Deutsche werden, sich schlicht und recht als Deutsche fühlen.«

Die jetzt so leidenschaftlich zur Sprache gekommene Judenfrage sei auch eine Folge von »Brandschriften offenbar aus jüdischen Federn«. Eine schwere Gefahr zöge für das neue deutsche Leben herauf. Treitschke unterschied zwischen guten und schlechten Juden. Die »Israeliten des Westens und Südens« seien in ihrer Mehrzahl gute Franzosen, Italiener und Engländer geworden, weil sie, dem »spanischen Judenstamme« angehörend, in alter Zeit nicht durch ein solches Martyrium gegangen seien wie der »polnische Judenstamm«, der dem »germanischen Wesen ungleich fremder« gegenüber stehe. Nach seinem Blick in die Geschichte kam Treitschke zu der Formulierung, die von seinen Anhängern dankbar aufgenommen und weitergetragen wurde: »Über unsere Ostgrenze dringt Jahr für Jahr aus der unerschöpflichen polnischen Wiege eine Schar strebsamer Hosen verkaufender Jünglinge herein, deren Kinder und Kindeskinder dereinst Deutschlands Börsen und Zeitungen beherrschen sollen; die Einwanderung wächst

Heinrich von Treitschke, Fotografie, um 1870

zusehends, und immer ernster wird die Frage, wie wir dieses fremde Volkstum mit dem unseren verschmelzen können.«

Als Beweis für den jüdischen Geist der »Überhebung« nannte Treitschke die elf Bände umfassende *Geschichte der Juden* von Heinrich Graetz, der 1870 als Professor an die Universität in Breslau berufen wurde. Er, Treitschke, habe bei der Lektüre feststellen müssen, wie dieser Breslauer Historiker mit einer »fanatischen Wut« das Christentum als »Erbfeind« darstelle: »Welche hohle, beleidigende Selbsteinschätzung.« Die gegenwärtige Agitation gegen die Juden sei eine »natürliche Reaktion des germanischen Volksgefühls gegen ein fremdes Element, das in unserem Leben einen allzu breiten Raum eingenommen hat«. Treitschke gab in diesem November 1879 den Schlachtruf für die Judenfeinde: »Bis in die Kreise der höchsten Bildung hinauf, unter Männern, die jeden Gedanken kirchlicher Unduldsamkeit oder nationalen Hochmuts von sich weisen würden, ertönt es heute wie aus einem Munde: Die Juden sind unser Unglück.« Der Verfasser versicherte, keineswegs wolle er die »vollzogene Emanzipation« schmälern, doch er blieb dabei: »Es wird immer Juden geben, die nichts sind als deutsch redende Orientalen.« Abschließend wünschte er »Gottes Beistand« für »ein gekräftigtes Nationalgefühl«.

Heinrich Graetz veröffentlichte seine Entgegnung am 7. Dezember 1879 in der *Schlesischen Presse*. Im sarkastischen Ton sprach er den Historiker an: »Der Genius des deutschen Volkes möge Ihnen verzeihen, dass Sie das unüberlegte Wort ausgesprochen haben: Die Juden seien ein Unglück für das deutsche Volk. Sie stellen damit diesem Volke ein wenig schmeichelhaftes Zeugnis aus, das dieses in seiner Kernhaftigkeit mit Unwillen zurückweisen wird. Wie? 40 Millionen Deutsche sollen in Gefahr sein, von einer Handvoll Juden korrumpiert und entsittlicht zu werden?« Mit diesem Unglückssatz habe er das »Heldenvolk« der Deutschen beleidigt.

Über den Ausgang der Wahlen in Breslau wollte Graetz sich in seiner Antwort an Treitschke nicht näher äußern. Zu gut kannte er die Kräfte in seiner Stadt, die im Dienste der Reichsregierung offen und im Verborgenen wirkten. Seit 1854, dem Beginn seiner Lehrtätigkeit am jüdisch-theologischen Seminar in Breslau, war er ein aufmerksamer Beobachter der preußischen Politik. Er wunderte sich über den Historiker Treitschke, der meinte, das Martyrium der spanischen Juden sei leichter zu ertragen gewesen als das der polnischen. »Nehmen Sie es nicht übel, es ist ein historischer Schnitzer. Meine Geschichte, die Sie doch gelesen haben wollen, hätte Sie darüber etwas Besseres belehren können.« Treitschke habe ihm eine fanatische Wut gegen den christlichen Erbfeind unterstellt. Graetz wies darauf hin, dass das Wort »Erbfeind« in seinem gesamten Geschichtswerk nicht vorkommt. Die Bezeichnung, er sei ein Fanatiker, gab er ihm zurück. Bei eingehender Selbstprüfung würde der Herausgeber der *Preußischen Jahrbücher* herausfinden, »wo der ›Fanatiker‹ steckt«.

Mitte Dezember 1879 veröffentlichte Treitschke im sechsten Heft der *Preußischen Jahrbücher* seinen Aufsatz *Herr Graetz und sein Judenthum*. Einleitend teilte er mit, er habe zu seinem Artikel *Unsere Aussichten* bereits eine Reihe von Zuschriften erhalten, die seine Vermutung bestätigten, »ob die Haltung des Judentums selber nicht vielleicht doch einige Mitschuld trägt an dem Unfrieden des Augenblicks«. Er jedenfalls werde seine Behauptungen nicht mildern oder zurücknehmen. Treitschke blieb dabei, dass Graetz mit seiner Arbeit Hass verbreite, besonders im elften Band der *Geschichte der Juden* sei eine »herausfordernde Verachtung gegen das deutsche Volk« deutlich geworden. Aber er musste zugeben, seine Annahme, Graetz habe das Christentum als »Erbfeind« bezeichnet, sei nicht zutreffend. Jetzt jonglierte er: »Erbfeind« oder »Erzfeind«, jedenfalls käme in diesem elften Band immer wieder der Vorwurf über »christliche Unduldsamkeit« zur Sprache. Dort stehe auch die Klage, durch die Taufe seien Juden ins »feindliche Lager« übergegangen. Und Graetz versichere voller Überheblichkeit, »seine Stammesgenossen« seien von »uraltem Adel«. Auch Treitschke benutzte in seiner vorweihnachtlichen Ausgabe der *Preußischen Jahrbücher* das Wort »Fremdling«: »Nun frage ich: Kann ein Mann, der also denkt und schreibt, selber für einen Deutschen gelten? Nein, Herr Graetz ist ein Fremdling auf dem Boden seines ›zufälligen Geburtslandes‹, ein Orientale, der unser Volk weder versteht noch verstehen will. Er hat mit uns nichts gemein, als dass er unser Staatsbürgerrecht besitzt und sich unserer Muttersprache bedient – freilich um uns zu verlästern.«

Ludwig Bambergers Antwort an Treitschke im Februarheft 1880 von *Unsere Zeit* trug den Titel *Deutschthum und Judenthum:* »Herr von Treitschke, der Historiker und Patriot, war wohl berufen, sich der Sache auf diese Weise anzunehmen und damit seine unleugbaren Verdienste um die Stärkung des nationalen Geistes durch eine schöne und edle Tat zu erhöhen. Ist ihm dies gelungen, als er jüngst in den ›Preußischen Jahrbüchern‹, Novemberheft 1879, der eben wieder aufflackernden Verfolgungswut seine Betrachtung zuwendete? Er scheint es zu glauben, und wahrlich, man sollte sich auch keiner als der besten Absicht von ihm versehen.«

Aber Treitschke habe den »unduldsamen Eiferern und pöbelhaften Bandenführern« die Zitate geliefert, die nun von Mund zu Mund gehen, wie die krasse Behauptung, die Juden seien Deutschlands Unglück. »Durch alle Poren seines Wesens transpiriert die vorgefasste Stimmung, welche die deutschen Juden als Fremdlinge ansieht.« Bamberger stellte fest, dass Treitschke mit seiner Schrift auch den Liberalismus angriff. »Sind schon die Juden von jeher liberal gewesen, so ist insbesondere einer der hervorragendsten Führer jenes parlamentarischen Liberalismus, der bei Herrn Treitschke eben in Ungnade steht, ein Jude.« In seiner Schrift hatte Treitschke behauptet, Laskers Wahlniederlage in Breslau sei die Folge der Erbitterung gegen Juden gewesen. Bamberger bewies aus Kenntnis der lokalen Verhältnisse: »Lasker wurde als der Mann des linken Flügels der Nationalliberalen bekämpft.« Aus diesem Grunde wurde der Zorn gegen ihn geschürt. Er wies darauf hin, der Platz von Juden in deutschen Parlamenten sei von jeher auf den linken Bänken gewesen. Und wieder sein Spott: »Nur zwei jüdische Abgeordnete früherer Reichstage saßen auf der Rechten, Dr. Strousberg und Herr von Rothschild, vermutlich weil sie verzeihlicherweise als Fürstlichkeiten der Finanz dies ihrer Stellung innerhalb der Aristokratie schuldig zu sein glaubten.«

Bamberger beschrieb bei seinem Gang durch die Geschichte, wie mit dem Nachlassen religiöser Antipathie gegen Juden die Wendung zum Rassismus aufkam. Er sah es voraus: »Der Rassengegensatz wird ein etwas zäheres Leben fristen.« Doch er wollte sich die Hoffnung nicht nehmen lassen, es werde eine Zeit der Toleranz kommen, »denn nicht allezeit werden, wie gegenwärtig, Bildung und Humanität ans Kreuz geschlagen sein«. Er untersuchte in seinem Artikel Treitschkes Wendung von den Hosen verkaufenden Jünglingen und fragte, ob Russisch-Polen oder Preußisch-Polen gemeint sei und ob nun auch die Bewohner aus der preußischen Provinz Posen als Ausländer angesehen werden müssten. Die Provinz Posen, Laskers Heimat. Also kam Bamberger noch einmal auf den Freund zu sprechen, er leitete die Passage über den Gegensatz zwischen Lasker und Bismarck mit der Überlegung ein: »Bespricht man in unseren Tagen die Judenfrage in Deutschland, so kann man an dem Namen Lasker nicht schweigend vorübergehen.« Jetzt habe der Kanzler mit seiner überwältigenden Macht die »Mehrheit der Nation« hinter sich hergezogen. Leute, die sich früher zu Lasker drängten, bekämpften ihn nun als »den hervorstechendsten seiner Stammesgenossen«.

Bamberger hätte gern von Treitschke erfahren, was dieser »Schrei des Schreckens« bedeute, die Behauptung: »Die Juden sind unser Unglück.« Er fragte: »Ist aber dieses Unglück eine so offenkundige Tatsache und sind die Juden schuld am Defizit, an der Kartoffelmissernte, an der oberschlesischen Not, am Sozialismus, an den Attentaten, an der Gefahr eines russischen Krieges, an der wachsenden Militärlast, sogar am unbeendbaren Kulturkampfe und wer weiß an was allem sonst noch; haben sie wieder einmal alle Brunnen vergiftet, aus welchem die sämtlichen Pestilenzen sich herleiten?«

In seiner Abhandlung *Bilder aus der deutschen Geschichte* hatte Treitschke über Heine geschrieben: »War er doch schlechthin der einzige unserer Lyriker, der niemals ein Trinklied gedichtet hat; sein Himmel hing voll von Mandeltorten, Goldbörsen und Straßendirnen, nach Germanenart zu zechen vermochte der Orientale nicht.« Bamberger kam darauf zurück: »Steht doch selbst ein Nebensächliches, wie ihre Talentlosigkeit für das Trinken den Juden in manchen kameradschaftlichen Verhältnissen, und nicht gerade der niedrigsten Kategorie, entgegen. So mischt sich Großes mit Kleinem, um die alte Misere jung zu erhalten.« Treitschke habe sich nicht die Mühe gemacht, nachzuforschen, »wie viele stille, ernste vom idealsten Streben durchdrungene Männer jüdischer Herkunft in Deutschland auf allen Gebieten der Forschung und des Lebens gearbeitet haben und noch arbeiten.«

Der Artikel *Herr Graetz und sein Judenthum* im Dezemberheft der *Preußischen Jahrbücher* war für Bamberger die Bestätigung, Treitschke wollte jetzt verschärft gegen Juden in Politik, Wirtschaft und Literatur auftreten. Dazu diente ihm Graetz mit seinem elften Band der *Geschichte der Juden* als Vorwand. Bamberger wies auf die unwissenschaftliche Methode des Geschichtsprofessors hin, aus den Gedanken eines Einzelnen auf Allgemeines zu schließen. »Ja, so ist es, die Lektüre eines Buches im letzten Sommer ist das historische Material, mit dem solche Anklageschriften verfasst werden.« So müssten die Angegriffenen jetzt erleben, auch Treitschke sehe nun die Zeit für gekommen, »um für das eigene, zur zweiten Natur gewordene Gefühl des Widerstrebens eine Beschönigung zu finden«. Die Vorwürfe Treitschkes gegen deutsche Juden seien der Beweis, »dass man sie eben nur als Geduldete, die das Gastrecht verletzen, ansieht«.

Bamberger warnte: »Und eins insbesondere übersehe man nicht: die Rückwirkung auf die Schule.« Er sah die Folgen voraus: »Was aber den kindlichen Gemütern in der Schule eingepflanzt wird, genügt, um den verderblichen Rassen- und Glaubenshass unausrottbar zu machen.«

In seinem Brief vom 4. Februar 1880 gab Auerbach seinem Vetter Jakob den Hinweis auf Bambergers Schrift: »Ich habe die Abhandlung von Ludwig Bamberger ›Deutschthum und Judenthum‹ im Februar-Hefte von ›Unsere Zeit‹ gelesen. Ein Meisterstück hochgehaltener Polemik, so vornehm als herzbewegt.« Aber wie quälend Auerbach die Gegenwart empfand, erfuhr Jakob einen Monat später: »Es ist zum Verzweifeln, in den Freiesten steckt ein Hochmut und Widerwille gegen die Juden, der nur auf Gelegenheit wartet, um zu Tag zu kommen. Und was soll denn das, dass die Juden sich gut bewähren sollen? Ist das nicht eine Art Inquisition?«

Auch der Nationalliberale Heinrich Bernhard Oppenheim wollte sich von dem Nationalliberalen Treitschke nicht in die Defensive drängen lassen. Er veröffentlichte am 3. Januar 1880 einen Artikel in der Zeitschrift *Die Gegenwart* und setzte die Namen Stoecker und Treitschke als Überschrift. Er wusste: »Es ist kein Zweifel, dass die gegenwärtigen Versuche, eine Judenhetze zu bewerkstelligen, von langer Hand vorbereitet sind.« Er bezeichnete die judenfeindlichen Bewegungen als ein Zusammenspiel, ein systematisches Vorgehen im Dienste politischer, kirchlicher und wirtschaftlich reaktionärer Kräfte. Treitschke, dem es sicher nicht an Selbstgefühl fehle, trete nun neben Stoecker in die Reihe der Judenfeinde mit seiner Behauptung, dass die alte germanische Gesittung bedroht sei, dass es bis in die höchsten Kreise aus einem Munde töne: »Die Juden sind unser Unglück.«

Oppenheim erklärte: »Nicht die Judenfrage an sich, sondern die Frage des Judenhasses, was daran wahr ist und was damit bezweckt wird, interessiert uns an der heutigen Bewegung.« Er suchte nach den Gründen für Treitschkes abgeschmackte Formulierungen, die mitsamt den Erörterungen, ob im Volk die konservative oder die liberale Stimmung mächtiger sei, auf die »Bierbank« gehörten. Im Zusammenhang mit den Äußerungen des Geschichtsprofessors über den Ausgang der Wahlen in Breslau beschrieb Oppenheim, wie gegen Lasker Intrigen gesponnen wurden, und er war sicher, dass auch Treitschke davon wusste: »Es war ein guter Sport für die Feinde des Parlamentarismus, den tätigsten Abgeordneten einmal auszuschließen, ihm ein Häuflein Schmutz in den Weg zu wälzen.«

Er wies nach, in Breslau habe nicht die »Tiefe unseres Volkslebens« gewirkt, es war nicht das Klopfen des Pulsschlags des Zeitgeistes, es war »nur das Geräusch des Kulissenschiebens«. Er meinte, Treitschkes Bestreben, niemals mit Bismarck in Widerspruch zu geraten, offenbare sich jetzt in seiner Abkehr von Lasker. Oppenheim zeigte auf die »klingenden Phrasen« in Treitschkes Erörterung der so genannten Judenfrage, bei der dieser gelehrte Mann die Geschichte der spanischen und der polnischen Juden offenbar absichtlich falsch darstellte, um so zu Gehässigkeit und Verfolgung aufzureizen. »Ein Publizist von Treitschkes Gewicht hat nicht das Recht, oberflächlich zu sein.« Am Ende seines Artikels hoffte Oppenheim, dass Treitschke zur Selbstkritik angeregt würde. »Schon deshalb ist es der Mühe wert, ihm in dieser Sache Schritt für Schritt zu folgen.«

Oppenheim hatte seine Entgegnungen an Treitschke in der Weihnachtszeit geschrieben, auch den *Schlussartikel* für *Die Gegenwart* vom 10. Januar 1880. Dabei gab er einen Einblick in Jahr für Jahr wiederkehrende Gewohnheiten: »In fast allen jüdischen Familien Berlins glimmen duftende Wachskerzen an reich geschmückten Tannenzweigen«. Sie betrachteten das Fest nicht als ein konfessionelles Ereignis, sie wagten diese nach seiner Meinung »kleine Ketzerei«, weil ihre Kinder von der Festfreude der christlichen Nachbarn nicht ausgeschlossen sein sollten.

Die Verlogenheit in Treitschkes Satz von den Hosen verkaufenden Jünglingen empörte Oppenheim. Er kannte die Vorwürfe von Vertretern der Zünfte, dass sie sich durch die Gleichberechtigung jüdischer Staatsbürger benachteiligt fühlten, und er wusste, wie diese »reaktionären Verbrüderungen« bei Stoecker ihr Heil suchten, »um in das Lied vom ›bösen Juden‹ mit einzustimmen«. Er fragte: »Will Herr von Treitschke auch diese Leute für seine christlich-germanische Brigade anwerben?« Den Beweis für eine Invasion »Hosen verkaufender Jünglinge« bleibe Treitschke allerdings schuldig, auch für den Vorwurf, der Anteil von Juden an höheren Schulen sei bedenklich gewachsen. Die Warnung an das deutsche Volk und gleichzeitig an die Juden vor »jüdischer Überhebung« betrachtete Oppenheim als eine merkwürdige Furcht Treitschkes vor dem »Wissenstrieb, der gegen Überhebung und Verblendung die besten Heilmittel liefert«. Er fragte, ob ein Land zu viele gebildete Männer besitzen könnte. Wie sein Vermächtnis klang der Wunsch am Ende seines Artikels, dass die Juden sich durch die übelwollenden und ungerechten Angriffe nicht beirren lassen sollten.

Am 29. März 1880 starb Heinrich Bernhard Oppenheim. Berthold Auerbach berichtete am 2. April seinem Vetter Jakob von der Trauerfeier in Berlin, wie er dort die Gedenkrede gehalten hatte und dabei vor Ergriffenheit kaum sprechen konnte. Er hatte die Trauernden daran erinnert, dass Oppenheim noch vor wenigen Monaten »gegen das Attentat auf die Majestät der Humanität« in der Zeitschrift *Die Gegenwart* seine Stimme erhoben und die Attentäter genannt hatte: Stoecker und Treitschke. Jakob sollte durch diesen Brief erfahren, wie belastend Auerbach die »Elendigkeit der Judenhetze« empfand.

Im Gedenken an Oppenheim veröffentlichte *Die Gegenwart* am 10. April 1880 auf ihrer ersten Seite die Erinnerungen von Karl Braun. Der fast gleichaltrige Rechtsanwalt stammte aus Hadamar, nicht weit von Wiesbaden. Auch er, seit 1871 Reichstagsmitglied, gehörte zum linken Flügel der Nationalliberalen Partei. Jetzt wirkte er als Anwalt am Reichsgericht in Leipzig. Kurz zuvor waren zwei Bände seiner Darstellung *Zeitgenossen, Erzählungen, Charakteristiken und Kritiken* herausgekommen. Und Eingeweihte wussten, er hatte im vorangangenen Jahr *Randglossen zu den politischen Wandlungen der letzten Jahre* anonym veröffentlicht. Braun erinnerte in seinem Artikel für *Die Gegenwart* an Oppenheims Verbannung aus seiner Geburtsstadt Mainz nach dem Jahr

1848, wie er »von den Fluten einer gottverlassenen Reaktion über Bord geschwemmt und an eine ausländische Küste geschleudert wurde«. Lange Jahre mussten vergehen, bevor Oppenheim in der Zeit des Anbruchs der »Neuen Ära« heimkehren und in Berlin mit seiner politischen Arbeit beginnen konnte, mit der Gründung der *Deutschen Jahrbücher*. Es seien vor allem die Beiträge von Lasker gewesen, die Aufsehen erregten. »Und Oppenheim konnte sich wohl scherzend, aber nicht gerade mit Unrecht, berühmen, er sei ›Laskers Entdecker‹«. Braun vergaß nicht zu erwähnen, dass die viel gelesenen *Deutschen Jahrbücher* 1864 eingehen mussten. »Sie hatten ihrem Herausgeber, außer großen Geldopfern, auch noch eine Verurteilung wegen ›Majestätsbeleidigung‹ eingetragen, wegen deren die juristische Welt keineswegs ungeteilter Meinung war.« Am Ende der Aufzeichnung seiner Erinnerungen berichtete Braun von einem Gespräch, bei dem Oppenheim in Vorbereitung seines Aufsatzes *Stoecker und Treitschke* zu ihm gesagt hatte: »Sollte nicht vor allem die heutige Judenhetze ein Symptom sein, dass der deutschen Nation die Gefahr droht, eine Einbuße an ihrem geistigen und sittlichen Kulturkapital durch Hereinbrechung von Verwilderung und Barbarei zu erleiden?«

Am 11. Juni 1880 sprach Stoecker vor einer Volksversammlung in der überfüllten Berliner Tonhalle. Selbstzufrieden vermerkte er in seinen Aufzeichnungen, wie schlagfertig er auf einen Zwischenruf, offensichtlich von sozialdemokratischer Seite, mit einer Gegenfrage reagiert habe: »Warum fordern Sie nur von den Geistlichen soziale Hilfe? Warum nie von den Juden? Herr von Bleichröder hat mehr Geld als alle evangelischen Geistlichen zusammen.«

Eine Woche später schrieb Bleichröder an den Kaiser über seine Besorgnis, durch die andauernde Judenhetze aus seinem Heimatland vertrieben zu werden: »Majestät, ich zittere nicht vor diesem letzten notwendigen Ereignis, wenn der Agitation nicht rechtzeitig Einhalt geboten wird. Ich versuche, mich darauf vorzubereiten, so schweren Herzens ich das Vaterland auch meiden würde. Ich weiß, dass die hohe Staatsgewalt zu meinem Schutze kommen wird. Aber ich glaube annehmen zu dürfen, dass der Versuch einer Gewalt gegen mich, der in den Reden des Herrn Hofpredigers Stoecker und Genossen gegen mich heraufbeschworen wird, nicht vereinzelt stehen bleiben könnte, dass er vielmehr nur der Anfang des Unglücks einer furchtbaren sozialen Revolution sein müsste.«

Bismarck erhielt von Bleichröder eine Abschrift seines Schreibens vom 18. Juni 1880 an den Kaiser. Von dort kam keine Entgegnung. Schweigen. Es dauerte bis Dezember, dann erst wurde ihm aus Regierungskreisen mitgeteilt, der Kaiser habe dem Dom- und Hofprediger Stoecker »das Geeignete« übermittelt.

In der Zwischenzeit, am 20. und 22. November 1880, hatte im Preußischen Landtag die Debatte über eine Petition an Bismarck aus dem Kreis um Stoecker und Treitschke stattgefunden. Mit dieser Petition waren vier Forderungen in Umlauf gebracht worden: Die Einwanderung ausländischer Juden sollte, wenn sie nicht verhindert werden kön-

Führende Mitglieder der Nationalliberalen Partei; untere Reihe v.r.n.l.: Franz von Roggenbach, Karl Braun, Rudolf Gneist, Ludwig Bamberger; obere Reihe v.r.n.l.: Wilhelm Wehrenpfennig, Eduard Lasker, Heinrich von Treitschke, Johannes Miquel, Holzstich, 1878

ne, wenigstens eingeschränkt werden. Die Juden sollten von allen obrigkeitlichen Stellungen ausgeschlossen werden, ihre Verwendung im Justizdienste – namentlich als Einzelrichter – sollte eine angemessene Beschränkung finden. Der christliche Charakter der Volksschule, auch wenn dieselbe von jüdischen Schülern besucht wird, sollte streng gewahrt bleiben. Hier sollten nur christliche Lehrer zugelassen werden, in allen übrigen Schulen aber sollten jüdische Lehrer nur in besonders motivierten Ausnahmefällen zur Anstellung gelangen. Und schließlich sollte die Wiederaufnahme der amtlichen Statistik über die jüdische Bevölkerung angeordnet werden.

Den Anstoß zur Debatte über die Petition an Bismarck hatte der Abgeordnete des Preußischen Landtags Albert Hänel (Fortschrittspartei) mit seiner Interpellation gegeben. Er verlangte von der Königlichen Staatsregierung eine Stellungnahme zu den Anforderungen, »die auf Beseitigung der vollen verfassungsmäßigen Gleichberechtigung der jüdischen Staatsbürger zielen«. Hänel wollte wissen, welche Schritte die Regierung gegen die Judenhetze unternahm. Auch hier geschah Ausweichendes: Der Sprecher der Regierung, Graf Otto zu Stolberg-Wernigerode erklärte, die Staatsregierung habe die Petition an Bismarck noch gar nicht erhalten. Der bestehende Rechtszustand solle nicht geändert werden. Aber es gab von seiner Seite keine ausdrückliche Ablehnung judenfeindlicher Bestrebungen. Die Vertreter der Antisemiten-Liga unter Stoecker konnten sich ermuntert fühlen.

Berthold Auerbach hatte als Zuhörer am 22. November 1880 den Schluss der Debatte im Preußischen Landtag mit dem Auftritt des Abgeordneten Stoecker erlebt. Die hasserfüllten Worte des Hof- und Dompredigers über die »jüdische Literatur« mit ihren »hässlichen Zügen« und ihrer »Selbstüberhebung« brachten den Verfasser der einst so beliebten *Schwarzwälder Dorfgeschichten* zu der niederdrückenden Erkenntnis: »Vergebens gelebt und gearbeitet.« Ekel und Schmerz über »die Schande des Vaterlandes« erfüllten seine Seele und die Sorge: »Aber das Bewusstsein, was noch in deutschen Menschen gehegt wird und was unversehens explodieren kann, das ist untilgbar.«

Anfang Dezember 1880 erhielt Lasker ein Schreiben von Bamberger. Statt eines längeren Briefes schickte er ihm seine Schrift *Die Sezession*. In fünf Kapiteln begründete er, warum die Mitglieder des linken Flügels der nach rechts tendierenden Nationalliberalen Partei nicht mehr angehören konnten und wollten. Bamberger informierte Lasker, er habe die Schrift anonym veröffentlicht, Kenner würden den Autor wahrscheinlich herausfinden. Sein Urteil über die Gegenwart klang pessimistisch: »Geistig ist die Atmosphäre von der Stoeckerei vollständig gesättigt. Es ist gar kein Entrinnen, und die Schatten, welche aus diesem Blick in das Innere der Nation in das eigene Innere zurückfallen, verdunkeln rückwärts und vorwärts das ganze Leben.« Angesichts der großen Nachfrage bekannte sich Bamberger sehr bald zu seiner Schrift, die er, wie er ausdrücklich betonte, »ohne Hass und Furcht« verfasst hatte.

Erfüllt von Sorge und Abscheu über das Erstarken von Stoeckers antisemitischer Bewegung warnte Eugen Richter, Abgeordneter der Fortschrittspartei, in der Reichstagssitzung am 12. Januar 1881: »Die Bewegung fängt an, sich an die Rockschöße des Fürsten Bismarck zu hängen, und wenn er sie gleich ablehnt und in seiner Presse die Überschreitungen mitunter tadeln lässt, so fährt sie doch fort, sich an ihn anzuschmiegen und auf ihn zu berufen, gleichsam wie lärmende Kinder ihren Vater umdrängen.«

Manchmal geht das Läppische ins Gespenstische über. Am Donnerstag, dem 3. März 1881, wurde auf der achten Sitzung des Reichstags am späten Nachmittag die Debatte zu Nummer 20 der Anlagen begonnen. Es sollten die am häufigsten festgestellten Verstöße gegen das Wahlreglement erörtert werden. Fürst Bismarck erklärte, er habe stets darauf geachtet, dass Beamte sich nicht in den Wahlkampf einmischen dürften. Es sei jedoch immer wieder zu unerlaubten Vorfällen gekommen.

Jetzt nannte er ein Beispiel: Bei den letzten Wahlen für den Reichstag sei ein Wahlkandidat von einem Landrat in dessen Kutsche zu den Wahlplätzen gefahren worden. Der Landrat habe zwar den dortigen Einwohnern nicht direkt eingeredet, »diesen von ihm präsentierten Herrn zu wählen«, doch allein durch seine Anwesenheit sei ein Druck auf die Wähler ausgeübt worden. Die Leute sollten erkennen, wer so vertraut mit dem Landrat ist, dem gibt man eben seine Stimme. »Es hat sich dies mehrere Tage wiederholt, und der Wahlkandidat war stets der Gast des Landrats im Dienstgebäude geblieben.« Bismarck betonte: »Es war dies nicht in Preußen.« Und er erklärte, er habe diesen Vorgang damals gleich der betreffenden Landesregierung zur Kenntnis gegeben und gefragt, ob der Landrat zu seinem Verhalten ermächtigt gewesen sei. Der Kanzler vergewisserte sich durch einen Blick in den Sitzungssaal, ob sein Angriff angekommen sei: »Der Fall, von dem ich sprach, betraf keinen konservativen Abgeordneten; derselbe hat sich, wie ich trotz meiner Kurzsichtigkeit schon bemerkt zu haben glaube, bereits zu Wort gemeldet.« Da hatte er wieder die »Heiterkeit« seiner Getreuen auf der rechten Seite erreicht.

Präsident Gustav von Gossler erteilte Lasker das Wort. Der Aufgerufene entschuldigte sich, dass er trotz Unwohlseins gezwungen sei zu sprechen, die Provokation des Kanzlers habe ihn dazu veranlasst. Er wehrte sich gegen den Vorwurf, sein Verhalten bei den Wahlkundgebungen im Landkreis Meiningen sei rechtswidrig gewesen. Bismarck habe sicher keine Kenntnis davon, dass Baumbach schon lange vor seiner Zeit als Landrat ihn jedesmal bei allen seinen Reisen nach Thüringen gastfreundlich willkommen geheißen hatte. Mit seinem energischen Zwischenruf »Doch!« erreichte der Fürst eine so heftige Heiterkeit, dass der Präsident sich gegen die Unterbrechung des Redners verwahren musste.

Lasker versuchte, weiter zu sprechen und zu beweisen, dass Landrat Baumbach in die Wahl nicht eingegriffen hatte. Abermals lachten Abgeordnete und riefen: »Hört! Hört!« Lasker fragte: »Meine Herren, was bedeutet Ihr Lachen?« Der Reichstagspräsident, erst im Februar 1881 mit der Mehrheit der Konservativen in das hohe Amt gewählt, unterbrach mit einer höflichen Floskel und erklärte, das Lachen beziehe sich nicht auf die Worte des Redners. Lasker staunte über diese Deutung. Er sehe den Grund für das Gelächter als Bestätigung für die Auffassung des Kanzlers, dass Landrat Baumbach sich in den Wahlkampf eingemischt habe. Noch einmal versuchte der Präsident auszugleichen, die Herren hätten wirklich nur über dieses »Hört! Hört« gelacht.

Lasker widersprach. Es lag ihm daran zu beweisen, dass Bismarck über die Begleitung von Baumbach zu den einzelnen Wahlorten »die reine Unwahrheit« gesagt habe. Jetzt ging er aus der Verteidigung zum Angriff. Natürlich sei es ihm nicht unbekannt geblieben, wie die Regierung von Sachsen-Meiningen schon vor Beginn des Wahlkampfes vom Kanzler aufgefordert worden war, seine Wahl nicht zu unterstützen. Darüber habe er jedoch bisher in der Öffentlichkeit nie gesprochen, »weil ich nicht gern auf Wahlklatsch eingehe«. Lasker sprach es aus: »Auch hat es an Empfehlungen nicht gefehlt für den Sohn des Herren Reichskanzlers, der mich verdrängen sollte.« Er erinnerte daran, dass Bismarck ihn in einer Rede als »seinen verehrten Gegner aus alter Zeit« bezeichnet hatte, obwohl Lasker ihn in seiner Politik jahrelang unterstützt habe. »Allerdings habe ich auch die Unterstützung immer mit der vollen Selbständigkeit meiner eigenen Meinung dem Herrn Reichskanzler geliehen. Wenn dies schon ausreicht, um mich als seinen Gegner zu bezeichnen, dann bin ich allerdings sein ›Gegner von Alters her‹«.

In seiner Erwiderung brach aus Bismarck heraus, was ihn schon lange quälte. Er musste es eingestehen, Lasker sei ein beeindruckender Redner. Aber mit dieser Fähigkeit habe der Abgeordnete ihm von Anfang an seine Arbeit immer wieder erschwert. Er habe bei jedem Gesetzesvorschlag Laskers Tätigkeit als gegen ihn gerichtet empfunden. »Ehe nicht ein Amendement [Abänderungsantrag] Lasker angenommen war, hatte ich wenig Aussicht auf Unterstützung, und dieses Amendement Lasker kreuzte oft meine Tendenzen empfindlich.« Er müsse nun die Illusionen des Abgeordneten zerstören: »Ich fühle keinen Dank für eine mir von ihm zu Teil gewordene Unterstützung.« Und wieder spottete der Kanzler: »Wenn er sagt, dass es verwunderlich wäre, dass ich drei Jahre geschwiegen hätte, ja, das ist doch ein Beweis für meine diplomatische Diskretion«. So brach die gewünschte Heiterkeit aus. Der Mächtige hatte seinen Sohn Herbert gerächt, der vor drei Jahren im Wahlkampf um die Stimmen der Thüringer dem »Fremdling aus dem Osten« unterlegen war.

Einen Monat später, bei der Beratung im Reichstag über das Unfallversicherungsgesetz, holte Bismarck abermals aus dem Schatz seiner Erinnerungen einen Vorgang heraus, der geeignet war, seine Verachtung gegen Lasker und gleichzeitig gegen Bamberger zu zeigen. Zunächst entgegnete er dem Abgeordneten Richter, der ihm vorgeworfen hatte, wie unhaltbar das Gesetz gegen Sozialisten sei, aber von Judenhetze erfüllte Veranstaltungen »erfreuen sich eines lebhaften Telegrammwechsels mit einer hochstehenden Person, die ich nicht nennen will«. Bismarck verstand es wieder, den Spott als Waffe zu benutzen. Natürlich herrschte Heiterkeit, als der Kanzler erklärte, er bekäme Tausende an Telegrammen. »Ich bin ein höflicher Mann und würde sogar wahrscheinlich auf ein Telegramm von Herrn Richter antworten.« Vorausgesetzt, das Telegramm sei so freundlich wie die vielen, die er als Gruß von Versammlungen bekäme. Er könne keinesfalls polizeiliche Nachforschungen anstellen lassen, welchen Anschauungen die Absender anhängen.

Jetzt war er bei Lasker und Bamberger angelangt. Wenn es Aufhetzungen zum Hass gebe, so sei »neulich« – drei Jahre zuvor – vom Abgeordneten Lasker zu hören gewesen, dass die Regierung eine »aristokratische Politik« betreibe. Damit sei Klassenhass heraufbeschworen worden. Bismarck kam zur Verknüpfung mit dem Judenhass und sprach von bedenklichen Wirkungen, »wenn solche Äußerungen auf antisemitischen Boden fallen«. Dann aber habe Bamberger in seiner Zeitung *Tribüne* die Redewendung von Lasker als eine »Kolumbusentdeckung« herausgestellt. Bismarck kehrte zurück zur Frage der Unfallversicherung und erklärte, auch er bemühe sich um Gerechtigkeit für Hilfsbedürftige. Wieder spottete er gegen Lasker: »Da hat man sich um den ›armen Mann‹ gerissen wie um die Leiche des Patroklos. Herr Lasker hat ihn an dem einen Ende gefasst, ich suchte ihn ihm nach Möglichkeit zu entreißen.«

Gern und oft brachte der Kanzler den Nachweis für seine Bildung vor die Zuhörer. Hier nahm er die von Homer überlieferte Geschichte aus dem Krieg um Troja, wie Achilles sich vom Kampf fernhält, aber Patroklos seine Rüstung überlässt, damit der ins Gefecht gehe. Hektor tötet Patroklos und eignet sich die Rüstung an. Nun tritt Achilles hervor, um mit Hektor um den Leichnam zu kämpfen. Bismarck und Lasker. Achilles und Hektor. Nach dem Ende des Lachens fragte der Kanzler: »Und wohin kommen wir denn mit diesen Unterschiebungen von Motiven und mit dieser Zuhilfenahme des Klassenhasses, der Verstimmung, des Elends und des Leidens? Darin liegt schon eher Sozialismus.«

Nach seiner Rede ging der Kanzler. Er hörte nicht mehr Laskers Entgegnung, Bismarck habe mit dem Scherz über die Leiche von Patroklos eine sehr ernste Frage ins Lächerliche gezogen. Das Wort von der aristokratischen Finanzpolitik der Regierung habe er, Lasker, ganz objektiv gewählt, um auf die nach gesellschaftlichem Rang ungleich verteilten Belastungen hinzuweisen. Und Bismarck hörte auch nicht mehr die persönliche Bemerkung von Bamberger am Ende der Sitzung, dass die Zeitung *Tribüne* ihm nicht gehöre, er habe dort nur einen verschwindenden Anteil. Andere ließen mittels ihres Vermögens ihre Meinung vertreten. So tief seien seine Taschen nicht, dafür seien aber seine für die *Tribüne* geschriebenen Artikel verständlicher. Das hatte ja der Kanzler gerade bestätigt mit seiner Kritik an der dort veröffentlichten Betrachtung über die »aristokratische Politik«.

Im Herbst des Jahres 1881 erhielt Lasker einen Brief von Auerbach aus Cannstatt. Zu dieser Zeit war der Dichter nach seiner Gewohnheit unterwegs auf Reisen in heimatlichen Gefilden: »Ich weiß zwar, in welchem wüsten Lärm Sie jetzt stehen, da Bismarck das niedrigste Mittel mit Lust aufgreift, um die Verrohung des deutschen Volkes und die gründliche Entsittlichung alles Lebens zu bewirken; aber ich weiß auch, dass Sie zu jeder Zeit Ihr reines Denken und Empfinden nach Wissenschaft und Kunst hin hochzuhalten und zu reinem Ausdruck zu bringen vermochten.«

Lasker nahm sich vor, dem Freund ausführlich zu antworten. Aber ihm fehlte die Ruhe. Auch hoffte er auf Auerbachs baldige Rückkehr nach Berlin, damit sie nach alter Gewohnheit ihr Gespräch fortsetzen konnten. Tagelang war Lasker für die Wahlen zum Reichstag unterwegs gewesen. Über seine Erfahrungen in dieser Zeit schrieb er seinem Freund Baerwald: »Die Reaktion hat die Judenfrage in den Mittelpunkt ihrer Bewegung gerückt, um sich gegen den religiösen Fanatismus anzulehnen und die vielfach vorhandene Abneigung gegen Juden ihren Zwecken dienstbar zu machen.« Doch in seinem Wahlkreis Sonneberg-Saalfeld hatten die Thüringer ihm bei der Wahl am 27. Oktober 1881 die Treue bewahrt.

Bei der Wahl in Berlin trat Stoecker gegen den Kandidaten der Fortschrittspartei, den Mediziner Rudolf Virchow an. Das Schlagwort des Predigers hieß: »Ich will keine Kultur ohne Deutschtum und Christentum; deshalb bekämpfe ich die jüdische Übermacht. Mag Herr Virchow der Kandidat der gebildeten Welt genannt werden; die Bildung, welche er vertritt, reißt unser Volk in den Abgrund.« Die Berliner wählten Virchow.

Ende Oktober gab Stoecker vor seiner christlich-sozialen Partei einen Rückblick auf das Wahlgeschehen: »Geschlagen sind wir. Besiegt sind wir nicht.« Stoecker nannte die Gründe der Niederlage: »Der Berliner Fortschritt steht unter dem Schutz des Judentums, er ist ein Judenknecht geworden. Er entschuldigt alle Sünden des Judentums und schmäht das Christentum. Getaufte deutsche Berliner reden und schreiben für Judengeld gegen die Kirche, gegen die Pastoren, gegen alles, was uns gut und teuer ist. Diese Fremdlinge haben Macht, weil sie Geld haben; sie haben Einfluss und haben ihn ausgebeutet. Aber gerade darum bleiben wir in dem Kampf gegen das Judentum.« Er habe von den

Wahlen nichts gefürchtet und nichts gehofft. Er habe tapfer gekämpft und habe es sich sauer werden lassen. Richtig verstanden, bedeute das: Er sei nicht unterlegen, er habe sogar moralisch gesiegt.

Noch immer hatte Lasker keinen ruhigen Augenblick für einen ausführlichen Brief an Berthold Auerbach gefunden. Am 28. November 1881 musste er im Reichstag erleben, wie Bismarck in seiner Verärgerung über das Parlamentswesen wieder gegen ihn vorging. Aus der Debatte über den Anschluss des Zollgebiets von Hamburg an das Reich entwickelte sich ein eigenartiges Klagelied des Kanzlers. Es sei doch nicht so, dass der Starke, das Reich, den Schwachen, hier die Stadt Hamburg, mit Gewalt zum Anschluss zwingen wolle. In Erinnerung an die Reichsgründung meinte er, es habe schon Druck dazu gehört, bei manchen Ländern sei keine große Lust und Liebe für die deutsche Einheit zu bemerken gewesen.

Er aber habe die Verantwortung gesucht. »Dass ein Kanzler, welcher aus Pflichtgefühl alles tut und keine Anstrengung scheut, um diese Vollendung zu erreichen, im Reichstage einen energischen und die Grenzen des gewöhnlichen Parteikampfes überschreitenden Widerstand findet und gehindert wird, die nationale Aufgabe weiter zu führen, war mir damals unerwartet.« Bismarck betonte noch einmal, bei der Verwirklichung der deutschen Einheit sei er durch den Reichstag gehindert worden, durch das zersplitterte Fraktionswesen. Er habe als Kanzler seine besten Kräfte für die Nation eingesetzt. Jetzt fragte er: »Aber was können Sie denn Positives leisten? Für welches positive Programm haben Sie eine Majorität in diesem Reichstag?« Nun werde in Zeitungen behauptet, er sei gekränkt, ihm fehle der Dank. Er brauche keinen Dank, er habe nur als »ein getreuer Knecht« seine Pflicht getan. Dank für die Einheit gebühre dem Kaiser und dem Heer.

Lasker bekam das Wort zur Erwiderung. Er sah in der Rede Bismarcks eine »Anklage der schwersten Art gegen die Nation und gegen den Reichstag«. Er stellte fest, »dass ich keinen lebenden Staatsmann kenne, der so mit der Dankbarkeit der Nation überhäuft worden ist wie der Herr Reichskanzler«.

Wenn Bismarck jetzt auf die Zersplitterung der Parteien hinweise, sollte er doch nicht vergessen, dass er selbst Einfluss darauf genommen habe. Lasker sprach seine Hoffnung aus, dass mit Hilfe der linken liberalen Kräfte, der Sezessionisten, sich eine große freiheitliche liberale

Partei entwickeln werde, um auch in Opposition zu wirtschaftlichen Vorlagen des Kanzlers auf rechtlichem Wege den jetzigen Zustand zu bessern. Mit Freude habe er vernommen, der Kanzler wolle sich ganz der Außenpolitik widmen, darin könne er ihn nur bestärken.

In diesem Zusammenhang sagte Lasker, was die deutsche Nation an Macht und Klugheit benötige, sei durch den Kanzler gegeben, »aber die ungeheure Summe sittlicher Momente, welche eine Nation nicht entbehren kann, um zu der ganzen Höhe ihrer Fähigkeiten zu gelangen, die kann nicht aus einem Kopfe genommen werden, sondern die Vertreter der Nation in ihrer Gesamtheit sind berufen, ein Spiegelbild von den ethischen Ansprüchen des Volkes zu geben.«

In seiner Erwiderung bediente Bismarck sich zunächst all der Worte, die von der Opposition auf ihn und seine Art zu regieren gemünzt seien: »Kanzlerdiktatur, Kanzlerabsolutismus.« Er meinte: »Da fehlt bloß noch die gewöhnliche Litanei dahinter: Junker, Pfaffen, Erbuntertänigkeit, Jagdfronden und was dergleichen mehr ist.« Lasker habe erklärt, er lasse sich seine Überzeugung nicht verbieten. Jetzt brachte Bismarck die Umkehrung: »Meine Überzeugung soll ich aufgeben, Herrn Lasker zu Liebe.«

Er machte es noch deutlicher: »Die liberalen Fraktionen, oder besser die freihändlerischen Fraktionen« wollten ihn, den Kanzler, zum Knecht ihrer Parteien machen. Er versicherte, er habe in seinem Leben mit allen Fraktionen »zu kämpfen gehabt bis aufs Messer«. Der Kanzler legte Wert auf die Feststellung, nicht er habe die nationalliberale Fraktion angegriffen. Es sei Lasker, »der wesentlich meine Beziehungen zur Nationalliberalen Partei untergraben hat durch die Art seiner Opposition, durch den Ton, den er hier öffentlich gegen mich anschlug«.

Noch einmal holte er aus der Erinnerung einen Vorgang, mit dem er Lasker schmerzhaft treffen konnte: das Sozialistengesetz. Den Herren Abgeordneten, die damals, im Frühjahr 1878, seine erste Vorlage gegen die Sozialisten abgelehnt hätten, habe er mit der Auflösung des Reichstags und den Neuwahlen nur geholfen, dass sie etwa ein halbes Jahr später geläutert den Wechsel ihrer Meinung vornehmen konnten. Dafür hätte er doch wohl Dank verdient. Und wieder war der Weg zur »Heiterkeit« vorgegeben. Noch einmal verspürte Lasker das bittere Gefühl der Niederlage, wie er damals gegen seinen anfänglichen Widerstand am Ende zu den Ja-Sagern gehört hatte.

Bismarck war mit seinem Angriff noch nicht am Ende. Lasker habe zwar seine Tätigkeit in der Außenpolitik gewürdigt, aber nun wollte er doch wissen, warum er für die Innenpolitik ungeeignet sein sollte. Lasker habe gesagt, ein Mann könne nicht alles beurteilen. »Seine Reden sind schneidend und vernichtend für den andersdenkenden Gegner.« Jetzt hielt Bismarck sich an ein Zitat aus Schillers *Don Carlos*, mit dem er den Hohn seiner Getreuen über Lasker hervorrufen wollte. Und wieder gelang es. Er sagte: »Ich glaube, was Eure Alba können, das kann auch Carl.« Lasker möge ihm den Vergleich mit Alba verzeihen, »allein er glaubt, alles beherrschen zu können, er gibt hier ein sicheres Urteil als Abgeordneter über jede Frage, innere und äußere.«

In Schillers Drama *Don Carlos* ereignet sich im zweiten Akt, zweiter Auftritt, das Gespräch zwischen König Philipp II. von Spanien und dem Kronprinzen Don Carlos. Der König verwahrt sich dagegen, dass der Kronprinz seine bewährten Diener, unter ihnen Herzog Alba, verachtet. Er wünscht, Carlos soll seine Helfer, vor allem Alba, anerkennen. Carlos entgegnet: »Nimmermehr! Was Ihre Alba leisten, das kann auch Carl und Carl kann mehr. Was fragt ein Mietling nach dem Königreich, das nie sein eigen sein wird?« Bismarck, der kühne Don Carlos, der aufrichtig um die Liebe seines Königs ringt und das Königreich erben wird, und Lasker, der finstere Verschwörer Alba. Der Mietling. Der gedungene Knecht.

An diesem Novembertag verwies Bismarck vor dem Reichstag auf seine aristokratische Herkunft und seine jahrelange politische Tätigkeit, er kenne die Welt von vielen Seiten. Er machte den Gegensatz deutlich: »Der Herr Abgeordnete kennt sie nur aus der Studierstube.«

Bei der Reichstagssitzung am 10. Dezember 1881 mit der Debatte über die Anordnungen der Regierung zur Anwendung des Sozialistengesetzes sprach Lasker von offenkundigen Überschreitungen der gesetzlichen Vollmachten durch die Regierungsgewalt. Er bezeichnete die erheblichen Behinderungen für sozialdemokratische Abgeordnete bei den Herbstwahlen zum Reichstag als Rechtsverletzung. Unterstützt vom Abgeordneten Hänel erklärte er, dass sie einen Antrag zur Aufhebung des Sozialistengesetzes stellen werden.

Der streng konservative Vertreter der Regierungsgewalt, Robert von Puttkamer fühlte sich herausgefordert. Seit dem 18. Juni des nun zu Ende gehenden Jahres war er als Minister des Inneren tätig. Kaum im

Amt, hatte er bei der Vorbereitung für die jetzt von Lasker erwähnten Wahlen den polizeilichen Überwachungsapparat verstärkt eingeschaltet. In allen Provinzen sollten die richtigen, also die konservativen Kandidaten als wünschenswerte Abgeordnete aufgestellt und unterstützt werden. Das »System Puttkamer«. An diesem 10. Dezember verteidigte der Minister das brutale Eingreifen der Berliner politischen Polizei gegen Sozialdemokraten. Es habe auch schon bei so genannten gemäßigten Richtungen zu viele Schwenkungen nach links gegeben. August Bebel, den der Innenminister zu den »Allergefährlichsten« rechnete, entgegnete in dieser Sitzung, Puttkamers Waffen im Kampf gegen die sozialistische Arbeiterbewegung würden zersplittern »wie Glas an Granit«. Sieben Jahre später wird Ludwig Bamberger entscheidend dazu beitragen, dass Puttkamer sein Amt als Innenminister verliert.

Endlich, am 25. Dezember 1881 konnte Lasker seinen Brief an Auerbach schreiben: »Mein herzlich lieber Freund. Ich bereite mir eine Festesfreude, indem ich am frühen Morgen des ersten Weihnachtstages mit mir allein und gesammelt Ihnen schreibe.«

Berthold Auerbach war im Winter an einer bedrohlichen Lungenentzündung erkrankt und auf ärztlichen Rat in Begleitung seiner Tochter Ottilie nach Cannes gereist. Lasker hatte von seiner Krankheit erfahren und hoffte auf die heilende Wirkung des milden Klimas dort in Südfrankreich: »Von der Sorge um Gesundheit und Leben des teuren Freundes sind wir befreit, so viel weiß ich über Sie, mehr nicht. Bis vor Kurzem war die Sicherheit mir genug, jetzt möchte ich Einiges mehr hören, vielleicht auch aus Ihrem Innenleben.«

Lasker konnte den Freund darauf hinweisen: »In dem Momente der Gefahr haben sich viele im deutschen Vaterland, darunter die Besten darauf besonnen, was Sie uns sind, und Beweise inniger Teilnahme, höchster Schätzung kommen von allen Seiten, auch aus dem Lager der Feinde im öffentlichen Kampf. Wenn diese Zeugnisse oder ein größerer Teil in Ihre Hände gekommen sind, so werden Sie nicht ferner zu dem melancholischen Zweifel kommen, ob Ihre Einwirkung auf die Nation nicht völlig verkannt werde oder gar im Inhalt zerstört sei.« Es war, als wollte er, Lasker, sich selbst überzeugen: »Überhaupt ist dies wie ein blauer Durchriss in schwerem Gewölk, dass das hässliche Antisemitentum im moralischen Sinn als abgetan gelten darf, und damit meine ich nicht das Aufhören der Spannung, denn jede revolutionäre

Epoche nimmt eine konfessionelle Färbung an, und wir stehen in der Mitte einer der heftigsten Revolutionen, vielleicht der heftigsten, die ich miterlebt habe.«

War es wirklich seine Hoffnung, oder war es nur eine Beschwichtigung für den Freund: »Aber in der besonderen antisemitischen Agitation hat sich der Schlamm gesetzt und liegt zu Boden. Seit ich den Stoecker im Reichstag persönlich beobachtet, habe ich die Überzeugung gewonnen, dass dieser Mann auch nicht entfernt dem von ihm entfachten Streit einen dauernden Erfolg zu verschaffen befähigt ist, für die gebildete Welt, für den Kreis der Aufrichtigen und für die intelligente Welt steht er viel zu niedrig, und ich freue mich nur, dass Sie nicht mit ihm angebunden haben.« Noch jetzt war Lasker froh, dass er im November 1880 nach der Debatte im Preußischen Landtag über die Agitation gegen die »jüdischen Mitbürger« Auerbach dringend nahegelegt hatte, seine Zeit und Kraft nicht mit einer Entgegnung an Stoecker zu vergeuden, und dass der Freund auf ihn gehört hatte.

Nun meinte Lasker, im Ergebnis der Wahlen einen Lichtblick zu sehen: »Deutlich wie kaum nach einer anderen Richtung hat das Volk in den Wahlen den Antisemitismus in seiner gehässigen Form und mit seinem schmutzigen Inhalt zurückgewiesen. Nicht ebenso leicht werden wir mit den anderen Elementen der Reaktion fertig. Bismarck ist kein gering zu nehmender Gegner, auch wo er irrt und voll Leidenschaft handelt. Es gibt eben in der heutigen Gesellschaftslage zu viele Probleme, und wenn eine machtvolle Regierung nach populären Aufgaben herumsucht, dann kann sie wirksame Hebel finden, welche auch wieder nach vielem Herumtappen und Irren nicht versagen würden. Es bedarf in der Tat großer Umsicht, Besonnenheit und der größten uneigennützigen Entsagung, um die gute Sache unbeschädigt aus dem Kampfe herauszubringen. Als die gute Sache aber bezeichne ich die Befreiung der Individuen, die Zurückweisung der schicksalsähnlichen Stellung, welche die mächtigen Männer der Zeit sich zu erobern wünschen.«

Er wusste, Auerbach würde die Anspielung verstehen, hatte er doch damals seinen Vortrag über »Anlagen und Erziehung« begrüßt. Zu dieser Zeit war sein Hinweis auf gegenwärtige Herrscher unterblieben, als er sagte, die Zeiten mit der »unbeschränkten Herrschaft des Fürsten und dem willenlosen Gehorsam der Sklaven« seien begrenzt. Auch jetzt brauchte er dem Freund gegenüber keinen Namen regierender Herren zu nennen.

Aber nun wollte er das Tagesgeschehen nicht weiter erörtern: »Doch die Politik war nicht der Zweck meines Schreibens; ich wollte eigentlich nur anpochen, um zu erfahren, ob man beim Rekonvaleszenten schon vorgelassen wird. Geschieht dies, so komme ich bald wieder.« Er war voller Erwartung auf ein Wiedersehen mit dem Freund.

»Und nun noch einige Worte über mich. Ich war sehr angestrengt, erst in der Wahlbewegung, die mir ihrer Natur nach nicht behagt, dann im Reichstag, wo es viel zu tun gibt; viel auch hinter den Kulissen, da auf uns die schwierige Aufgabe lastet, die Liberalen aus allen Quartieren zusammenzubringen. Seit acht Tagen gibt es Ferien, für mich wird es alsdann noch etwa drei Wochen schwere Arbeit und darauf eine ungewöhnlich lange parlamentsfreie Zeit geben; dann gedenke ich den Freunden mehr zu leben und der Gesellschaft, von der ich jetzt fast ganz zurückgezogen bin.« Er schloss mit dem Gruß: »Leben Sie mir recht wohl im sonnigen Süden, in dieser Hinsicht beneidet von den nebelumflossenen anderen, die wir in diesen Tagen selten einen Sonnenblick haben. Ihr getreuer Eduard Lasker.«

Der Brief von Lasker gehörte mit zu den letzten Freuden für Berthold Auerbach. Der Dichter starb am 8. Februar 1882. Er fand, wie er es gewünscht hatte, seine letzte Ruhe, wo er geboren war: in Nordstetten.

In Berlin aber behauptete Dom- und Hofprediger Stoecker seinen Platz. Am 25. Februar 1882 hatte er seinen Auftritt vor dem Preußischen Landtag bei der Beratung des Etats. Er wandte sich vor allem gegen den linksliberalen Abgeordneten Eugen Richter von der Fortschrittspartei. »Sind in der antijüdischen Bewegung Gewalttätigkeiten vorgekommen, so wurden dieselben von den Juden provoziert und teilweise begonnen. Wir haben uns mit schwerem Herzen zur Abwehr gegen das Judentum entschlossen.« Stoecker behauptete: »In allergefährlichster Weise dringt das Judentum in unsere Verhältnisse ein, wie schon ein Blick in die Frequenz unserer höheren Schulen zeigt: ¼ bis ½ sämtlicher Berliner Gymnasiasten sind Juden. In den Realschulen ist das Verhältnis noch ungünstiger. Am auffallendsten aber ist das Missverhältnis der Juden zu den Christen im Juristenfach. Der Anspruch Israels ist darauf gerichtet, unsere christliche Kultur auf zwei Jahrtausende zurückzudrängen.«

Stoecker steigerte sich in seinem Hass: »Sie von der Linken greifen ja bereitwillig Himmel und Erde an, nur dass ja Ihren lieben Juden nichts zu Leide geschehe. Wir wollen die Judenemanzipation nicht rückgängig machen, aber wir wollen einen christlichen Staat behalten. Es soll nicht vorkommen, dass christliche Kinder von einem jüdischen Lehrer erzogen werden; dass die deutsche Wissenschaft an unseren Universitäten durch den jüdischen Geist überschwemmt werde; dass ein jüdischer Richter einen christlichen Eid für ungültig erkläre.« Fast war es, als wiederhole Stoecker die Worte von Bismarck aus dem Jahr 1847. Und er redete weiter: »Ich glaube, dass die Emanzipation in dem Sinne, wie sie die moderne Gesellschaft auffasst, verhängnisvoll ist für die Christen wie für die Juden. Gerade durch sie kommen wir dahin, dass die Juden, wenn sie mit den Mitteln der Gegenwart ausgerüstet, mit ihrem zersetzenden Geist die Fundamente der Völker benagen, unter denen sie leben.«

Bismarck hatte wenige Jahre zuvor das Wort vom »zersetzenden Wesen« auf Lasker gemünzt. Jetzt hatte der Hof- und Domprediger Stoecker aus dem vom Kanzler vorgegebenen »Sprachschatz« seinen Wortvorrat bereichert. Jetzt war das Leitwort vom »zersetzenden Geist« der Juden in die Welt gegeben.

Und dieser Schatten lag auch über dem großen Saal des Berliner Handwerkervereins, als Lasker am 4. März 1882 die Gedenkrede für Berthold Auerbach hielt. Er konnte nicht aus seiner Erinnerung verdrängen, was Stoecker noch eine Woche zuvor den Abgeordneten im Preußischen Landtag vorgehalten hatte. So sagte er, das ehrenvolle Gedenken an den Verstorbenen »erhebt uns über das Mittelmaß des Alltagslebens«. Lasker erinnerte daran, und es war, als schildere er seinen eigenen Weg: »Die Geburt und Abstammung haben weder beim Eintritt in die Welt noch später eine fördernde Handhabe geboten; keinerlei Erbe, soweit äußere Verhältnisse in Betracht kommen, haben ihm das Aufsteigen erleichtert. Dennoch mag seine Abstammung die natürliche Grundlage seiner Bedeutung gewesen sein. Häufig sammelt sich in bescheidenen Hütten ein Vorrat an Geist, der völlig unbemerkt bleibt, aber als Schatz vererbt wird auf einen der Nachkommen, der plötzlich herausgehoben wird aus der Kleinheit seiner Umgebung.«

Lasker wies nach, aus welchem Antrieb der Freund zu schreiben begann: »Innerlich ergriffen ihn die Rechts- und Gesellschaftsverhältnisse seiner Glaubensgenossen.« Er würdigte Auerbachs frühe Schriften über die Bedeutung des Judentums in der deutschen und europäischen Geschichte. Aber der Ruhm kam mit den *Schwarzwälder Dorfgeschichten*. Lasker erinnerte in seinen Gedenkworten an jedes einzelne Werk, das im Laufe von Auerbachs Leben entstanden war und kam schließlich bis zu dem »Umschwung in den öffentlichen Verhältnissen und Vorgängen, von denen er sich in harte Mitleidenschaft gezogen fühlte«. Und er sprach aus, was auch ihn selbst betroffen machte, da es die bedrückende Gegenwart war: »eine systematische und zielbewusste Aufreizung gegen Juden«. Die Erkenntnis, wie die Feindschaft gegen Juden sich »sogar in nationaler Verkleidung zur Schau stellte«, habe Auerbach zu der bitteren Klage gebracht: »Vergebens gelebt und gearbeitet.«

Aber seine Gedenkrede für den Freund sollte nicht in Hoffnungslosigkeit enden. Lasker erinnerte an das Fundament, auf dem Auerbachs Stärke beruhte: »Aus diesem Verhältnis zu Gott und Menschen setzte sich die Toleranz und Humanität zusammen, welcher er sein Leben widmete, und sie dem deutschen Volk zu lehren, hielt er für seinen besonderen Beruf.«

Monatelang war Bamberger nicht in Berlin gewesen. Noch vor seiner Abreise im Sommer 1882 hatte er im Reichstag erlebt, wie Bismarck bei seiner Rede über das Gesetz zur Gewerbeordnung einen Ausspruch von Lasker aufgriff. Lasker hatte sich der Handlungsreisenden angenommen und gesagt: »Die rührigsten Kräfte sind gerade zum Hausiergewerbe notwendig.« Bismarck kam zu der Äußerung, die in ihrer Zielrichtung von den Konservativen sehr genau verstanden und mit Beifall und Lachen belohnt wurde: »Ich will ja nicht davon sprechen, dass ohnehin, wie man sagt, unsere bedeutendsten und edelsten Kräfte im Hausierhandel beschäftigt sind.«

Jetzt, Anfang 1883, fiel es Bamberger schwer, sich wieder an das Stadtleben zu gewöhnen. Bei seinen Wegen durch die Straßen hatte ihn ein Erlebnis betroffen gemacht: »Gleich in den ersten Tagen hörte ich im Vorübergehen zweimal gemeine Äußerungen über Juden, ohne dass damit eine Absicht auf mich im Spiele war, sondern nur weil mein Ohr sie erhaschte.«

Nach der Reichstagssitzung am 16. Februar 1883 begleitete er Lasker nach Hause. Mit Sorge stellte er eine ungewöhnliche Schweigsamkeit bei dem sonst gesprächigen Freund fest. Er vermutete, wie er es in sein geheimes Tagebuch schrieb, Lasker habe sich über das abweisende Verhalten einer in der Aufzeichnung nicht näher bezeichneten Dame gegrämt. Aber als der Freund Mitte April erholt und voll Energie aus Nizza zurückkam, war Bamberger froh, dass er ihn für die auf den 20. April festgelegte Debatte über das Krankenkassenwesen im Reichstag zur Seite hatte. An diesem Tag beobachtete er, wie gut sich Lasker auf seine Rede vorbereitet hatte. Doch seine Sätze erschienen ihm ungewöhnlich knapp gefasst. Plötzlich musste Bamberger mit Bestürzung bemerken: »Stimme schwach und ohne Nachdruck. Das Haus hört mit Spannung und einer Art Beklemmung zu. Einmal macht er eine ungewöhnlich lange Pause, sehr peinlich – dann aber geht's zum Schluss ohne Anstand. Es war mir ein Stein vom Herzen.«

Am letzten Tag im Mai des Jahres 1883 versammelten sich Laskers Freunde in seiner Wohnung. Er hatte zu einem Abendessen eingeladen, er wollte sich verabschieden, denn endlich konnte er seinen Traum verwirklichen: die Reise nach Amerika. Er war gesprächig und voll Vorfreude auf das Wiedersehen mit seinem Bruder Moritz in Galveston in Texas. Dort wollte er sich erholen. Doch Bamberger war beunruhigt über den Zustand des Freundes. Am Vorabend der Abreise, am 1. Juni, ging er zu später Stunde zu ihm, um sich zu vergewissern, ob wirklich alles gut vorbereitet sei. Noch einmal Abschied nehmen. Er fand Lasker »müd blickend, nichts weniger als bewegt vom Gedanken der großen Reise«.

Ein unbestimmtes Angstgefühl veranlasste Bamberger einige Tage später, seine Sorge über den Zustand des Freundes einem Arzt anzuvertrauen. Er befragte den Psychiater Dr. Friedrich Karl August Zinn. Der hatte zu den Aufständischen des Jahres 1848 gehört. Der im pfälzischen Ilbesheim Geborene hatte sein Berufsleben als Forstbeamter begonnen, dann aber nach dem Sieg der reaktionären Kräfte geriet er in die polizeilichen Suchaktionen nach Revolutionären. 1849 konnte er in die Schweiz entkommen. Nach seinem Studium der Medizin in Zürich wandte er sich der Fachrichtung Psychiatrie zu und arbeitete in Schweizer Nervenheilanstalten. Durch seine wissenschaftlichen Veröffentlichungen erlangte er weithin Ansehen. 1872 wurde er als Direktor und Chefarzt an die Brandenburgische Landes-Nervenheilanstalt berufen. Zwei Jahre später kam er als nationalliberaler Abgeordneter in den Reichstag. Mit seinen Kenntnissen über Nervenleiden wurde Zinn zum gefragten Gutachter auch auf dem Gebiet der Rechtsprechung. Als

Mitglied der Reichsjustizkommission hatte er festzustellen, ob Entmündigungsverfahren wegen Geisteskrankheit rechtmäßig seien.

Bamberger hielt am 13. Juni 1883 in seinen Aufzeichnungen fest, was ihm der Arzt über Lasker gesagt hatte: »Dr. Zinn meinte, die Denkorgane seien nur erschlafft und noch nicht alteriert. Er könne noch wieder genesen. Der Zustand datiere vom Nervenfieber her, nach welchem er nicht lange genug pausiert habe.«

»Der Sinn des einzelnen Lebens«

Die *National-Zeitung* meldete am 6. Januar 1884: »Kurz vor Mitternacht bringt der Telegraph uns eine erschütternde Trauerkunde über den Ozean: New York, Sonnabend, 5. Januar. Dr. Eduard Lasker ist heute Nacht 1 Uhr plötzlich an einem Herzschlage verstorben. Derselbe kehrte zu Wagen von einem Diner bei dem Bankier Seligmann zurück, als er vom Schlage getroffen wurde. Der Wagen hielt sofort an; Bankier Seligmann, welcher Lasker begleitete, half ihn aus dem Wagen bringen, wobei Lasker in seinen Armen starb. Der Leichnam soll einbalsamiert und, wie es heißt, nach Deutschland übergeführt werden.« Und die Leser wurden daran erinnert: »Nur wenige deutsche Politiker haben an der Neugestaltung unserer öffentlichen Einrichtungen, welche auf die kriegerischen Entscheidungen von 1866 und 1870 folgte, einen so hervorragenden Anteil gehabt wie Lasker.« Der Wunsch klang auf, Angesichts des Todes möge der Hass der Gegner verstummen.

Die *Königlich privilegierte Berlinische Zeitung von Staats- und gelehrten Sachen – Vossische Zeitung* widmete die erste Seite ihrer Abendausgabe vom 7. Januar 1884 dem Gedenken an Lasker. In dem Artikel wurde auf die Folgen nach der Einheit Deutschlands hingewiesen: »Als die rückläufige Wendung in unserer politischen Entwicklung dreister ihr wahres Antlitz zeigte, war sein Einfluss zurückgetreten. Schwer lastete auf seiner Seele die Erscheinung jener demagogischen Bewegung, welche alle niederen Triebe und Leidenschaften der Menge zum Rassenhass und zum Kampf gegen die Errungenschaften sittlicher Kultur entfachte.« Sein Weg wurde nachgezeichnet, wie ihm die »herkömmlichen Geleise der höheren Gesellschaftsklassen« verschlossen blieben, wie die »konfessionelle Schranke« den Juristen Lasker vom Richteramt ausschloss. Seine Arbeitsweise setzte immer wieder Freunde und Feinde in Erstaunen, hier wurde der Grund genannt: »Das Geheimnis der Erfolge Laskers beruhte vor allem auf dem reichen Schatz gediegener Kenntnisse, die alle Zweige des öffentlichen Lebens umfassten und die zu erweitern und zu vertiefen er unablässig bemüht war. Er repräsentierte mit diesem seinem umfassenden Wissen gleichsam das Arsenal für die gesetzgeberischen Arbeiten und Debatten.«

Der Artikel war keine reine Lobeshymne; beim Betrachten einiger Aspekte seiner politischen Tätigkeit tauchten die beiden Worte Irrtümer und Mängel auf, auch eine gewisse »Lehrhaftigkeit seiner Vortragsweise« wurde festgestellt. Jedoch im Zusammenhang mit dem »Einheitsgedanken« stand nun der Satz: »Es liegt ein tragischer Zug des Geschickes darin, dass derselbe Mann, der den eigensten Gedanken des Staatsmannes mit ganzer Seele in sich aufgenommen hatte, von ihm schließlich als sein schlimmster Widersacher zurückgewiesen wurde«. Die Anspielung auf den Kanzler war offensichtlich.

Die *Kreuz-Zeitung* brachte am 8. Januar über das Ableben von Eduard Lasker die gleiche Meldung wie die *National-Zeitung*, Lasker habe sein Ende in den Armen seines Gastgebers Bankier Seligmann gefunden. Doch direkt anschließend war etwas anderes zu lesen: Nach dem Diner habe er draußen allein auf der Straße stark husten müssen, dabei sei er gestrauchelt, nur ein »Vorübergehender war behilflich, Lasker nach einem in der Nähe befindlichen Schuppen zu bringen«. Ein herbeigerufener Arzt habe bei dem dort Liegenden zwar noch einen schwachen Pulsschlag bemerkt, doch er »musste bald danach das gänzliche Aufhören desselben konstatieren«. In diesem Bericht wurde hervorgehoben, dass »Lasker in den Armen eines ihm fremden Mannes zu New York verstarb«. Die Mitteilungen endeten mit den biographischen Angaben aus dem *Parlamentsalmanach*. Dem Geburtsdatum und dem Ort seiner Herkunft wurde die Bezeichnung »Israelit« zugefügt.

Der ausführliche Bericht in der *National-Zeitung* vom 26. Januar 1884 über die Heimkehr des Verstorbenen vermittelte einen Eindruck von der Erwartung der Ankunft in Bremerhaven: »Auf den im Hafen liegenden Dampfern wehten die Flaggen vom halben Mast.« Eine außergewöhnliche Ehrung für einen Mann, der nie ein Staatsamt bekleidet und nie einen Orden empfangen hatte. Die Leser des Blattes konnten miterleben, wie das Schiff des Norddeutschen Lloyd, *Neckar*, bei der Einfahrt in die Wesermündung dem Sturm standhielt, wie es kurz nach elf Uhr durch die Hafenschleuse gelangte, bis es dann nach einigen Wendemanövern etwa eine halbe Stunde später an dem Kai anlegte, wo der Übergang zur Eisenbahn möglich war.

Um das Herannahen des Schiffes zu beobachten, war der Berichterstatter auf einen Deich gestiegen. Beim Blick zum Hafen erinnerte er sich an eine Begebenheit, die mit Lasker und der *Mosel*, einem Schwesterschiff der *Neckar*, zusammenhing. Der Journalist wusste nur nicht mehr ganz genau das Jahr, in dem Mitglieder des Reichstags mit der *Mosel* von Bremerhaven aus zur Flottenbesichtigung nach Wilhelmshaven gefahren waren, zum dort ausgebauten Kriegshafen. Aber es war ihm noch immer bis zu diesem Tag im Januar 1884 im Gedächtnis geblieben: »Lasker hatte damals die Beteiligung an dem Ehrengeschenk einer Flagge – wie an dieser Gesamtreise überhaupt – abgelehnt.«

Die Lloyd-Halle in Bremerhaven, sonst Treffpunkt von Passagieren, war zur Trauerhalle geworden. Hier warteten auf den in der Ferne Verstorbenen Senatoren aus Bremen, Vertreter der jüdischen Gemeinden aus Bremen, Oldenburg, Geestemünde und Reichstagsabgeordnete aus Berlin. Auch Max Lasker, sein älterer Bruder, war aus Freiburg im Breisgau gekommen.

Bei der Trauerfeier in New York hatten der ehemalige Gesandte der USA, Andrew Dixon White, und Carl Schurz, der bis zum Jahr 1881 Minister des Inneren der Vereinigten Staaten war, mit bewegenden Worten Abschied von Eduard Lasker genommen. Ihre Kränze und Palmenzweige lagen auf dem Sarg, der an diesem trüben Januartag in Bremerhaven von zwölf Matrosen unter den Klängen eines Trauermarschs an Land getragen wurde. Moritz Lasker, der jüngere Bruder, war mit auf diese Reise gegangen, erschüttert, dass die glückliche Zeit der Gemeinsamkeit bei ihm in Galveston in Texas ein so tragisches Ende in New York genommen hatte. Er wollte seinen Bruder zur letzten Ruhe in der heimatlichen Erde begleiten.

Der Bürgerschaftspräsident von Bremen, Heinrich Claussen, sprach vor den in der Trauerhalle feierlich Versammelten Worte des Gedenkens: »Kein Volk kann sich rühmen, einen Mann der politischen Arbeit besessen zu haben, der treuer in der Erfüllung selbstgewählter Pflichten, freier von jedem selbstsüchtigen Streben gewesen wäre als Lasker, dessen Uneigennützigkeit bis zur völligen Aufopferung des eigenen Wohles für höhere Zwecke ging.« Das deutsche Volk werde Eduard Lasker niemals vergessen.

Landrat Karl Baumbach aus Sonneberg erinnerte an die Wege des Verstorbenen: »Sein Lauf führt zurück bis in das Herz Deutschlands, bis in die Berge Thüringens hinein. Die schlichten Männer dort, welche jahrelang Eduard Lasker mit Stolz ihren Volksvertreter nannten, auch sie senden durch einen aus ihrer Mitte ihren Gruß.« Mit Freude habe man in Thüringen von den Ehrungen gehört, die ihrem so prominenten Abgeordneten auf seiner Reise in den USA entgegengebracht wurden. Doch Baumbach wusste auch von der Sehnsucht Laskers, nach Hause zu kommen: »Er hat zuletzt die Tage gezählt, bis er heimkehren würde.« Der Landrat mahnte, angesichts des Todes müsse jeder religiöse Streit verstummen. Er verschwieg nicht, dass es viele gab, die Lasker hassten und verfolgten, aber da waren auch viele, die ihn liebten und verehrten. »Daheim bei uns in Thüringen bewahren Tausende ihm ein treues Angedenken.«

Die Abendausgabe der *National-Zeitung* vom 26. Januar 1884 brachte eine ausführliche Ankündigung der Berliner Trauerfeier für Eduard Lasker. Sie beginne »Montag, den 28., Vormittag, präzise 11 Uhr« in der Synagoge an der Oranienburger Straße. Es wurde zur Kenntnis gegeben: Rabbiner Frankl wird die Trauerrede halten. Namens der politischen Freunde wird der Reichstagsabgeordnete Friedrich Kapp sprechen.

Auch Kapp war Jurist. Für ihn, den Sohn christlicher Eltern aus Hamm in Westfalen, hätten sich alle Türen zum Eintritt in den Richterstand geöffnet. Jedoch hatte auch er im Jahre 1848 zu den Revolutionären gehört und war auf die Liste der gesuchten politischen Flüchtlinge im *Anzeiger für die politische Polizei Deutschlands* gesetzt worden. Er floh bis nach Amerika. Zwanzig Jahre lang arbeitete er in New York als Rechtsanwalt. Aber es zog ihn zurück nach Deutschland. So kam er im Mai 1870 nach Berlin. Und es begannen die Jahre gemeinsamer politischer Arbeit mit Eduard Lasker.

Der Ankündigung der *National-Zeitung* war zu entnehmen: Siebenbis achthundert Personen waren eingeladen. Nach dem Schlussgesang würde der Sarg von seinem Platz vor der Kanzel aufgehoben und herausgetragen. Der Handwerkerverein sollte mit seinem Musikkorps den

Anfang des Leichenzuges bilden, Vertreter des Arbeitervereins und der liberalen Vereine aus dem ersten Reichstagswahlbezirk und ein zweites Musikkorps sollten sich anschließen. Danach würde der Leichenwagen den Weg zum Jüdischen Friedhof an der Schönhauser Allee nehmen, gefolgt von Verwandten und Freunden und den weiteren Trauergästen. Abgeordnete aus weiteren Wahlkreisen würden am Ende des Zuges von einem dritten Musikkorps geleitet.

Im Beiblatt zu Nr. 59 der *National-Zeitung* vom 28. Januar 1884 mit dem Bericht über die Trauerfeier in der Synagoge an der Oranienburger Straße fand sich die Bestätigung, dass es für ausgesuchte Kreise die strikte Weisung aus dem Kanzleramt gegeben hatte, an den Ehrungen für den Verstorbenen nicht teilzunehmen: »Von aktiven Staatsministern war niemand erschienen.« Auch die *Vossische Zeitung* vom gleichen Tage meldete: »Angesichts des Todes dürfen wir mit der Wahrheit nicht zurückhalten; es war keiner der aktiven Würdenträger zugegen, die das Staatsministerium bilden.« Und es wurde berichtet: »Der Rektor der Universität hatte in einem Stil, der an Lakonismus nichts zu wünschen übrig ließ, die Einladungskarte mit der Bemerkung zurückgesandt, er bedaure, von derselben keinen Gebrauch machen zu können; etwas weniger knapp, aber deutlich genug lautete die Antwort des Dekans der philosophischen Fakultät, er sei nicht in der Lage, in dieser seiner Eigenschaft von der Einladung Gebrauch zu machen.«

Die zum Gedenken an Eduard Lasker feierlich geschmückte Synagoge an der Oranienburger Straße war bis auf den letzten Platz gefüllt. Bei den Trauergästen sah man die Verwandten, seine Brüder Max Lasker und Moritz Lasker, seine Cousine Lina mit ihrem Mann Wilhelm Cahn und seine engen Freunde Ludwig Bamberger und Friedrich Kapp, auch den Gesandten der Vereinigten Staaten von Amerika Aaron Augustus Sargent und den griechischen Gesandten Rangabé. Der Oberbürgermeister von Berlin Max von Forckenbeck war anwesend. Er hatte einen der letzten Briefe von Lasker erhalten, darin die Mitteilung, dass er schon die Schiffskarten für die Heimreise bestellt habe. Der Gedanke an eine eventuell stürmische Überfahrt sei ihm zwar nicht angenehm, doch er wollte rechtzeitig zur Eröffnung der Reichstagssitzung im März wieder in seinem »lieben Berlin« eintreffen. Für den Präsidenten des Reichstags, Albert von Levetzow, gab es keinen Grund fernzubleiben, auch nicht für Abgeordnete aller Fraktionen und nicht für Vertreter der städtischen Behörden, nicht für den Präsidenten des Landgerichts, nicht für Repräsentanten der evangelischen Kirche.

Jeder Anwesende hatte seine besondere Erinnerung an Lasker, an seine Reden im Reichstag, an seine Vorträge im Großen Berliner Handwerkerverein, an seine Artikel in den *Deutschen Jahrbüchern für Politik und Literatur* und in der Zeitschrift *Die Gegenwart*. Dieser Abschied bedeutete für den Politiker Albert Hänel, für die Wissenschaftler Theodor Mommsen und Rudolf Virchow, für den Schriftsteller Friedrich Spielhagen und für den Philosophen Moritz Lazarus das Ende eines Abschnitts im eigenen Leben. Auch der Jurist Rudolf Gneist war gekommen. Etwa dreißig Jahre zuvor, als er an der Berliner Universität Vorlesungen über das englische Verwaltungs- und Verfassungsrecht gehalten hatte, war Lasker einer seiner Studenten.

In seiner Trauerrede würdigte Rabbiner Pincus Fritz Frankl den Verstorbenen als einen Kämpfer für Freiheit und Recht, der sich unermüdlich für die Fortbildung der Menschheit einsetzte. »Wenn wir ihn, an dem unser Auge und unser Herz nicht selten bewundernd gehangen, hier eintreten sehen in das Meer der Ewigkeit, dann verlangt es uns wohl einmal zurückzufolgen bis zu seinem ursprünglichen Quell. Der Talmud schärfte seinen Verstand.« Der Rabbiner berichtete von den Schwierigkeiten für Lasker, aus der Enge, die ihn in Jaroczyn, dem Ort seiner Geburt, umgab, allein auf sich gestellt seinen Weg zu gehen. Er sprach von den »Lehrjahren auf den Universitäten« und ging weiter bis »in jene Zeit, welche die Jugend allerwärts so mächtig ergriffen hat«. Er nannte nicht den Ort, wo der Student sich im Revolutionsjahr eingefunden, auch nicht den Mann, dem er sich angeschlossen hatte: Robert Blum in Wien. Er konnte voraussetzen, dass die Anwesenden seine Andeutungen verstanden, auch über das Land, wo Lasker die »Wanderjahre« verbrachte, »in einem Musterlande verfassungsmäßigen Lebens«. Das Wort England brauchte er nicht auszusprechen.

Wer, wenn nicht er, der Religionsphilosoph Rabbiner Frankl, konnte zu einer so genauen Erklärung für das erstaunliche Wirken des aus London in sein Vaterland Zurückgekehrten finden. Auch er, der fast zwanzig Jahre Jüngere, war aus der Enge seines mit Mauer und Graben umgebenen Geburtsorts Ungarisch-Brod in Mähren zum Studium nach Breslau gekommen. Und Wien kannte er wiederum aus seiner Tätigkeit als Sekretär bei der Israelitischen Allianz; dort hatte er als Wissenschaftler begonnen, über die widerspruchsvolle Geschichte des Karäertums zu forschen. Er suchte nach den Wurzeln der jüdischen Sekte in Babylon, die nur ihre Auslegung der Bibel als Richtschnur für den wahren Glauben gelten lassen wollte.

Im Jahre 1877 war Rabbiner Pincus Frankl dem Ruf der Jüdischen Gemeinde nach Berlin gefolgt. Hier war ihm Lasker durch seine Bescheidenheit in der Lebenshaltung mehr und mehr zum Vorbild geworden. Er konnte als Wissender den Verstorbenen beurteilen: »Die Wahrhaftigkeit des Heimgegangenen wurde durch seine Unabhängigkeit und Selbstlosigkeit noch wirksam unterstützt. Hierin lag das Geheimnis seines Einflusses und Erfolges, im sittlichen Ernste seiner Rede begründete sich die hinreißende Gewalt seines Wortes. Galt es dem Frieden der Versöhnung und Einigung – und dafür ergriff er am liebsten das Wort – dann goss Wahrhaftigkeit ihm Anmut auf die Lippen, galt es jedoch einer ernsteren, schweren Rüge, galt es einzutreten für die verletzte Hoheit des Staates und der Gesellschaft, dann wurde das Wort in seinem Munde zum verwundenden Pfeil, der ihm aber sicherlich den tieferen Schmerz bereitete. Er konnte als sterblicher Mensch irren, niemals aber suchte er zu bemänteln, was seine Überzeugung war.«

Frankl kannte Laskers Gedanken über die Menschen, über den Trieb zum Herrschen, der die Welt in Herren und Sklaven trennt, aus dessen Vortrag *Anlagen und Erziehung*. Doch er hatte auch bei den Gesprächen mit dem Verehrten erfahren: »Sein Glaube an die ursprünglich sittlich veranlagte Menschennatur stand unverrückt fest.« Frankl sprach aus, wie der Politiker Lasker sich stets für Recht und Gerechtigkeit einsetzte: »Durch Verbindung des Rechtsfreundes und des Menschenfreundes in seiner Person übte er auf die Gesetzgebung des Landes und des Reiches einen bestimmenden Einfluss aus.«

Wie oft hatte er den »Geist der Güte und des Erbarmens« im Verhalten von Lasker erlebt: »Weil er die Leidensgeschichte seines Volkes kannte und nachempfand, war ihm jede Zwangsmaßregel, jede harte Ausnahmebestimmung, jede gehässige Bezeichnung etwas tief Schmerzliches. Er zeigte, wie Judentum, Vaterlandsliebe und Menschentum ein würdiger Dreiklang zu vollkommener Harmonie sich einen und verschmelzen.«

Rabbiner Frankl erinnerte daran, wie Lasker »wiederholt und zuletzt in der preußischen Landesvertretung als Zeuge auftrat für die innere Lebenskraft seines angestammten Bekenntnisses, der altehrwürdigen Mutter aller Religionen«. Mit seinem Leben habe Lasker auch den Nachkommenden das Beispiel gegeben, wie treu er der Mahnung folgte: »Arbeitet nicht um Lohnes-, nie um Dankes- oder Ehrenwillen, sondern um Gotteswillen.« Als Vermächtnis des Verstorbenen sollte seine Überzeugung in Erinnerung bleiben: »Der letzte Triumph gehört der Liebe, gehört dem Recht.«

Es war nicht leicht für Kapp, nach der Ansprache des Rabbiners seine Abschiedsworte zu sprechen. In den langen Jahren gemeinsamer Parlamentsarbeit hatte er immer wieder beobachten können, was Lasker vor anderen auszeichnete: »Er hat nie etwas für sich verlangt, er hat deshalb auch nie jemandem zu schmeicheln gebraucht.« Kapp wusste, wie der Verstorbene entgegen der Zeitströmung nicht daran dachte, sich zu bereichern. »Er hatte keine Zeit, Geld zu verdienen. Wenn er auch nicht so sprach, so handelte er doch wie jener Philosoph des griechischen Altertums, der vor dem mächtigsten Herrscher seiner Zeit als einzige Bitte aussprach, ihm ein wenig aus der Sonne zu gehen.« Es lag Kapp daran, an die Begegnung von Diogenes mit Alexander dem Großen zu erinnern. Die Zuhörer mochten es auf Reichskanzler Bismarck beziehen. Er betonte: »Ich weise darauf hin, dass wir kaum ein wichtiges Gesetz der letzten zehn Jahre gehabt haben, welches nicht seine Hand deutlich aufweist.«

Ausdrücklich nannte er jetzt den Namen des Kanzlers: Es habe eine Zeit gegeben, in der es Bismarck notwendig erschien, Laskers Zustimmung für die von der Regierung vorgelegten Gesetze zu erhalten. Kapp wandte sich gegen Vorwürfe, Lasker sei kein Mann der Praxis: »Ich habe überhaupt gefunden, dass gerade die, welche selbst nicht viele Ideen haben, den anderen zuviel Ideologie vorwerfen.«

In New York hatte Kapp neben seiner Anwaltstätigkeit sich mit Geschichte, besonders der Militärgeschichte beschäftigt. So waren seine Bücher *Der Soldatenhandel deutscher Fürsten nach Amerika* und *Friedrich der Große und die Vereinigten Staaten von Amerika* entstanden. Aus dieser Kenntnis nahm er einen Gedankengang für seine Gedenkrede: Nicht nur militärische Tapferkeit sollte man als Heldenmut bezeichnen, Bewunderung verdiene auch das geistige Heldentum, »das aus freien

Stücken und ohne Rücksicht auf Belohnung für die höchsten Ziele der Menschheit eintritt, ihre geistigen Schlachten schlägt und die Welt in neue Bahnen lenkt; ein solcher Held war auch der berühmte Volksmann, unser aller Freund, an dessen Sarge ich Ihnen diese Worte zurufe, und er wird als ein tapferer Vorkämpfer des deutschen Volkes für uns auf der Ruhmestafel des deutschen Vaterlandes stehen.«

Oben auf der Empore bei den Frauen saß Lina Cahn, geborene Ehrlich. Von ihrem erhöhten Platz aus konnte sie sicherlich bemerken, dass in den Reihen der Trauergäste gewisse Herren der regierungsnahen Gesellschaft fehlten. Bei den letzten Worten von Friedrich Kapp mag sie sich vorgestellt haben, wie mächtig die Kräfte sein würden, Laskers Namen von dieser Ruhmestafel zu wischen.

Vielleicht kam, während sie am Ende der Trauerfeier hinabging, um dem Sarg zu folgen, ein Gefühl der Einsamkeit über sie. Sein Leben war noch immer auch ihr Leben, und die Frage, aus welchem Grund sie und der nun Heimgegangene damals vor mehr als zehn Jahren den entscheidenden Schritt zueinander nicht gewagt hatten, blieb für immer unbeantwortet. Nun konnte die Frage nicht mehr beantwortet werden: »War ich, geliebte Freundin, dir niemals ein Rätsel?«

Draußen vor der Synagoge und in den Nebenstraßen warteten trotz Kälte und Schnee schon seit den frühen Vormittagsstunden Tausende. Sie wollten Eduard Lasker das Geleit zum Friedhof geben. Unter den Klängen von Musikkapellen gingen die Freunde vom Handwerkerverein dem Trauerzug voran, sie hatten die Fahnen aus dem Jahr 1848 mitgebracht. Die Vorträge und Anregungen von Lasker waren Glanzpunkte für ihre Bildungsarbeit gewesen, nun traf sie der Verlust schwer. Vertreter verschiedener Wahlkreise reihten sich in den Trauerzug ein. Der Arbeiterverein und der »Verein der Berliner Presse« schlossen sich an, auch die Mitglieder von anderen Vereinen aus fast allen Berliner Bezirken hatten sich durch das Schneetreiben an diesem kalten Januartag nicht abhalten lassen. Die Fülle der Kränze und Blumen gaben dem Trauerzug eine besondere Feierlichkeit. Unübersehbar die Menge von Freunden und Bewunderern des Verstorbenen, die an den Straßenrändern ausharrten.

Für den Berichterstatter der *National-Zeitung* schien selbst der Himmel auf eigenartige Weise beteiligt zu sein: »Als der Zug sich in Bewegung setzte, ließen der Wind und das Schneewetter nach; und einen Augenblick schien es, als ob das Wetter sich aufklären sollte, ein Sonnenstrahl drang durch das dichte Gewölk, dann aber umflorte der Himmel sich wieder.«

Die Türen der Trauerhalle auf dem Jüdischen Friedhof an der Schönhauser Allee waren weit geöffnet, damit die Vielen, die dem Sarg gefolgt waren, auch draußen Anteil an der Andacht nehmen konnten. Rabbiner Sigmund Maybaum, drei Jahre zuvor als Kanzelredner der Jüdischen Gemeinde nach Berlin berufen, fühlte sich Lasker auf besondere Weise verbunden: Breslau war auch sein Studienort gewesen, dort auf dem Jüdisch-Theologischen Seminar hatte er die Grundlagen für seine wissenschaftlichen Forschungen erworben. Nach seiner noch in Breslau veröffentlichten Schrift *Die Entwicklung des israelitischen Priestertums* war gerade ein Jahr zuvor seine neueste Untersuchung *Die Entwicklung des israelitischen Prophetentums* in Berlin erschienen. Diese Kenntnisse hatten ihm geholfen, die letzte Ruhestätte für Eduard Lasker auszuwählen und zu verteidigen: »Wir werden jetzt den verewigten Genossen in der sogenannten Ehrenreihe bestatten, wo nach altjüdischer Sitte nur die Frommen in Israel eine Ruhestatt finden, Männer der religiösen Wissenschaft und des religiösen Lehramtes, Männer, die sich in der Verwaltung unserer humanitären Anstalten ausgezeichnet haben. So sei denn noch zur Ehre des Verewigten wie zur Ehre seiner Glaubensgenossen die Frage erörtert: Wie kommt es, dass eine religiöse Gemeinschaft einen Volksvertreter, der ihr scheinbar fern stand, unter die Zahl ihrer Frommen aufnimmt?«

Rabbiner Maybaum gab eine ausführliche Antwort, warum Lasker in die Reihe der Frommen gehöre. Als Volksvertreter habe der Verstorbene in der Einheit des Vaterlandes die Möglichkeit der Erfüllung seiner Hoffnungen gesehen. »Denn Großes, so dachte er, könnte nur Großes erzeugen; das Kleine, das Niedrige fände in ihm keine dauernde Stätte.« So stand er mit seinem Wirken für die Rechtsgleichheit »bewusst oder unbewusst, voll und ganz auf dem Boden des Judentums«. Lasker habe in seinem Bestreben um Gerechtigkeit wie der »Gottesknecht« gewirkt, »der freudig ergeben alles Leid und alle Mühsal der Welt erträgt im Hinblick auf die Zeit, da die Erde voll sein wird von der Erkenntnis Gottes und da man die Liebe zu dem gemeinsamen Vater betätigen wird durch die Liebe zu den Brüdern. Und so gewöhnten wir uns immer mehr des Verewigten Wirken im Dienste der Gesamtheit von diesem erhabenen

Standpunkte aus zu betrachten: Wir sahen in ihm je länger je mehr einen Träger und Wahrer unserer Ehre gegen jedwede Verkennung.«

Rabbiner Maybaum erinnerte an einen Ausspruch von Lasker: »Und wenn der Strom der Gegenwart gegen uns gehen sollte, die Zukunft wird gerechter sein.« Am Grab sprach er nach altem Brauch das Gebet: »Von Erde bist du, zu Staub wirst du.« Und er fügte Worte aus dem 45. Psalm hinzu: »Du liebst Gerechtigkeit und hassest Frevel; darum hat Gott, dein Gott, unter deinen Genossen dich gesalbt mit dem Öl der Wonnen. Preisen will ich deinen Namen, dass man seiner gedenke in allen Geschlechtern; darum werden Völker dich preisen immer und ewig.«

Am Abend nach der Beerdigung kamen Hunderte zur Gedächtnisfeier in der Berliner Singakademie, und es wurde still unter den Klängen der feierlichen Motette von Mendelssohn-Bartholdy *Herr Gott, du bist unsere Zuflucht für und für.* Dann trat Bamberger zu seiner Gedenkrede vor. Wer ihn kannte, wusste, dass er den Tod seiner geliebten Frau Anna noch immer nicht fassen konnte. Zehn Jahre zuvor war sie nach langer, schwerer Krankheit in Wiesbaden gestorben. Zu dieser Zeit hatte er in Berlin gemeinsam mit Lasker in langwierigen Kommissionssitzungen und Auseinandersetzungen mit Regierungsvertretern für die Errichtung einer Reichsbank gearbeitet. Als er dann endlich in Wiesbaden eintraf, lebte Anna nicht mehr. Seitdem litt er unter dem Schmerz, dass er bei ihrem letzten Atemzug nicht an ihrer Seite gewesen war.

Unter Tränen sagte er an diesem Abend vor den Trauernden: »Wer jene größte Bitternis im menschlichen Leben je gekostet hat, dass der schwere Augenblick an ihm vorüberging, in dem er zum letzten Male das Antlitz eines geliebten Menschen in sich aufzunehmen verlangt, wer jenes tief schmerzliche Sehnen kennt, mit dem wir noch einmal in unser Auge die Züge eines Teuren, den uns der unerbittliche Tod entführt, festzusaugen verlangen, der weiß auch, dass, nachdem die unerbittliche Scheidewand getreten ist zwischen den Anblick des Geliebten und unsere Augen – dass von neuem der Wunsch entsteht, sich ein festes Bild zu machen, wenigstens von den Zügen, die uns der Tod entrissen hat.«

Alles verwob sich, die Macht des Todes, die ihm die nächsten Menschen entrissen hatte, und die Macht des lebendigen Herrschers, wie sie sich heute mit der Anweisung an Untergebene, sie sollten jedem Gedenken des Verstorbenen fernbleiben, vor aller Augen zeigte. Ausdrücklich erwähnte Bamberger in seiner Rede, dass von offizieller Seite jede Anteilnahme fehlte, aber, so betonte er, niemand unter denen, die dem Sarg folgten, habe »das offizielle Gepränge« vermisst. Er sprach von der würdigen Andacht, mit der Eduard Lasker von vielen Trauernden aus ganz Deutschland zu Grabe getragen wurde, die ihn als wahren Volksvertreter ehrten. Bamberger deutete an, wie auch Lasker unter dem Anwachsen der Antisemiten-Bewegung litt und wie sein Name aus den Reihen derer, die sich um das Vaterland verdient gemacht hatten, ausgelöscht werden sollte: »Der Tod ist ein großer Meister; indem er das endliche Leben vernichtet, erhebt er es auch über die Befangenheit der zeitlichen Schranken, in denen es sich bewegt, er fasst ein ganzes Leben wie vor dem Auge zusammen in einem Moment. Und dieses Meisterstück hat auch der Tod vollbracht, als die Kunde von jenseits des Ozeans zu uns herüberdrang: Lasker ist tot. In diesem Momente war die Wolke, die in den letzten Jahren sich auf Laskers Namen in einigen Schichten der Nation gelagert hatte, verschwunden.«

Bamberger wollte die Hoffnung auf eine gerechte und dankbare Anerkennung des Lebenswerkes seines Freundes nicht aufgeben. Er war erfahren genug, den Gegnern keine Angriffsfläche zu bieten: »Ich will bei dem Bild, das ich zu zeichnen unternahm, auch nicht im Leisesten der Gefahr erliegen, dass ich etwas der Wirkung oder Stimmung zu Liebe verschönere.« Er wollte das ganze Bild zeigen, dazu gehörten auch die politischen Irrtümer. Er erinnerte an die berühmte Rede über den Gründungsschwindel im Jahre 1873. Lasker habe dabei nicht bedacht, dass sein Vorgehen einen Anhang nach sich ziehen könnte, der »von Hass und anderen Motiven bewegt, ihn zum Schild nahm, um unlautere Zwecke damit zu erreichen«.

Es konnte kein Zufall sein, dass Bamberger in seiner Rede das Schicksal des englischen Politikers Richard Cobden im Vergleich zu Lasker erwähnte. Hatte Lasker ihm vielleicht nach der verhängnisvollen Zustimmung zum Sozialistengesetz von seiner Zuwendung für die Verfolgten über den Cobden-Club in London erzählt? Hatte auch er, Bamberger, damals in aller Heimlichkeit auf diesem Wege Geld gespendet? Jedenfalls sprach er nun von ähnlichen Begleiterscheinungen für beide Politiker am Ende ihres öffentlichen Wirkens. So wie Lasker in gewissen Kreisen die Gunst verloren hatte, war es Cobden in Großbritannien geschehen. Auch er hatte für die Rechte des Volkes gegen die Privilegien der Aristokratie gekämpft, auch er wurde von den Gegenkräften besiegt. »Allein diese Wendung der öffentlichen Laune darf uns nicht betrüben, sie ist kein Makel an der Größe eines Mannes, der gewohnt ist, in Sturm und Wetter auch die schweren Tage des öffentlichen Lebens kennen zu lernen.«

Oft erhielten Bambergers Reden vor dem Reichstag durch ironische Anspielungen ihren besonderen Glanz, so konnte er an diesem Abend in der Singakademie der Versuchung nicht widerstehen, noch einmal die Anordnung zur Abwesenheit bei den Trauerfeiern zu erwähnen: »Wenn heute wir, durch einen wunderbaren Zufall vielleicht, nicht einen einzigen Vertreter der öffentlichen Macht am Sarge Laskers sahen – wenn dies aber nicht bloß Zufall war, sondern vielleicht eine Vorsicht hinter diesem Zufall waltete –, so geschah das offenbar, weil diese Vorsicht sich sagte: Der Geist Laskers ist mir so gefährlich, dass ich ihn noch in seinem Tode nicht so ehren darf, mich ihm zu nähern.« Und er setzte hinzu: »Fürwahr, meine Verehrten, ich will nicht sagen eine schönere, aber eine dankenswertere und bezeichnendere Huldigung konnte der Geisteskraft Laskers nicht gegeben werden als durch die Abwesenheit, die heute unter uns glänzte, da wir ihn begruben: Denn sie zeigt uns, was wir an ihm besaßen.«

Bamberger skizzierte das Verhalten der Vertreter der öffentlichen Macht im Parlament: »Sie wussten, das Geschick des Gesetzes hing ab von seiner Entscheidung.« Er schilderte, wie er Zeuge wurde, »dass ein Minister zu seinem Sekretär sagte: Lasker hat sich zustimmend geäußert, nun bin ich dicke durch. Derartige Äußerungen könnte ich mehrfach zitieren; ich habe es erlebt, dass ein hoher Staatsbeamter, der die Unabhängigkeit seiner Gesinnung heute dadurch zeigte, dass er bei der Trauerfeier ebenfalls fehlte, bei seiner Beförderung in sein jetziges hohes Amt zu Lasker sagte: Ich hoffe, dass Sie mir in meinem neuen Amt dieselbe Förderung leihen wie in meinem früheren. Sie begaben sich zu ihm, die drei Treppen hinauf, er begab sich nie zu einem von ihnen, weil er nichts von ihnen verlangte.«

Im Gedenken an den verehrten Freund begnügte Bamberger sich nun nicht mehr mit Andeutungen, er sprach aus, was auch ihn, der sich wie Lasker nicht hatte taufen lassen, beunruhigte: »Unter dem, was ihn drückte, darf nicht verschwiegen werden jener eigentümliche Zug, der sich in Deutschland seit einigen Jahren kenntlich gemacht hat, und der, weil die Zeit nicht mehr den Fanatismus des Glaubens verträgt, einen neuen Fanatismus nach dem Bedürfnis der Fanatiker erfunden hat, den Fanatismus der Rasse. Vielleicht hat er unter diesem Übel mit am meisten gelitten, aber es wäre ein Irrtum zu glauben, dass es ihn um seiner selbst willen, um seiner ihm Nächststehenden willen besonders bekümmert habe. Wenn er alle diese unschönen Erscheinungen schmerzlich empfunden, so war es, weil er sie empfand als einen Fleck auf dem Ehrenschilde der ganzen Nation, weil er glaubte, dass die Nation vor sich selbst und noch mehr vor der ganzen Welt herabgesetzt werde.«

Und auch er, Bamberger, fragte nach dem Sinn des Lebens: »Was ist aus all dem geworden, was in Laskers Kopf, was in seinem Herzen vereinigt war? Es ist heute nicht mehr, es ist bewusstlos, es ist zerstört. Doch nein! Das ist es nicht! Der wahre, einzige, beruhigende und klärende Sinn des Lebens, er ist nur darin, dass das Leben des Individuums und gerade der höchsten Individuen, ein sinn-, ein lebloses und wesenloses wäre, wenn dies nicht lebte in innigem Zusammenhange mit allen Zeiten ohne Grenzen nach rückwärts und vorwärts und im Raume und im Ganzen; das ist der Sinn des einzelnen Lebens und so passt auf unseren dahingeschiedenen Freund herrlich, was unser großer Dichter Schiller verstand unter Unsterblichkeit:

›Vor dem Tode erschrickst Du? Du wünschst unsterblich zu leben? Leb' im Ganzen! Wenn du lange dahin bist, es bleibt.‹«

Ein bewährter Informant, ein Leutnant der politischen Abteilung der Polizei, verfasste am 29. Januar 1884 für seinen Vorgesetzten im Königlichen Polizeipräsidium zu Berlin in formvollendeten Schriftzügen den Bericht über die Zusammenkunft in der Berliner Singakademie. Seine Beschreibung kam zu den Dokumenten der Geheimen Präsidial-Registratur, betreffend den ehemaligen Referendar Eduard Lasker:

»Die gestrige Festversammlung zur Gedächtnisfeier Lasker's, welche von etwa 1200 Personen, worunter wenigstens dreiviertel bis vierfünftel Israeliten, besucht war, nahm gegen 8 ½ Uhr mit einem religiösen Gesang, Choral, ihren Anfang. Danach hielt der Abgeordnete Bamberger die etwa 1½ stündige Festrede.

Die Versammlung war nach ihrer politischen Zusammensetzung eine fortschrittlich-jüdische und wurde entsprechend die Leiche Lasker's als Haupttrumpf zur Propaganda in diesem Sinne ausgespielt. Derselbe wurde von dem Redner in meisterhafter, bestechender Redeform in seiner Tätigkeit gegen die bestehende monarchische Staatsform sowie in seiner gegnerischen Stellung gegen den Reichskanzler dargestellt, was Beides den lebhaftesten Beifall hervorrief.

Als Stellen dieser Art verdienen besondere Erwähnung die Darstellung des Redners, dass wir unter einer Staatsform leben, in der nicht Männer, welche ihr Blut und ihre Arbeitskraft im Dienste des Vaterlandes geopfert, wie es in einem politisch freien Staate geschehen würde, zur weiteren Ausbildung ihrer Ideen berufen würden, sondern privilegierten Personen das Letztere überlassen würde. Ferner brachte Redner vor, dass die Enthaltung des amtlichen Staates von dieser Feier darin ihren Grund habe, dass der höchste Leiter der Politik selbst noch in der toten Hülle den Geist Laskers gefürchtet habe, wie er im Leben sein Feind gewesen sei. Dieses sei jedoch gerade der ehrendste Moment der ganzen Feier für den Verstorbenen und der Geist Laskers werde auf sie selbst übergehen. Mit Lasker sei nicht nur ein gutes, sondern das beste Stück deutscher vaterländischer Geschichte zu Grabe getragen.

Das Auftreten desselben gegen die Gründer wurde dadurch zu erklären resp. zu entschuldigen gesucht, dass es demselben ergangen sei wie bei einer weit verbreiteten Krankheit dem Arzte, welcher in seinem Eifer, zu heilen, schließlich auch Gesunde als krank betrachtet. Schließlich dürfte zur Charakterisierung der Versammlung noch zu erwähnen sein, dass Amerika, in politischer Beziehung, als das Land ihrer Hoffnung und Wünsche bezeichnet wurde.

Die Versammlung ging gegen 10 Uhr, unter Absingung eines Schlussgesanges, ohne weitere Unordnungen auseinander.«

»Vor versammeltem Kriegsvolke«

Seit der Nachricht vom Tode Laskers am 5. Januar 1884 bis zum Auftritt Bismarcks vor dem Reichstag am 13. März kursierten in der Hauptstadt Gerüchte über die äußerst angespannte Beziehung des Fürsten zum amerikanischen Gesandten Aaron Augustus Sargent, dem Übermittler der »Lasker-Resulution«. Dem hochgebildeten Juristen, der einige Jahre als Mitglied des Kongresses für die Republikaner gewirkt hatte, wurde nachgesagt, er könne ja nicht einmal ordentlich Deutsch, so müsse er sich die Zustände in Deutschland dauernd von Leuten mit Sprachkenntnissen erklären lassen, von solchen Personen wie ausgerechnet Ludwig Bamberger, der sich von Bismarck abgewandt hatte. Es hieß, die schwere Verstimmung des Kanzlers gegen den Mann aus Amerika habe außer der Angelegenheit mit dem Beileidsschreiben noch einen anderen, einen landwirtschaftlichen Grund gehabt. Von einem vertraulichen, aber dennoch an die Öffentlichkeit geratenen Brief des Gesandten Sargent an einen Gewährsmann war die Rede. Dieses Schriftstück enthalte die Mitteilung, Bismarck bereite aus eigenem Interesse als Großgrundbesitzer im Verein mit ähnlich engagierten Herren ein Einfuhrverbot für amerikanisches Schweinefleisch vor. Seit dem Bekanntwerden einer solchen, vorerst im Geheimen erörterten Maßnahme habe der Fürst jeden Kontakt mit dem amerikanischen Gesandten abgebrochen. Er habe gesagt, sollte er ihm auf der Straße begegnen, würde er auf die andere Seite gehen und ihn nicht grüßen. Ausgerechnet von diesem Menschen sei ihm am 9. Januar 1884 die Beileidsbekundung des amerikanischen Repräsentantenhauses zugestellt worden in der Erwartung, der Kanzler würde das Dokument dem Reichstag übermitteln.

So wurde durch die eilige Rückgabe der Beileidsbekundung nach Amerika in den Gerüchteküchen ein Geflecht ausgemacht zwischen dem protektionistischen Ansinnen des Fürsten hinsichtlich des deutschen Schweinefleisches und seinem politischen Anspruch, als Reichskanzler die Macht der Regierung gegen das Parlament durchzusetzen. Der Begleitbrief für die Rücksendung an den in Washington amtierenden kaiserlichen Gesandten Eisendecher enthielt den Hinweis, der Kanzler könne die im Beileidsschreiben erwähnte Einschätzung über eine für Deutschland nützliche Politik des verstorbenen Lasker nicht teilen und schon gar nicht an den Reichstag weiterleiten. Der kaiserliche Gesandte solle dem amerikanischen Außenminister Frelinghuysen das Schriftstück zurückgeben. Die so gut Unterrichteten wussten, die Teilnahme von Aaron Augustus Sargent an der Trauerfeier zu Ehren von Lasker in der Synagoge an der Oranienburger Straße hatte den Fürsten in seiner Abneigung gegen diesen Gesandten nur noch bestärkt. Es würde die Eingeweihten nicht überraschen, sollte der Kalifornier mit Hilfe gewisser Kanzlerfreunde in Übersee bald aus Berlin abberufen werden, denn dem amerikanischen Präsidenten Chester Allan Arthur könne wohl kaum an dem Verbleib eines so ungeschickten Mannes im politisch und wirtschaftlich erstarkten Deutschen Reich gelegen sein.

Der Platz galt bereits als ausgemacht, wo Sargent als Gesandter wirken sollte: Sankt Petersburg.

Bei der Eröffnungssitzung des Reichstags am Donnerstag, dem 6. März 1884, fehlte der Kanzler. Sein Stellvertreter, Staatsminister Karl Heinrich von Boetticher, überbrachte die Grüße des Kaisers an die Abgeordneten und erklärte auftragsgemäß, Majestät wünsche durch Verbesserung der Lage der Arbeiter »den Frieden unter den Bevölkerungsklassen zu fördern«. Als Boetticher in seiner Rede versicherte, ein erfreulicher Beweis für gemeinsame Anstrengungen von Regierung und Parlament in dieser Frage seien »die Verhandlungen über das im vergangenen Jahre – dank Ihrer hingebenden Mitarbeit – zu Stande gekommene Krankenversicherungsgesetz«, gab es für die Mehrzahl der Anwesenden keinen Zweifel, nur durch die »hingebende Mitarbeit« Laskers in den Wochen vor seiner Abreise nach Amerika war dieses Gesetz auf den Weg gebracht worden.

Bamberger hatte in seiner Gedenkrede für Lasker in der Berliner Singakademie darauf hingewiesen: »Er hat sich krank gearbeitet an dem Gesetz, welches die Krankenkassenvorlage gebracht hat. Er allein hat das Verdienst, wenn anders es eines war, dass es zustande kam. Es wurde vorgelegt, verwickelt mit dem Unfallversicherungsgesetz, das uns noch in Zukunft beschäftigen soll. Damals ging ich mit Lasker spazieren, und ich warf ohne weiter viel dabei zu denken – und vielleicht bereue ich es heute – die Worte ins Gespräch: ›Von diesem Gesetze wäre ein Teil vielleicht zu retten, wenn man die Krankenkassen herausschälte.‹ Sofort warf er sich auf diesen Gedanken, sofort ging er nach Hause und arbeitete diesen Gedanken aus, und allein seinen riesigen Anstrengungen in der Kommission war es zu danken, wenn es zustande kam, dass er es aus dem Wust herausarbeitete. Seine letzte Rede, welche er vor uns gehalten hat – sein Geist war noch frisch und klar, nur erlahmt waren seine Schwingen – galt eben diesem Gesetz, damit hauchte er seine letzte Kraft aus.«

Ob Herr von Boetticher, der jeder Trauerbekundung zu Ehren von Lasker folgsam ferngeblieben war, wenigstens Bambergers Abschiedsrede aus der Zeitung zur Kenntnis genommen hatte, ging jetzt bei der Eröffnungssitzung aus seinen allgemeinen Andeutungen über die hingebungsvolle Arbeit von Abgeordneten nicht hervor. Jedenfalls erwähnte er in seiner Rede den Namen Lasker nicht.

Der Kanzler war aus gesundheitlichen Gründen, wie es hieß, auch nicht zur Sitzung am Freitag, dem 7. März 1884, gekommen. Präsident von Levetzow gedachte, so wie es üblich war, vor Eintritt in die Tagesordnung der Toten. Neben drei in der vergangenen Session verstorbenen Abgeordneten nannte er Eduard Lasker.

Heinrich Rickert meldete sich zur Geschäftsordnung und bekam das Wort. Manchem Zuhörer war sicherlich noch in Erinnerung, wie der als Journalist bekannte Abgeordnete vier Jahre zuvor im Preußischen Landtag unerschrocken gegen den Wortführer der Antisemiten-Bewegung, den Dom- und Hofprediger Adolf Stoecker, auftrat, damals im November 1880, bei der Anfrage von Dr. Albert Hänel, was die Regierung gegen den von rechts geschürten Judenhass zu tun gedächte. Jetzt an diesem 7. März 1884 stand Rickert auf und bedankte sich bei den vielen, die ihre Anteilnahme zum Tod von Eduard Lasker bezeugt hatten. Ausdrücklich erwähnte er die Beileidsbekundung des amerikanischen Repräsentantenhauses.

Protestrufe der rechten Seite veranlassten den Präsidenten von Levetzow einzuräumen, der Abgeordnete Rickert habe nicht zur Geschäftsordnung gesprochen. Eilig meldete sich der konservative Abgeordnete Freiherr Wilhelm von Hammerstein zur Geschäftsordnung und nutzte die Gelegenheit zur Abrechnung mit denen, die um Lasker trauerten. Der Forstwirt, groß geworden auf den Gütern seines Vaters in Hinterpommern, war seit 1881 Abgeordneter im Reichstag. Er legte Wert darauf, als »Führer der Deutschkonservativen« bezeichnet zu werden. Seit dieser Zeit saß Hammerstein auch auf dem Stuhl des Chefredakteurs der *Kreuz-Zeitung*. Aber nur wenige Jahre später wird er sein Mandat im Reichstag verlieren, auch seine Position bei der *Kreuz-Zeitung*. Es wird sich herausstellen, dass er, hoch verschuldet, Wechsel gefälscht hatte, es wird ihm »anrüchiger Verkehr«, was auch immer darunter zu verstehen sein sollte, nachgesagt werden. Er wird auf die Flucht gehen bis nach Griechenland. Verhaftung in Athen, Verurteilung zu sieben Jahren Zuchthaus und fünf Jahren Ehrverlust werden auf ihn zukommen.

Der Abgeordnete Albert Hänel meldete sich ebenfalls zur Geschäftsordnung. Er sprach über den Respekt, den das Hohe Haus verstorbenen Abgeordneten schuldig sei, und bedauerte, dass hier nicht die parlamentarische Sitte herrsche wie in England; dort gehöre es zum Gebot des Anstands: Der Gegner muss einen verstorbenen Abgeordneten der anderen Seite ehren. Da eine Würdigung der Gegner für Lasker ausgeblieben sei, halte er die soeben ausgesprochenen Gedenkworte des Abgeordneten Rickert für begrüßenswert und notwendig.

Dagegen protestierte der konservative Abgeordnete Freiherr Helmuth von Maltzahn-Gültz, der als Jurist einige Jahre im preußischen Staatsverwaltungsdienst gearbeitet hatte, jetzt aber nur noch seine Güter in Vorpommern verwaltete. Zwischenrufe von rechts und links begleiteten die Erklärungen.

Der Abgeordnete Eugen Richter meldete sich zur Geschäftsordnung. Damals bei der Debatte über den Judenhass hatte er Frage und Antwort gegen die rechte Seite im Preußischen Landtag gerichtet: »Aber gibt es denn bloß jüdische Wucherer? Es gibt auch sehr christliche Wucherer, sogar in der heiligen Stadt Köln.« Jetzt wies Richter nach, dass Herr von Hammerstein seine Formulierung gegen die Ehrungen für Lasker vom Blatt abgelesen habe, eine vorbereitete Erklärung sei unzulässig bei einer Wortmeldung zur Geschäftsordnung. Das Zurückweisen des Beileidsschreibens aus dem amerikanischen Repräsentantenhaus kritisierte Richter als »unbefugte Einmischung des Reichskanzlers«.

Dagegen verwahrte sich der Staatsminister von Boetticher, es sei ungehörig, das Verhalten des Kanzlers zu beanstanden. Eugen Richter entgegnete, jedem Volksvertreter stehe das Recht zu, Amtshandlungen des Kanzlers auch zu missbilligen.

Der Abgeordnete Karl Braun machte auf den 2. April des Jahres 1865 aufmerksam. Damals, am Todestag des englischen Parlamentariers Richard Cobden, habe der Abgeordnete Julius Faucher von der Fortschrittspartei für das preußische Abgeordnetenhaus das Beileid bekundet. Freiherr Helmuth von Maltzahn-Gültz wollte den Vergleich Richard Cobden mit Eduard Lasker nicht gelten lassen. Ungehalten erklärte er, was damals im preußischen Abgeordnetenhaus vorgegangen sei, könne nicht mit der Gegenwart im Reichstag verglichen werden. Hätte er von Laskers Zuwendungen an die Sozialdemokraten über den Londoner Cobden-Club gewusst, wäre seine Empörung sicher noch schärfer ausgefallen.

Endlich war der Kanzler zur vierten Sitzung des Reichstags am 13. März 1884 nach Berlin zurückgekehrt. Er hatte sich vorgenommen, im Hohen Hause alles auszusprechen: seine Unzufriedenheit über Zeitungsberichte zum Tode von Eduard Lasker, in denen die Verdienste des Verstorbenen um die Einheit des Reiches gewürdigt wurden, und seine Verärgerung über die Kritik an seinem Zurückweisen des Beileidsschreibens aus Amerika, wie sie bei der Reichstagssitzung vom 7. März von einigen Abgeordneten vorgetragen worden war.

Als sei Franz von Lenbach an diesem 13. März 1884 dabeigewesen, so überzeugend gestaltete der in höchsten Kreisen bevorzugte Porträtmaler auf einem Ölgemälde das Bild des Fürsten. Sehr aufrecht steht der Kanzler vor nachtfarbenem Hintergrund und schaut in eine unergründliche Ferne. Verachtung und Kälte liegen in seinem Blick. Er will unnahbar sein und bleiben. Die im Gesicht erkennbaren Spuren des Alters mildern die Härte nicht. Das Haar ist spärlich geworden. In der Beschreibung seines getreuen Verehrers Hans Blum erscheint »Bismarcks Haar von jenem germanischen Aschblond, dem niemand die Jahre des Trägers ansehen kann«. Die hochgeschlossene schwarze Weste des Anzugs umschließt den etwas füllig gewordenen Leib. Ein leichtes goldähnliches Glitzern deutet in Gürtelhöhe wohl eine Uhrkette an. Weiß abgesetzt im Dunkel, das die Erscheinung umgibt, ist der Hemdkragen mit der breiten Schleife in der Form eines Kreuzes unterm Kinn. Es war die Mode, wie sie auch der Dom- und Hofprediger Adolf Stoecker bevorzugte. Noch einmal taucht das Weiß auf, über dem Handgelenk schaut ein schmaler Streifen vom Hemdsärmel heraus. Zwischen Daumen und Zeigefinger seiner linken Hand hält er einige bedruckte Papiere. Vielleicht sind es die Zeitungsberichte über die Trauerfeiern für Lasker, die ihn empörten.

Bismarck hatte sich für seinen Auftritt im Hohen Haus sorgfältig vorbereitet und die Gründe für seine Zurückweisung der Beileidsbekundung des amerikanischen Repräsentantenhauses niedergeschrieben. An diesem 13. März 1884 sagte er vor den Abgeordneten und Zuhörern im Reichstag anklagend, »dass die Parteigenossen des verstorbenen Abgeordneten Lasker zu derselben Zeit das Privilegium, welches ihnen die Stellung am Grabe eines Freundes gab, in einer so maßlosen Weise in der Presse ausbeuteten, unter Umständen, wo ein Widerspruch, eine Kritik dem tief in unserem Herzen stehenden ›de mortuis nil nisi bene‹ widersprach«. Dem im allgemeinen menschlichen Umgang gültigen Spruch »Von Toten muss man nichts als Gutes reden« folgte die Feststellung des Fürsten über die Freunde des Verstorbenen: »Das haben sie ausgenutzt«, und er fügte an, »in einer wucherischen Weise«.

Bismarck erklärte, wie unerträglich die Würdigung von Laskers Verdiensten in dem Kondolenzschreiben des amerikanischen Repräsentantenhauses für ihn gewesen sei. »Ich konnte unmöglich zugeben, dass man mich, den Reichskanzler, vor den Triumphwagen der Opposition einspannte und von dort aus dem Kaiser sagte: Deine Politik ist fehlerhaft gewesen.« Er berief sich auf amerikanische Zeitungen; da habe Lasker in einem Interview beklagt, »wie der Kaiser und der Reichskanzler der politischen Entwicklung Deutschlands im Wege ständen«. Nein, hier wollte er, Bismarck, sich nicht »zum Briefträger eines Schreibens machen, in dem die Politik dieses Oppositionsmitgliedes, das sich so geäußert hat, verherrlicht wird«.

Jetzt trug Bismarck den von ihm beanstandeten einen Satz auf Englisch vor; er meinte, gerade diese Stelle sei schwer zu übersetzen: *His firm and constant exposition of free and liberal ideas have materially advanced the social, political and economic condition of those people.* Zu den Worten »those people« sagte er erklärend: »Das sind wir nämlich.« Für diese Anmerkung erntete er die erwünschte »Heiterkeit« seiner Anhänger.

Er vergaß nicht, zu beteuern, dass er persönlich sich nicht gekränkt fühle, jedoch bedeute dieser Satz eine Einmischung in die inneren Angelegenheiten des Deutschen Reiches, und nur aus diesem Grunde habe er das Beileidsschreiben zurückgewiesen. Nun fällte er in aller Ausführlichkeit sein Urteil über Lasker: Dieser Mann habe immer wieder seine, des Reichskanzlers, Politik »nach Möglichkeit abgeschwächt, verwässert, sozusagen die Suppe versalzen«. Bismarck ließ seinem Ärger freien Lauf: »Ich erinnere diejenigen, die zugegen waren, an die Beratung über die Verfassung, namentlich über das ganze Justizwesen, wo ja keine Regierungsvorlage angenommen werden konnte, wenn nicht der Stempel Lasker darauf gesetzt war, und der war nur unter Bedingungen zu haben, die die Sache nach meiner Meinung verschlechterten.« Der Verstorbene habe eine »überlegene, aber verderbliche Beredsamkeit« gehabt, doch maliziös fügte er an, dennoch sei es Lasker nicht gelungen, seine ganze Fraktion der Nationalliberalen »nach links hinüberzuziehen«.

Der Fürst rief das Jahr 1878 in Erinnerung. Auch in den bewegenden Tagen der beiden Attentate auf den Kaiser habe Lasker ihm im Wege gestanden. Als endlich das »Gesetz gegen die gemeingefährlichen Bestrebungen der Sozialdemokratie« verabschiedet werden sollte, musste »starker Druck« auf den Abgeordneten Lasker ausgeübt werden, um doch noch seine Zustimmung zu erlangen. Aber dann, nach dem Ablauf der Frist von zweieinhalb Jahren habe der Abgeordnete gegen die Verlängerung des Gesetzes gestimmt. Dieses Nein wollte Bismarck ihm nicht vergessen. »Auch die ganze Bekämpfung unserer wirtschaftlichen, kurz und gut unserer gesamten Politik ist sein Werk gewesen, und Sie werden nicht verlangen«, der Fürst wiederholte sich, »dass ich mich ruhig an den Triumphwagen eines Verstorbenen anspannen lassen soll, der mir das Leben in dem wenigen, was ich für Deutschland habe tun können, saurer gemacht hat als irgend ein anderer.«

Hielt der Kanzler an diesem 13. März 1884 Lasker noch immer für den Juden aus dem Großherzogtum Posen, der unter Ausnahme gestellt werden musste, obwohl der Abgeordnete seit Jahrzehnten in Berlin gewohnt hatte? Es musste gespenstisch wirken, wie Bismarck seinen Blick auf den Platz des Verstorbenen richtete und anklagend sagte, »dass zwischen jener Stelle, wo er saß, und dieser hier, wo ich stehe, häufiger als mir lieb ist, die unfreundlichsten Reden von beiden Seiten gewechselt sind«. Abschließend verwies Bismarck noch einmal auf seine guten Beziehungen zu den Vereinigten Staaten. Sicherlich sei es so, dass in Unkenntnis der deutschen Innenpolitik das Repräsentantenhaus mit diesem Beileidsschreiben »ein Wohlwollen für Deutschland zum Ausdruck bringen wollte«.

In die Bravorufe von rechts hinein meldete sich Albert Hänel zu Wort. Der Präsident des Reichstags, Albert von Levetzow, fragte: »Wünscht der Herr Abgeordnete das Wort zur Geschäftsordnung?« Hänel antwortete: »Zu den Bemerkungen des Herrn Reichskanzlers.« Der Präsident entgegnete, das sei nach dem Brauch des Hohen Hauses nicht zulässig, das Wort zu einem Gegenstand zu erhalten, der nicht auf der Tagesordnung stehe. Der Herr Abgeordnete möge dazu entweder einen Antrag oder eine Interpellation einreichen.

Albert Hänel erwiderte: »Ja, Herr Präsident, Sie werden wohl selber fühlen, dass Ihre Anforderung eine ganz unmögliche ist.« Natürlich kannte Hänel, der seit zehn Jahren als Vizepräsident des Reichstags amtierte, alle Gepflogenheiten des Hohen Hauses, und so machte er von seinen Kenntnissen Gebrauch: »Der Herr Reichskanzler hat das Recht, jederzeit das Wort zu ergreifen, jedes Thema in unsere Geschäftsordnung hineinzuwerfen, aber, meine Herren, wenn er das Recht hat, so liegt es auch im Sinne unserer Geschäftsordnung, dass man gerade bei solchem Gebrauch des Rechts des Reichskanzlers auch der interessierten Seite ein freies Wort gestattet.«

Der Präsident fühlte sich bedrängt, jedoch wahrte er die höfliche Form und meinte, er habe ja schon angedeutet, dass er den Wunsch begreiflich finde, »sofort zu erwidern«. Er berief sich auf die Geschäftsordnung, die keinen Raum lasse für Worte vor dem Eintritt in die Tagesordnung. Dabei musste er allerdings zugeben: Es sei im Reichstag »schon öfter« von der Geschäftsordnung »abgewichen worden«. Er machte einen begütigenden Vorschlag: Das Einverständnis des Hohen Hauses vorausgesetzt, könne er allerdings dem Abgeordneten Hänel das Wort »zur Geschäftsordnung« erteilen.

In Verfahrensfragen konnte ihm, Hänel, niemand etwas vormachen. Das höfliche Angebot glich einer Falle, es gestattete keine ausführliche Erwiderung auf Bismarcks Erklärung. Er entgegnete: »Herr Präsident, Sie haben dem Reichskanzler *vor* der Tagesordnung das Wort gegeben. Dies ist eine außerordentliche Ermächtigung des Präsidenten; er hat infolgedessen die außerordentliche Ermächtigung, wenn er einmal vor der Tagesordnung das Wort erteilt hat, auch einem anderen die nämliche Berechtigung einzuräumen. Wie wir dazu kommen sollten, an die Erörterung des Herr Reichskanzlers eine Interpellation oder einen Antrag zu stellen – das ist doch völlig unerfindlich.« Hänel berief sich auf die Redefreiheit, die im Hohen Hause grundsätzlich zur Geschäftsordnung gehöre. Er wollte seinen Anspruch auf eine Entgegnung zu den Worten des Kanzlers nicht aufgeben.

Dem Präsidenten fiel es schwer, sich aus der Zwangslage, in die er durch Bismarck geraten war, zu befreien: »Der Herr Reichskanzler hat das Wort gehabt nicht auf Grund meiner Ermächtigung, sondern weil er nach der Verfassung das Wort jederzeit verlangen kann; die Sache liegt insofern etwas anders als bei Erklärungen vor der Tagesordnung, die hin und wieder von Mitgliedern des Hauses abgegeben worden sind. Hier habe ich allerdings spezielle Ermächtigung erteilen müssen und habe sie in beschränkter Weise immer erteilt, wenn ich es irgend für zulässig hielt; ich habe auch für mein bisheriges Verfahren die Billigung des Hauses wiederholt erfahren. Ich erkenne aber, wie ich wiederhole, die besondere Lage des Falles an und bin für meine Person geneigt, dem

Herrn Abgeordneten Dr. Hänel das Wort zur Sache zu geben.« Also hieß es nun nicht mehr »zur Geschäftsordnung«.

Sicherlich ungern gab er seine Entscheidung bekannt: »Ich habe einen Widerspruch aus dem Hause nicht vernommen und gebe dem Herrn Abgeordneten Dr. Hänel das Wort, indem ich konstatiere, dass ich dabei *gegen* die Geschäftsordnung verfahre.« Herr von Levetzow hatte immerhin auch am 28.Januar 1884 Wert auf seine Unabhängigkeit gelegt: Er war zu der Begräbnisfeier für Eduard Lasker in die Synagoge an der Oranienburger Straße gekommen.

Eine Scheu des Lebenden vor der Allmacht des Todes klang aus den Worten des Abgeordneten Albert Hänel: »Ich halte es nicht für richtig, hier ein Totengericht zu halten und hätte auch gewünscht, dass der Herr Reichskanzler dies nicht getan hätte.« Er verwahrte sich gegen die Einseitigkeit der Betrachtungsweise des Kanzlers, der Lasker nur als seinen Feind dargestellt habe. Wenn Bismarck nichts über eine Zeit gemeinsamer Anstrengungen für Deutschland sagen wollte, dann hätte er besser einen Vertreter der äußersten Rechten des Hauses zu Worte kommen lassen sollen. »Aber der Herr Reichskanzler war nicht berufen, irgendwelches Urteil über die Politik, über die Persönlichkeit, über den Charakter des Herrn Lasker abzugeben.« Hänel wollte das Andenken an Lasker in Ehren halten, und sei es im rhetorischen Zweikampf mit dem Mächtigsten.

»Meine Herren, ich will nur einen einzigen Umstand hervorheben. Der Herr Reichskanzler hat sich auf gewisse Interviewer berufen, die in amerikanischen Zeitungen ihr Wesen getrieben haben, als der Abgeordnete dort drüben weilte. Warum beruft er sich auf derartige, gänzlich unbeglaubigte Interviewer, von denen wir wissen, dass sie lediglich der Sensation dienen in Zeitungen amerikanischen Stils, von denen bekannt ist, in wie geringer Weise ihre Glaubhaftigkeit begründet ist. Er hätte sich auf einen Deutschen berufen können, einen Augenzeugen, einen Zuhörer einer der letzten Reden des Herrn Lasker. Es ist Herr Paul Lindau.«

Auf Einladung des Präsidenten der nördlichen Pazifikbahn-Gesellschaft, Henry Villard, war Paul Lindau, Herausgeber der Zeitschrift *Die Gegenwart* zur Einweihung einer neuen Eisenbahnlinie nach Amerika eingeladen worden. Bereits Jahre zuvor hatte der republikanische Kongressabgeordnete Aaron Augustus Sargent sich für den Ausbau der Central Pacific Railroad eingesetzt. In seinen Reiseaufzeichnungen aus dem Jahr 1883 berichtete nun Paul Lindau über seine Ankunft in New York. Als ersten Bekannten habe er in seinem Gasthause Eduard Lasker getroffen, der auch zur Einweihung der neuen Eisenbahnlinie eingeladen war. »Die Sonne von Texas hat ihn gebräunt, die völlige Abgeschiedenheit von allen Fraktionen, Kommissionen, Resolutionen, Amendements und sonstigen Fremdwörtern des Deutschen Reichstags sichtlich gekräftigt. Er fühlt sich wohl genug, um die lange Reise, die wir unternehmen und deren Anstrengungen nicht zu unterschätzen sind, mitzumachen. Er will den Winter hier verbringen; in den ersten Monaten des kommenden Jahres, im Februar oder März, gedenkt er sich zur Heimreise zu rüsten.«

Jetzt, bei seinem Einspruch gegen Bismarck, berief sich Hänel auf das Abschiedswort für Lasker von Paul Lindau in der *National-Zeitung*. In diesem Artikel wurde daran erinnert, wie Lasker in Amerika die Anschuldigung zurückwies, er sei grundsätzlich gegen Bismarck. »Da wallte er auf und verteidigte sich gegen diesen Vorwurf und sagte: Nicht gegen die Verdienste des Reichskanzlers, nicht gegen die Person desselben bin ich feindlich gesinnt, sondern nur einzelne Phasen seiner Politik habe ich bekämpft.« Hänel fragte: »Wie kommt es, dass dem Herrn Reichskanzler ein solches Zeugnis, was ihm viel näher lag, nicht aufstieß, dass er nichts vorzuführen hatte als die Berichte von ein paar amerikanischen Interviewern von zweifelhafter Bedeutung und zweifelhafter Glaubwürdigkeit? Ich kann mir nicht helfen, ich finde diese Methode aber nicht angemessen gegenüber einem doch noch offenen Grabe.«

Das Protokoll vermeldete keine Bewegung auf der rechten Seite oder im Zentrum. Die dort sitzenden Abgeordneten hatten der aus tiefem Herzen kommenden schmerzlichen Empörung von Hänel offenbar nichts entgegenzusetzen. Hänel erwähnte dann, dass der Kanzler immerhin dargelegt habe, sein Zurückweisen des Beileidsschreibens bedeute keineswegs eine unfreundliche Haltung gegen das amerikanische Volk. »Im übrigen freilich muss ich sagen, dass seine Begründung eine recht schwache war.« Der Redner empfand das Verhalten Bismarcks gegen Lasker als unmenschlich, und er scheute sich nicht, darauf hinzuweisen: »Die letzte Absicht des Repräsentantenhauses war nicht etwa, irgendwelches Urteil über die Politik des Herrn Reichskanzlers oder über die definierten Verdienste des Herrn Lasker auszusprechen; das ist sonnenklar, das unterliegt gar keinem Zweifel. Wenn dies richtig ist, warum nun mäkeln an dem einzelnen Wort, warum nicht die Sache aufnehmen, wie sie gemeint war, eben als einfache Beileidsbezeugung, warum sich nicht an das einfache menschliche Gefühl halten?«

Hänel wiederholte sein Bedauern, dass Bismarck das Beileidsschreiben aus Amerika nicht an den Reichstag weitergeleitet habe: »Nun, meine Herren, wenn das nicht geschehen ist, wenn der Herr Reichskanzler sich nicht an dieses einfache und natürliche menschliche Gefühl gehalten hat, dann kann er sich freilich nicht wundern, wenn man von dieser Seite des Hauses« – [im Protokoll festgehalten: »links«] – »seiner Methode besondere Motive unterschiebt. Dies Motiv an erster Stelle, einem Toten noch nachträglich ein Urteil nachzurufen, was meiner Meinung nach nur ausgesprochen sein sollte über einen Lebenden, der sich noch verteidigen kann. Sodann das andere Motiv, hier dieser Versammlung die Möglichkeit zu entziehen, ihrerseits eine entsprechende Äußerung des Dankes dem Repräsentantenhaus gegenüber auszusprechen.«

Am Ende wandte sich Hänel an die Abgeordneten: »Meine Herren, ich muss wirklich sagen, wenn man mit einfachem natürlichem Gefühl diesen Vorgang betrachtet, so bleibt nichts übrig als die Vermutung, dass es dem Herrn Reichskanzler durchaus darum zu tun ist, die Politik, deren Repräsentant der Abgeordnete Lasker nun einmal ist, selbst noch an dem Toten zu verfolgen, dass er sich nicht begnügt, die lebenden Repräsentanten dieser Politik hier anzugreifen, sondern dass er einer allgemeinen humanen Sitte entgegen nicht einmal die Anerkennung verträgt, die man einem Feind – wie er meint – von ihm zu zollen vom rein menschlichen Standpunkte aus sich bewogen findet.«

Im Protokoll steht der Vermerk: »Lebhaftes Bravo! Links«.

Sofort bekam der Kanzler sein Recht auf Erwiderung. Er redete an gegen die Betroffenheit vieler Herren, und er wusste, wie er die Trauer um den Verstorbenen stören konnte, denn es war ihm nicht entgangen, wie der sonst so routinierte Redner bei seinen Worten zum Gedenken an Lasker gegen eine starke innere Erregung ankämpfen musste. Er griff Hänels Bemerkung von der schwachen Motivierung auf, gab ihm vermeintlich Recht und sagte: »Ich will dem Herrn Abgeordneten das Kompliment nicht erwidern, ich will im Gegenteil ihm gerne einräumen, dass seine Erwiderung eine ganz außerordentlich durchschlagende und treffende gewesen ist.« Da brach dann die »Heiterkeit rechts« aus. Der Kanzler blieb bei seinen spöttischen Worten: Er sei nun einmal schwach und müsse daher den Herrn Abgeordneten um Nachsicht bitten. »Vielleicht ist das alles Irrtum, dass der Herr Abgeordnete Lasker der Opposition angehört hat, dass er mit mir schwere Kämpfe gehabt hat, dass er die Politik des Kaisers nicht gebilligt hat. Vielleicht habe ich mich darüber getäuscht. Verlässt mich da vielleicht mein Gedächtnis?« Nein, er habe kein Totengericht gehalten, andere hätten den toten Lasker ihm gegenüber »ausgespielt«. Nun packte ihn doch wieder der Zorn: »Meine Herren, ich bin ein Christ, aber doch als Reichskanzler nicht so, dass, wenn ich eine Ohrfeige auf die eine Backe bekomme, ich die andere hinhalte.« Da spielte er noch einmal den Christen gegen den Juden aus, wie damals 1847 in Berlin. Nun aber sei er, der Erste Beamte des Reiches mit »nicht ganz ritterlichen Waffen angegriffen« worden. Er verwahrte sich gegen die Auffassung von Paul Lindau, Lasker sei nicht sein Feind gewesen. »Prinzipiell war er mein Freund, tatsächlich mein Gegner; eins schloss das andere nicht aus; er hat mich gelobt, aber bekämpft, und wenn mich einer unter den größten Lobeserhebungen auf der politischen Mensur über den Haufen sticht, so kann ich ihm natürlich nicht dankbar sein.« Wieder erntete er: »Heiterkeit rechts«.

Bismarck wandte sich unmittelbar an Hänel. Der Herr Abgeordnete habe ihm in einem »tragischen Tone vorgeworfen, dass ich dem Toten Lästerung – oder ich weiß nicht, was – nachrufe. Das ist gar nicht der Fall. Man hat den Toten zitiert gegen mich und hat ihn reden lassen; Sie haben Spiritismus gespielt mit Lasker, ihn mir gegenüber zitiert, als wenn er redete; und wenn Sie glauben, dass Sie mir durch den Mund des Toten alle möglichen Injurien sagen können, ohne dass ich darauf reagiere, so irren Sie sich; mögen Sie in eigener Person sprechen oder den toten Freund gegen mich reden lassen, das ist mir völlig einerlei.« Schließlich kam der Kanzler zu der Frage, ob dem amerikanischen Repräsentantenhaus für seine Anteilnahme gedankt werden müsse. Er könne es nicht, er habe angenommen, sein Vorredner würde eine Interpellation zu dieser Sache einbringen. Da das nicht geschehen sei, solle Hänel nun den Antrag stellen, eine Dankadresse auszufertigen. »Stellen Sie doch das zur Diskussion.«

Bismarck wollte für sich einen lustigen Abgang. Der Widersacher, der seine Reichskanzlerworte als schwach bezeichnet hatte, sollte mit Gelächter aus dem Plenum bestraft werden. Ja, er sei wohl nach längerer Krankheit noch körperlich schwach: »So bitte ich den Herrn Abgeordneten um seine Nachsicht, und es würde jedenfalls liebenswürdiger von ihm sein, wenn er mir diese Schwäche nicht so vor versammeltem Kriegsvolke vorwerfen würde.« Und das Kriegsvolk zur rechten Seite rief: »Bravo!«

Das Protokoll vermerkt: »Die Diskussion und die Angelegenheit ist damit erledigt.«

Zwei Tage später, am 15. März 1884, schrieb Baronin Spitzemberg zu Hause in der Wilhelmstraße weiter an ihrem Tagebuch: »Als ich, etwas verspätet, vom Bette aus durchs Fenster sah, wandelte der Fürst mit Tyras um ½ 9 beim schönsten Sonnenschein über den mit Anemonen besäten Rasen!« Zum Weihnachtsfest 1881 hatte es für den Hund Tyras, ein kostbares Geschenk gegeben: ein Halsband mit der kenntnisreich ausgesuchten Inschrift seines Namens »Fortschrittlerfresser«. Die Überbringer der Weihnachtsgabe konnten sicher sein, diese Zierde für das Tier, mit dem der Kanzler so gern spazieren ging, würde den Mächtigen erfreuen. Es war allgemein bekannt, wie unversöhnlich Bismarck den Männern der Fortschrittspartei gegenüberstand. Und es war nicht vergessen, dass Lasker anfangs zu den Fortschrittlern gehört und bis an sein Ende mit vielen von ihnen in freundlicher Verbindung gestanden hatte.

Baronin Spitzemberg setzte ihren Bericht vom 15. März über Nachbar Bismarck fort: »Um 12 fand ich ihn dann beim Gabeln, so frisch und munter als möglich, nachdem er bereits im Reichstage wieder geredet hatte.« Auch für die enge Vertraute des Fürsten blieb der in New York verstorbene Reichstagsabgeordnete der »Jude Lasker«. So hielt sie im Tagebuch fest, wie der Ort, an dem der Kanzler zwei Tage zuvor das Totengericht gehalten hatte und an den Lasker nie mehr zurückkehren würde, in ihrem Bekanntenkreis bezeichnet wurde: Der Reichstag, »den sie jetzt ›Gasthof zum toten Juden‹ nennen«.

Der Donnergott

Die Leser des amerikanischen Magazins *Frank Leslie's Illustrated Newspaper* konnten in der Ausgabe vom 1. März 1884 die Bestätigung finden: Es war also doch mehr als ein Gerücht, dass der Ärger des Fürsten Bismarck über den amerikanischen Gesandten Aaron Augustus Sargent, der ihm das Beileidsschreiben des amerikanischen Repräsentantenhauses zum Ableben von Lasker zustellen ließ, auch noch einen anderen Grund hatte.

Das Geflecht der Ansprüche des Kanzlers auf Herrschaft über das Parlament und seiner persönlichen wirtschaftlichen Interessen wurde zum Bild. Der Zeichner machte mit der Unterschrift zur Karikatur den Zusammenhang deutlich: »Wenn wir uns auf der Straße sehen, grüßen wir uns nie.« Ein Schwein, das dem Beschauer sein ausgeprägtes Hinterteil zuwendet, läuft links im Bild. Am Ringelschwanz ist die amerikanische Flagge befestigt, auch um den Leib trägt es ein breites Sternenbanner. Das Tier wird von Bismarck, der rechts an ihm vorüberschreitet, mit Verachtung gestraft, er will es nicht sehen. Der beleibte Fürst trägt die Preußenmütze mit seinem Namen. Eine Brezel ist daran gehängt. Sicherlich kannte der Karikaturist die Entstehungsgeschichte dieses auch in Amerika beliebten Gebäcks, wie durch kunstvolles Kneten der Teig aus seiner ursprünglichen Ringform gezogen und zum Kreuz verwandelt wurde: die christliche Fastenbrezel. In grauer Vorzeit hatten feinschmeckerische Germanen den Teigring ihrem Gott Donar geweiht, dem Donnergott, dessen Erscheinen alljährlich im März von ihnen erwartet wurde. Als Kennzeichen trug er den Hammer, der, wie der Teig aus Mehl, Wasser und Salz, später auch eine Verwandlung erfuhr: zum Kreuz. Statt des Hammers, trägt Bismarck in seiner rechten Hand einen bis zum Überlaufen mit Bier gefüllten Humpen. Die linke Hand führt eine übergroße Pfeife zum Mund. Aus der Tasche seines der kühlen Jahreszeit entsprechend langen Mantels hängt ein Zettel heraus. Die Inschrift lautet: »Lasker-Resolution«.

Am 5. April 1884 erschien in demselben Blatt die Karikatur mit der Darstellung von »Präsident Arthurs Abbitte«. Bismarck trägt die Preußenmütze und sitzt behäbig auf einer Art Thronsessel, der allerdings auf Bierhumpen steht. Beim genauen Hinsehen ist zu entdecken, dass der Fürst anstelle von Händen und Füßen mit vier Schweinehufen versehen

(*Frank Leslie's Illustrated*, 1. März 1884.)

Präsident Arthurs Abbitte.
(*Frank Leslie's Illustrated*, 5. April 1884.)

Bismarck-Karikaturen aus Frank Leslie's Illustrated *vom 1. März 1884 und vom 5. April 1884, abgedruckt in:* Bismarck in der Karikatur, *Stuttgart o.J. (1898)*

ist. Er schaut mürrisch hinab auf Chester Allan Arthur, den 21. Präsidenten der Vereinigten Staaten. Der elegant gekleidete Gast verbeugt sich mit dem Hut in der Hand vor dem Fürsten. In diesem Empfangsraum hängen zwei Bilder an der Wand. Auf dem einen ist das Porträt des Kanzlers zu sehen, auf dem anderen stehen fünf Worte: *We have hogs enough, Bismarck.* Wir haben genug Schweine, Bismarck. Im Hintergrund ist eine offene Tür angedeutet. Ein Mensch verlässt so entschieden den Raum, dass nur noch sein rechter Arm und die Hand, die einen Koffer trägt, zu sehen sind. Auf dem Koffer ist sein Name zu lesen: A. A. Sargent. Darunter steht »Minister to«, Berlin ist durchgestrichen, »St. Petersburch« ist eingesetzt.

Jedoch ließ sich Aaron Augustus Sargent durch keine Weisung an einen anderen Platz verschieben. Er wollte nicht mehr im diplomatischen Dienst tätig sein und reiste zurück in sein heimatliches Kalifornien und arbeitete dort als Rechtsanwalt. Er versuchte noch einmal sein Glück und ließ sich von den Republikanern als Kandidat für das Amt eines Senators von Kalifornien aufstellen, er wurde jedoch nicht gewählt. Sein Leben war reich gewesen an Arbeit und an Erfahrung. Bemerkenswert war sein Eintreten für das Wahlrecht der Frauen. So wies er darauf hin, dass Frauen oft die gleiche Arbeit verrichteten wie Männer, vielfach sogar besser – aber zum halben Lohn. Den mühselig arbeitenden Frauen sollte die Chance gegeben werden, diesen Zustand der Stimmlosigkei, den er, Sargent, als ehrlos ansah, zu beenden.

Nach seinem Abschied von Berlin konnte Sargent noch drei Jahre mit seiner Familie in San Francisco zusammen sein. Er starb am 14. August 1887 und wurde auf dem Laurel Hill Cemetery in Washington begraben.

»Der Hauch der Liebe«

Es waren drei Genien, die an der Liebespflicht teilgenommen hatten, Eduard Lasker auf dem Weg zur letzten Ruhe zu begleiten. Auf seine Weise erinnerte Ludwig Bamberger im Gedenken an den Lebenslauf des Verstorbenen an drei Namen, die gleichsam als Schutzengel die letzte Reise seines Freundes begleitet hatten: »Das Boot, das ihn hinübertrug, hieß der ›Neckar‹ – es rief damit zurück die Erinnerung an jenes Land Baden, wo in seinen besseren Zeiten niemand so geliebt war wie Lasker, jenes Land, dessen Eintritt in den Bund er verlangte, als Norddeutschland noch am Main aufhörte, mit dem er in tausend Fäden zusammenhing, das damals der Prototyp jener Gesinnung war, die man nationalliberal nannte. Dann landete das Boot, das seine Hülle trug, im Hafen der guten Stadt Bremen, einer Stadt, die durch ihre freie Gesinnung, durch ihren großen Blick in die Weite hinaus, durch echte Reichstreue ausgezeichnet ist, die jetzt vielleicht in der großen Mehrheit ihrer Bürger dieselbe Parteistellung hat wie Lasker und dieselbe Ungnade an hoher Stelle; und endlich empfing ihn hier, um ihn zur ewigen Ruhe zu bestatten, die gute Stadt Berlin, deren Gedeihen und rüstiges Emporblühen ebenfalls den Zorn der Mächtigen hervorruft und die einen Teil der öffentlichen Meinung repräsentiert, die nicht als die eigene Partei, aber als nahe verwandte nach links hin, der seinen zur Seite steht. Diese drei Parteien, die wir am besten repräsentiert sehen in Baden, in Bremen und in Berlin, zu vereinen, eins zu sehen in demselben Geiste, in produktiver Kampfgenossenschaft für die Güter der Nation, das war der Traum seines Lebens, der Traum, mit dem er von uns schied.«

Verwoben in Laskers Träume war auch die »geliebte Freundin«. Am Ende der geheimnisvollen Liebesgeschichte im Buch *Erlebnisse einer Mannesseele* hatte er das Wort an sie gerichtet. Hoffnungsvoll, erwartungsvoll: »Das Leben spinnt sich ab, bis zur letzten Minute der Ausdauer gilt die Kraft der Arbeit, und bis zum letzten Atemzuge wird der Hauch der Liebe die Seele bewegen. Vielleicht habe ich manchen Keim ausgestreut, der aufgeht und mein Andenken erhält. Du aber schmücke mein Grab, und wende den beruhigten Sinn zur Fülle des Lebens zurück.«

An diesem 28. Januar des Jahres 1884, am Tag der Beisetzung von Eduard Lasker in der Ehrenreihe des Jüdischen Friedhofs an der Schönhauser Allee, wollte sich Rabbiner Maybaum trotz aller heraufziehenden Schatten seine Gedanken an eine würdevolle Zukunft im Leben der kommenden Generationen nicht nehmen lassen: »Sein Grab aber wird zu einer Stätte pietätvoller Verehrung werden für edle Menschen, und sie werden hier vernehmen den Ruf des Geistes: Löse die Schuhe von deinen Füßen, denn du stehst auf heiligem Boden.«

»Erinnerung und Hoffnung«

Wer heute den Jüdischen Friedhof an der Schönhauser Allee in Berlin betritt, spürt den verhängnisvollen Ablauf der vergangenen Zeit. Auf diesem Boden geweihter Erde lastet noch immer der Schatten der zwölf Jahre von 1933 bis 1945, in denen die Nazis auch hier wüteten. Sie rissen die bronzenen Schrifttafeln ab und entfernten die metallenen Umzäunungen von den Grabstätten. All das, was zur Ehrung der Verstorbenen gehörte, wurde in den Schmelztiegel der Nazis geworfen, um ihren Krieg zu verlängern. Grabsteine wurden abtransportiert, sie sollten in der Schönhauser Allee als Panzersperren dienen.

Die Grabstätten in der Ehrenreihe waren von der Verwüstung in der Zeit des »Dritten Reiches« nicht unberührt geblieben. Neben Eduard Lasker hatte im März 1899 Ludwig Bamberger seine letzte Ruhe gefunden. In jener Zeit war zu beider Gedenken auf dem Grabstein die Inschrift eingetragen, wie sie Bambergers Freund, der Schriftsteller Paul Nathan, gewünscht hatte: »Hier ruhen im Tode vereint die im Leben gemeinsames Streben für Deutschlands Einheit und Freiheit verband.«

Über die Ruhestätte von Eduard Lasker und Ludwig Bamberger breiten nun hochgewachsene, von Efeu umrankte Platanen ihre Äste. Auf einem großen Gedenkstein, der beide Gräber bedeckt, sind ihre Namen mit den Lebensdaten eingetragen. An der niedrigen Begrenzungsmauer am Kopfende sind die Worte über das gemeinsame Streben für Deutschlands Einheit und Freiheit wieder zu lesen, daneben steht, auch zur Erinnerung an den Mitbegründer der Deutschen Bank Ludwig Bamberger: »So lautete die 1901 zwischen den Säulen angebrachte Inschrift. Dem Ehrengrab, von der NS-Diktatur anonymisiert, wurden 2001, unterstützt durch die Deutsche Bank, die Namen zurückgegeben.«

Die Wege auf dem Friedhof führen zu glanzvollen Zeitgenossen Laskers. Auch Leopold Zunz, der Begründer der Wissenschaft des Judentums, wurde 1886 hier in der Ehrenreihe bestattet. Er, dem ein langes Leben vergönnt war, erkannte schon in jungen Jahren, als er seine Untersuchung *Etwas über die rabbinische Literatur* schrieb, das Geheimnis im Leben der Menschen: »Denn die Sprache ist die erste Freundin, die, sich herablassend, uns in die Stege der Wissenschaft leitet, und die letzte, zu der wir sehnend zurückkehren; sie allein kann der Vergangenheit den Schleier abreißen, sie allein die Gemüter für die Zukunft vorbereiten.« Sein Grundsatz zur Gleichberechtigung der Juden hieß: »Nicht Rechte, sondern Recht. Nicht Freiheiten, sondern Freiheit.« Heinrich Heine sagte über ihn: »Mann der Rede und der Tat, hat er geschaffen und gewirkt, wo andere träumten und mutlos hinsanken.« Die Rede von Leopold Zunz *Den Hinterbliebenen der Märzhelden* galt auch der Erinnerung an Alexander Goldmann und Simon Barthold, sie fanden hier auf dem Friedhof an der Schönhauser Allee ihre letzte Ruhe. Auf ihrem Gedenkstein steht, umrahmt von einem Eichenkranz, das Wort »März-Gefallene«.

Der Grabstein von Moritz Reichenheim, dem Stifter des Waisenhauses am Weinbergsweg, bezeugt neben seinen Lebensdaten, 1815 bis 1872, sein Wirken: »Er rettete den Armen, der da schrie, und die Waise, die keinen Helfer hatte.« Hier ruht auch seine Frau Sarah, die neun Jahre später starb; für sie sind die Worte in den Stein graviert: »Sie war der

Hort und Schirm ihrer Familie, die Stütze und Trösterin der Armen und die Mutter hilfloser Waisen.«

Der am 20. Juli 1878 verstorbene Zahnarzt Joseph Linderer fand nicht weit von der Ehrenreihe die letzte Ruhe. Zu seinen Patienten gehörten Damen und Herren der Hofgesellschaft. Er war von Göttingen nach Berlin gekommen. Sein Vater, auch Zahnarzt, den es in die Stadt an der Spree gezogen hatte, war von der Behörde seiner westfälischen Heimat veranlasst worden, seinen Namen Callmann Jacob »einzudeutschen«. Da nannte er sich, weil er Schmerzen lindern konnte: Jacob C. Linderer. Gemeinsam verfassten Vater und Sohn das *Handbuch der Zahnheilkunde*. Joseph Linderer schrieb in Weiterführung der Arbeit seines am 23. Februar 1840 in Berlin verstorbenen Vaters das *Lehrbuch für Zahnärzte und Ärzte – die Zahnheilkunde nach ihrem neuesten Standpunkte* und das Werk über *Die Erhaltung der eigenen Zähne in ihrem gesunden und kranken Zustande*.

Der Komponist Giacomo Meyerbeer, ursprünglich Jacob Liebmann Meyer Beer, Sohn des Bankiers Jakob Herz Beer, starb im Alter von dreiundsiebzig Jahren am 2. Mai 1864 in Paris. In seinem Testament hatte er verfügt, sein Vermögen solle für junge begabte Musiker verwendet werden, und er hatte festgelegt, dass er in Berlin auf dem Jüdischen Friedhof an der Schönhauser Allee beigesetzt werden sollte, wo seine Mutter Amalie Beer zehn Jahre vor ihm ihre letzte Ruhe gefunden hatte.

Die Namen Max Liebermann, Heinrich Silbergleit und Julius L. Seligsohn führen in das 20. Jahrhundert, bis in die Zeit der Verbrechen der Nazis. Als der achtundachtzigjährige Maler Liebermann, Ehrenbürger der Stadt Berlin, am 15. Februar 1935 beerdigt wurde, waren unter den mehr als hundert Trauernden keine offiziellen Vertreter von Regierung und Stadtverwaltung zu sehen. Es dauerte dann nur noch sieben Monate, bis zum 15. September, bis anlässlich des Nürnberger NSDAP-Parteitags das *Gesetz zum Schutze des deutschen Blutes und der deutschen Ehre* erlassen wurde.

Der Statistiker Heinrich Silbergleit wurde am 2. Juli 1858 in Gleiwitz geboren. Zu seinen Arbeiten gehörte neben der Denkschrift *Preußens Städte* auch die Mitarbeit an der Statistik über die Juden, die auf deutscher Seite am Ersten Weltkrieg teilgenommen hatten. Er starb am 15. März 1939 in Berlin, wenige Monate nach dem Novemberpogrom des vorangegangenen Jahres.

Nur die Asche blieb von dem Berliner Rechtsanwalt Julius L. Seligsohn. Er wurde 1942 im KZ Sachsenhausen ermordet. Sein Leben dauerte zweiundfünfzig Jahre. Bis zuletzt hatte er als Mitglied des Präsidialausschusses der Reichsvertretung der deutschen Juden alles versucht, das Leben der ihm anvertrauten Juden zu retten. Zu seiner Familie gehörten bedeutende Rechtsanwälte wie Arnold Seligsohn, dem 1929 von der Berliner Universität die Würde des Ehrendoktors der Staatswissenschaften verliehen wurde. Der Gedenkstein für Julius L. Seligsohn bei der Familiengrabstätte ruft das Verbrechen der Nazis schmerzhaft in Erinnerung.

Das Grabmal von Gerson von Bleichröder, dem 1822 in Berlin geborenen Sohn aus dem Hause des Bankiers Samuel Bleichröder, führt zurück in die Zeit von Bismarcks Gegenspieler Eduard Lasker. Als Bleichröder am 18. Februar 1893 zu Grabe getragen wurde, lag Angst über der Beisetzungsfeier. Die Freunde und Verwandten fürchteten antisemitische Kundgebungen. Ein Polizeiaufgebot war zur Stelle, jedoch blieb es ruhig.

Nicht weit entfernt von der Ehrenreihe steht der Grabstein für Siegfried Friedländer. Dort sind neben den Lebensdaten, 1833 bis 1879, Verszeilen aus dem Poem *Erinnerung und Hoffnung* von Karl August Förster eingeschrieben: Der ermutigende Gedanke an ein Aufleuchten in der Dunkelheit des Todes.

Unvergessen blieben die Worte vom tröstenden Lichtschein, die der Dichter Förster in die Welt gegeben hatte. So wurden sie auch bei dem Gedenken zum ersten Todestag am Grabe Laskers vorgetragen. Die *National-Zeitung* berichtete in ihrer Abendausgabe vom 5. Januar 1885, dass sich an diesem Tage mehr als hundert Menschen auf dem jüdischen Friedhof an der Schönhauser Allee versammelt hatten, unter ihnen Ludwig Bamberger und Landrat Baumbach, auch Mitglieder des Handwerkervereins mit ihren Fahnen. Feierlicher Chorgesang begleitete das Enthüllen des Denkmals. »Ein das Grab vollständig bedeckender niedriger Sarkophag aus schwarzem Granit mit der Inschrift Eduard Lasker geboren am 14. Oktober 1829, gestorben am 5. Januar 1884. Heute war es von hochstämmigen Blattpflanzen umgeben und mit Blumen geschmückt.«

Rabbiner Dr. Frankl erinnerte in seiner Gedächtnisrede an die Lebensarbeit von Lasker. Und er wollte sich die Zuversicht nicht nehmen lassen, »dass sein Wirken für eine lange Zukunft bedeutungsvoll und sein Name unvergessen bleiben werde«. Der nationalliberale Abgeordnete Heinrich Rickert, der ein Jahr zuvor im Reichstag gegen die Proteste von der rechten Seite seine Dankesworte an das Repräsentantenhaus der USA für die Beileidsbekundung zum Tod von Lasker gerichtet hatte, sprach im Namen der politischen Freunde. Der Vorsitzende des Berliner Handwerkervereins, Direktor Goldschmidt, legte einen Kranz nieder. Und Landrat Karl Baumbach aus Thüringen sprach die Worte aus dem Gedicht *Erinnerung und Hoffnung*:

> »Was vergangen kehrt nicht wieder.
> Aber ging es leuchtend nieder,
> Leuchtet's lange noch zurück.«

»Ad Acta Lasker«

Königliches Polizei Präsidium, Berlin, 28. 2. 1885.

Ausschnitt aus Nr. 9, Hauptblatt der Zeitung:
Illustrierte Feuilleton-Beilage der Jüdischen Presse.
Berlin, 27. Februar 1885.
Verantwortlich als Redakteur
Dr. Hirsch Hildesheimer.

»Von seinem Erscheinen auf der Rednerbühne bis zum Ende des Jahres 1877 hat Eduard Lasker nach den stenographischen Berichten 927 745 328 Worte gesprochen, das ist 422 mehr als Goethe geschrieben und 3 129 mal mehr als alle Reden Ciceros enthalten. Diese Worte vertheilen sich auf 866 194 mehr oder minder wichtige Reden und 14 312 persönliche Bemerkungen; 44 012 Reden beziehen sich auf das Budget und die Finanzen, 1 953 auf Rechtsfragen, 239 auf den Kulturkampf, 31 auf verschiedene Gegenstände. Könnte man alle diese Worte auf einen einzigen Papierstreifen schreiben, so würde er so lang werden, um damit neunmal die Erde umspannen zu können, und hätte man noch alle Worte, die er vom Jahre 1877 bis 1882 im Reichstag gesprochen hatte, dazu gezählt, so würde der Papierstreifen bis zum Mond reichen. Lasker brachte 7 344 Anträge ein, von denen 7 211 angenommen wurden.«

Acta

des

Königlichen Polizei-Präsidii

zu Berlin,

betreffend

Den ehemaligen Referendar Eduard Lasker

1850.
–
1885

Inhalt: *36* Blatt:

Geheime Präsidial-Registratur.

Lit: *L* *11403*

11403

Nr: *465.*

Deckblatt der Acta des Königlichen Polizeipräsidiums zu Berlin, betreffend Eduard Lasker

Beileidsschreiben des amerikanischen Repräsentantenhauses

Forty-eighth Congress. First Session. Congress of the United States. In the House of Representatives. January 9, 1884.

Mr. Ochiltree submitted the following which was agreed to:

Resolved, That this House has heard with deep regret of the death of the eminent German Statesman Eduard Lasker.

That his loss is not alone to be mourned by the people of his native land, where his firm and constant exposition of, and devotion to free and liberal ideas have materially advanced the social, political and economic conditions of those people, but by the lovers of liberty throughout the world.

That a copy of these resolutions be forwarded to the family of the deceased as well as to the Minister of the United States resident at the Capital of the German Empire to be by him communicated through the legitimate channels to the Presiding officer of the Legislative Body of which he was member.

Attest: (signed) Ins. B. Clarke, jun. Clerc.

Lebensdaten Eduard Laskers

14. 10. 1829	geboren in Jaroczyn, preußischer Regierungsbezirk Posen
1842–1847	Besuch des Gymnasiums in Breslau
1847–1848	Studium der Philosophie und Mathematik in Breslau
1848–1849	Aufenthalt in Wien
1850	Studium der Rechte in Breslau
1851–1853	Fortsetzung des Studiums in Berlin; Auskultator-Examen
1853–1856	Aufenthalt in London
1857	Assessorexamen am Berliner Stadtgericht
1865	Wahl zum Abgeordneten in den Preußischen Landtag als Vertreter der Fortschrittspartei
1866	Mitbegründer der Nationalliberalen Partei; Mitglied des Reichstags des Norddeutschen Bundes für den Wahlkreis Sonneberg-Saalfeld
1870	Syndikus des Pfandbriefamtes Berlin
1871	Mitglied des Deutschen Reichstags
1873	Ehrendoktor der Rechtswissenschaft der Universität Leipzig
1875	Ehrendoktor der Philosophie der Universität Freiburg im Breisgau
1880	Trennung von der Nationalliberalen Partei, Gründung der Vereinigung der Sezessionisten
1883	Reise in die USA
5. 1. 1884	gestorben in New York
28. 1. 1884	Beerdigung auf dem Jüdischen Friedhof an der Schönhauser Allee in Berlin

Bibliographische Hinweise

Reden im Reichstag nach jeweiliger stenographischer Aufzeichnung.
Diverse Polizeiakten, Landesarchiv Berlin.

Lasker, Eduard: Zu den Regierungsvorlagen in Preußen, in: *Deutsche Jahrbücher für Politik und Literatur*, 2/1862.

Lasker, Eduard: Über Verfassungsgeschichte und Fragen des Staatsrechts in Preußen, in: *Deutsche Jahrbücher für Politik und Literatur*, 4/1862.

Lasker, Eduard: Das Herrenhaus und sein Finanzrecht, in: *Deutsche Jahrbücher für Politik und Literatur*, 7 u. 9/1863.

Lasker, Eduard: Der neueste preußische Militärgesetz-Entwurf und seine Motive, in: *Deutsche Jahrbücher für Politik und Literatur*, 6/1863.

Lasker, Eduard: Über die Artikel 99, 100 und 109 der preußischen Verfassungsurkunde, in: *Deutsche Jahrbücher für Politik und Literatur*, 10/1864.

Lasker, Eduard: Vor und nach der Regentschaft, in: *Deutsche Jahrbücher für Politik und Literatur*, 13/1864.

Lasker, Eduard: Gedächtnis-Rede am Sarge Carl Twestens, 1870.

Lasker, Eduard (anonym): Erlebnisse einer Mannesseele, Stuttgart 1873.

Lasker, Eduard: Wege und Ziele der Kulturentwickelung, Leipzig 1881.

Lasker, Eduard: Nachruf für Berthold Auerbach, o. O. 1882.

Lasker, Eduard: Gegen das Sozialistengesetz 1878, in: Ludwig Heyde (Hg.): Vorkämpfer deutscher Freiheit, Dokumente liberaler Vergangenheit, H. 12, München 1910.

Lasker, Eduard: Briefwechsel, in *Deutsche Revue über das gesamte nationale Leben in der Gegenwart,* Jg. 17, Bd. 2.

Lasker, Eduard: Fünfzehn Jahre Parlamentarischer Geschichte 1868–1880, hg. v. Friedrich Hertneck, Berlin o. J.

Andreas, Willy (Hg.): Bismarck – Gespräche, 3 Bde., Basel o. J.

Anonym: Pro Nihilo – Les Antécédents du Procès d'Arnim, Paris 1876.

Auerbach, Berthold: Briefe an Jakob Auerbach, 2 Bde., Frankfurt a. M. 1884.

Auerbach, Jakob: Kleine Schul- und Hausbibel, 27. Aufl., Berlin 1928.

Auerbach, Leopold: Das Judenthum und seine Bekenner in Preußen und in den anderen deutschen Bundesstaaten, Berlin 1890.

Bamberger, Ludwig: Bismarcks großes Spiel – Die geheimen Tagebücher Ludwig Bambergers, hg. v. Ernst Feder, Frankfurt a. M. 1932.

Bamberger, Ludwig: Deutschthum und Judenthum, Leipzig 1880.

Bamberger, Ludwig: Erinnerunge, hg. v. Paul Nathan, Berlin 1899.

Bankberger, Hilarius: Die Juden im deutschen Staats- und Volksleben, Frankfurt a. M. 1879.

Bebel, August: Aus meinem Leben, 3 Bde., Stuttgart 1911.

Bettelheim, Anton: Berthold Auerbach, Stuttgart 1907.

Biographisches Lexikon der hervorragendsten Ärzte, Berlin 1934.

Bismarck, Otto von: Gedanken und Erinnerungen, Bde. 1 u. 2, Stuttgart 1898, Bd. 3, Stuttgart 1921.

Blum, Hans: Persönliche Erinnerungen an den Fürsten Bismarck, München 1900.

Boehlich, Walter (Hg.): Der Berliner Antisemitismusstreit. Frankfurt a. M. 1988.

Busch, Moritz: Graf Bismarck und seine Leute, 2 Bde., Leipzig 1884.

Busch, Moritz: Unser Reichskanzler, 2 Bde., Leipzig 1884.

Cahn, Wilhelm: Im belagerten Paris 1870/1871, Leipzig 1915.

Claussen, Detlev: Vom Judenhass zum Antisemitismus, Darmstadt 1987.

Corti, Egon Caesar Conte: Das Haus Rothschild in der Zeit seiner Blüte, 2 Bde., Leipzig 1928.

Dill, Richard W.: Der Parlamentarier Eduard Lasker und die parlamentarische Stilentwicklung der Jahre 1867–1884. Phil. Diss. Erlangen 1956.

Disraeli, Benjamin: Spiegel des Lebens, Wien 1931.

Disraeli, Benjamin: Tancred oder Der neue Kreuzzug, [Jüdische Buchvereinigung] Berlin 1936.

Dubnow, Simon: Die neueste Geschichte des jüdischen Volkes, Bde. 9 u. 10, Berlin 1929.

Etzold, Alfred (u.a.): Jüdische Friedhöfe in Berlin, Berlin 1987.

Frank, Walter: Hofprediger Adolf Stoecker und die christlich soziale Bewegung, Hamburg 1935.

Galliner, Nicola (Hg.): Wegweiser durch das jüdische Berlin, Berlin 1987.

Goldschmidt, Lazarus (Hg.): Der Babylonische Talmud, [Ausgabe] Berlin 1980.

Gottschalk, Wolfgang: Die Friedhöfe der Jüdischen Gemeinde zu Berlin, Berlin 1992.

Graetz, Heinrich: Geschichte der Juden, Bd. 11, Leipzig o. J.

Heuberger, Georg (Hg.): Die Rothschilds – Beiträge zur Geschichte einer Europäischen Familie [Ausstellungskatalog], Sigmaringen/Frankfurt a. M. 1994.

Illustrierte Geschichte des Krieges 1870/1871, Stuttgart o. J.

Jastow, J.: Geschichte des deutschen Einheitstraumes und seiner Erfüllung, Berlin 1885.

Jensen, Jens Christian: Adolph Menzel, Köln 2003.

Jüdisches Lexikon, Berlin 1927.

Kiepert, Adolf: Rudolf von Bennigsen – Rückblick auf das Leben eines Parlamentariers, Hannover Berlin 1903.

Kladderadatsch, Bismarck Album, Berlin 1910.

Kladderadatsch, Zentrums-Album, Berlin 1912.

Kohl, Horst: Wegweiser durch Bismarcks Gedanken und Erinnerungen, Leipzig 1899.

Kroneberg, Lutz/Schloesser, Rolf: Weberrevolte 1844, Köln 1979.

Laufs, Adolf: Eduard Lasker – Ein Leben für den Rechtsstaat, Göttingen 1984.

Liman, Paul: Bismarck-Denkwürdigkeiten, Berlin 1898.

Lindau, Paul: Aus der Neuen Welt, Berlin 1884.

Lowenstein, Steven M.: Deutsch-Jüdische Geschichte in der Gegenwart, Bd. III, München 1997.

Ludwig, Emil: Bismarck, Berlin/Wien/Leipzig 1932.

Massing, Paul W.: Vorgeschichte des politischen Antisemitismus, Frankfurt a. M. 1986.

Maurois, André: Benjamin Disraeli – Sein Leben, Berlin 1928.

Meinhardt, Günther: Eduard von Simson, Bonn 1981.

Müller, Wilhelm: Politische Geschichte der Gegenwart, Bde. 1867–1884, Berlin 1868–1885.

Nachama, Andreas/Schoeps, Julius H./Simon, Hermann: Juden in Berlin, Berlin 2001.

Ohlsen, Manfred: Der Eisenbahnkönig Bethel Henry Strousberg, Berlin 1987.

Ostwald, Paul: Rudolf von Bennigsen, Berlin 1924.

Otto, Friedrich Karl: Autobiographisches aus Disraeli's Jugendromanen *Vivian Grey, Contarini Flemming, The young Duke*. Inaugural-Dissertation, Coburg 1913.

Philippson, Martin: Max von Forckenbeck – Ein Lebensbild, Dresden/Leipzig 1898.

Poschinger, Heinrich v.: Fürst Bismarck – Neue Tischgespräche und Interviews, Stuttgart 1895.

Poschinger, Heinrich v.: Aus allen Welten – Diplomatische Streiflichter, Interviews und Erinnerungen, Berlin 1904.

Poschinger, Heinrich v.: Also sprach Bismarck, 3 Bde., Wien 1910–1911.

Simon, Hermann: Das Berliner Jüdische Museum, Berlin 1988.

Seeber, Gustav (Hg.): Gestalten der Bismarckzeit, Berlin 1978.

Spiero, Heinrich (Hg.): Geschichte der deutschen Literatur von Friedrich dem Großen bis zur Märzrevolution, Berlin 1927.

Spitzemberg, Hildegard v.: Das Tagebuch – Aufzeichnungen aus der Hofgesellschaft des Hohenzollernreiches, hg. v. Rudolf Vierhaus, Göttingen 1960.

Stein, Philipp (Hg.): Fürst Bismarcks Reden 1882–1884, Leipzig o. J.

Stern, Fritz: Gold und Eisen – Bismarck und sein Bankier Bleichröder, Hamburg 2000.

Stoecker, Adolf: Christlich-Sozial, Reden und Aufsätze, 1885.

Stosch, Ulrich v.: Denkwürdigkeiten des Generals und Admirals Albrecht v. Stosch, Stuttgart 1904.

Treitschke, Heinrich v.: Zehn Jahre Deutscher Kämpfe – Schriften zur Tagespolitik, Berlin 1913.

Walther, K.: Bismarck in der Karikatur, Stuttgart o. J.

Wawrzinek, Kurt: Die Entstehung der deutschen Antisemitenparteien 1873–1890, Berlin 1927.

Weber, Mari-Lise: Ludwig Bamberger, Stuttgart 1987.

Weber, Georg: Allgemeine Weltgeschichte, Bde. 15/1 u. 15/2, Leipzig 1889.

Weber, Rolf: Johann Jacoby, Köln 1988.

Wentzke, Paul/Heyderhoff, Julius: Deutscher Liberalismus im Zeitalter Bismarcks, Bonn 1926.

Wolff, Ernst: Eduard von Simson, Berlin 1929.

Zunz, Leopold: Gesammelte Schriften, Bd. 1, Berlin 1875.

Bildnachweis

Archiv der Autorin: Titelbild, S. 27, 54, 65, 75, 107, 131, 165, 240

Archiv des Verlages: S. 37, 49 rechts, 146, 152, 159, 168, 187

Bildarchiv Preußischer Kulturbesitz: Titelbild, S. 49 links, 56, 58, 69, 97, 118, 145, 167, 181, 195

Landesarchiv Berlin: S. 247

Danksagung

Herzlich bedanken möchte ich mich für die vielfältigen Hinweise zum Lebensweg von Eduard Lasker bei Dr. Hermann Simon, Direktor der Stiftung Neue Synagoge Berlin – Centrum Judaicum.

Dank gilt Bernd Ballmann, Horb/Neckar; Katrin Brandel, Museum Friedrichshagener Dichterkreis, Berlin; Oberarchivrat Dr. Ecker, Stadtarchiv Freiburg im Breisgau; Alexander Fiebig, Zeitungsabteilung, Staatsbibliothek Berlin; Oljean Ingster, Kantor und Religionslehrer, Woltersdorf bei Berlin; Dr. Peter Kirchner, Berlin; Dr. Ulrich Lohff, Staatsbibliothek Berlin; Walter Nowojski, Eichwalde; Thomas Roloff, Schönhausen/Elbe; Christine Ann und Rainer Rupp, Saarburg; Prof. Dr. Thomas Scheuffelen, Schiller-Nationalmuseum/Deutsches Literaturarchiv Marbach am Neckar, und den Mitarbeiterinnen und Mitarbeitern des Geheimen Staatsarchivs, des Landesarchivs und des Bundesarchivs in Berlin.

Dank gebührt dem Verlag für Berlin-Brandenburg für die gute Zusammenarbeit. Es ist mir ein Bedürfnis, an dieser Stelle André Förster für die sorgsame und anteilnehmende Lektoratsarbeit zu danken.

Barthold, Simon (gest. 1848); Teilnehmer am Märzaufstand in Berlin 1848. *243*

Baumbach, Karl (1844–1896); Jurist, Landrat in Meiningen, Mitglied der Fortschrittspartei. *156, 185, 198, 214, 245f.*

Bebel, August (1840–1913); Politiker, 1869 Mitgründer der Sozialdemokratischen Arbeiterpartei; Werke u. a.: *Unsere Ziele*, 1870, *Die Frau und der Sozialismus*, 1883, *Aus meinem Leben*, 1910/14. *73, 83f., 108ff., 112, 148, 158, 165f., 169, 172f., 205*

Beckerath, Hermann von (1801–1870); Politiker, Bankier, Zentrums-Abgeordneter im Preußischen Landtag. *21ff.*

Bennigsen, Rudolf von (1824–1902); Politiker, Mitglied der Nationalliberalen Partei, Abgeordneter des Reichstags. *64f., 67, 74, 76, 101, 106, 132, 147f., 152, 159ff., 180f., 183*

Beust, Friedrich Ferdinand Graf von (1809–1886); sächsischer und österreichischer Politiker. Seine Erinnerungen *Aus drei Vierteljahrhunderten*,1887. *28f.*

Biedermann, Karl (1812–1901); Schriftsteller, 1848 Vertreter Leipzigs im Frankfurter Vorparlament, Mitglied der Nationalliberalen Partei, 1871–1874 Abgeordneter des Reichstags. *114f.*

Bismarck-Schönhausen, Otto Fürst von (1815–1898); Politiker, ab 1862 preußischer Ministerpräsident und Außenminister, 1867–1871 zusätzlich Bundeskanzler (Norddeutscher Bund), 1871–1890 Reichskanzler, 1890 von Wilhelm II. entlassen. *5, 10ff., 20ff., 28ff., 48f., 51ff., 57, 60ff., 66, 68, 70ff., 82ff., 91, 94, 96ff., 120f., 125, 127, 129ff., 136ff., 145f., 150ff., 154ff., 158, 161, 163, 165ff., 174ff., 178ff., 184f., 190, 192, 195ff., 208f., 218, 225f., 230ff., 237ff., 245*

Bismarck-Bohlen, Friedrich Alexander von (1818–1894); preußischer General. *104*

Blanckenburg, Moritz Karl Henning von (1815–1888); Jurist, konservatives Mitglied des preußischen Abgeordnetenhauses und des Norddeutschen Reichstags. *52, 70ff., 101, 132*

Bleibtreu, Georg (1828–1892); Maler, Schlachtenbilder u. a. aus den Kriegen 1866, 1870/71. *151*

Bleichröder, Gerson von (1822–1893); Bankier in Berlin, enge politische und geschäftliche Beziehungen mit Otto von Bismarck. *66, 68ff., 77, 150, 154f., 194f., 245*

Blind, Ferdinand (1844–1866); Stiefsohn des Schriftstellers Karl Blind (1826–1907). *64*

Blum, Hans (1841–1910); Publizist, Sohn von Robert Blum. *83f., 230*

Blum, Robert (1807–1848); Politiker, Mitglied der Frankfurter Nationalversammlung, 1848 während des Aufstandes in Wien standrechtlich erschossen. *28f., 31, 83f., 119, 216*

Boetticher, Karl Heinrich von (1833–1907); Politiker, 1881 Generalstellvertreter des Reichskanzlers, Autor des Buches *Fürst Bismarcks Entlassung*. *227, 229*

Bracke, Wilhelm (1842–1880); Verleger und Buchhändler, 1869 Mitgründer der Sozialdemokratischen Arbeiterpartei, 1871 Abgeordneter des Reichstags. *161*

Braun, Karl (1822–1893); Jurist und Schriftsteller, Mitglied der Nationalliberalen Partei, Abgeordneter des Reichstags, 1880 Sezessionist. Hauptwerk: *Zeitgenossen, Erzählungen, Charakteristiken und Kritiken*, 1877. *193ff., 229*

Busch, Moritz (1821–1899); Publizist, Werke u. a.: *Graf Bismarck und seine Leute während des Krieges mit Frankreich* 1878, *Unser Reichskanzler, Studien zu einem Charakterbilde*, 1884. *75f., 94ff., 110, 185*

Cahn, Wilhelm (1839–1920); bayerischer Diplomat, Tagebuchaufzeichnungen *Im belagerten Paris*, 1915. *86ff., 92ff., 128, 215*

Camphausen, Otto von (1812–1896); Politiker, 1869 preußischer Finanzminister, 1873 Vizepräsident des Staatsministeriums, 1878 Rücktritt. *140f.*

Camphausen, Wilhelm (1818–1885); Maler, Schlachtenbilder u. a. aus den Kriegen 1866, 1870/71. *53f., 141*

Claussen, Heinrich; Bürgerschaftspräsident von Bremen. *213*

Cobden, Richard (1804–1865);

englischer Politiker, Vertreter des Freihandels, Förderer von Friedensgesellschaften, Gegner der Kriegs- und Interventionspolitik. *172, 222, 229*

Cohn, Wilhelm (1828–1891); Stadtrat in Charlottenburg, Veröffentlichungen im *Landwirtschaftlichen Centralblatt* über das *Verhältnis der Landwirtschaft zu der Naturwissenschaft,* 1875, *Wettervorausbestimmung* 1876. *35f., 43*

Delbrück, Rudolf (1817–1903); Politiker, 1867–1876 Präsident des Kanzleramtes, Vertreter Bismarcks im Reichstag und im Bundesrat, Rücktritt 1876. *108ff., 131ff., 141*

Diest, Gustav von; preußischer Beamter. *127*

Disraeli, Benjamin (1804–1881); englischer Politiker, Schriftsteller, 1876 Earl of Beaconsfield, 1866–1868 britischer Schatzkanzler, 1868 und 1874–1880 Premierminister. *42f.*

Eger der Jüngere, Akiba (1761–1837); Rabbiner in Posen. *14ff.*

Ehrlich, Lina; Cousine von Eduard Lasker, 1873 Heirat mit Wilhelm Cahn. *128, 219*

Eisendecher; deutscher Gesandter in Washington. *226*

Engels, Friedrich (1820–1895); Unternehmer, Politiker und Philosoph, 1848 Redakteur an der *Neuen Rheinischen Zeitung* in Köln, Teilnahme am badisch-pfälzischen Aufstand, seit 1849 in Großbritannien. Zusammenarbeit mit Karl Marx. *39f., 60, 94, 169*

Ernst August I. (1771–1851); 1837–1851 König von Hannover. *26*

Faucher, Julius (1820–1878); Volkswirt, Mitglied der Fortschrittspartei. *229*

Favre, Jules (1809–1880); französischer Politiker. *91, 99, 101, 104*

Forckenbeck, Max von (1821–1892); Politiker und Jurist, 1862–1866 Mitglied der Fortschrittspartei, Mitgründer der Nationalliberalen Partei, 1867 Abgeordneter des Reichstags, 1874–1878 Präsident des Reichstags, 1880 Sezessionist. *124, 135, 157, 166, 175f., 180ff., 215*

Förster, Karl August (1784–1841); Dichter, Professor für Literatur,

Mitglied des Dresdner Lieder-
kreises.   *245*

Frankl, Pincus Fritz (1848–1887);
Rabbiner, 1875 Sekretär bei der
Israelitischen Allianz in Wien,
1877 Berufung nach Berlin. *9,
214, 216ff., 245*

Freiligrath, Ferdinand (1810–
1876); Dichter, Werke u. a.: *Ein
Glaubensbekenntnis* 1844, *Zwischen den Garben*, 1849, *Neue
Gedichte*, 1876.   *41*

Frelinghuysen, Frederick (1817 –
1885); US-amerikanischer Außenminister.   *226*

Friedberg, Heinrich von (1813–
1895); Jurist, 1837 Übertritt
zum Christentum, 1854 in
Berlin Vortragender Rat im Justizministerium, 1870 Entwurf
des Strafgesetzbuches, 1876
Staatssekretär und Leitung des
Reichsjustizamtes, 1879 Justizminister.   *131f.*

Friedenthal, Rudolf von (1827–
1890); preußischer Staatsmann
und Jurist, ließ sich taufen, 1867
Abgeordneter des Reichstags,
Mitbegründer der Freikonservativen Partei, 1874–1879 Land-
wirtschaftsminister, 1877–1878
interimistischer Leiter des
Preußischen Innenministeri-

ums, 1879 Ruhestand, Mitglied
des Herrenhauses.   *101, 109f.,
131f.*

Friedrich VII. (1808–1863); König von Dänemark 1848–1863.
                                53

Friedrich Wilhelm III. (1770–
1840); König von Preußen
1797–1840.   *25, 174*

Friedrich Wilhelm IV. (1795–
1861); König von Preußen
1840–1861. *25f., 32, 45, 47, 54,
59, 136*

**Friedrich Wilhelm, Graf von
Brandenburg**   (1792–1850);
preußischer General.   *19*

Friesen, Richard von (1808–
1884); sächsischer Innenminister.   *132*

Fritzsche, Friedrich Wilhelm
(1825–1905);   Tabakarbeiter,
1865 Mitgründer des Allgemeinen Deutschen Arbei-
tervereins, Abgeordneter des
Reichstags, 1881 Emigration
in die USA.   *109,
172, 175f., 178*

Gambetta, Léon Michel (1838–
1882); französischer Staatsmann, Gegner Napoleons III.,
Republikaner.   *91, 157*

Gneist, Rudolf (1816–1895); Politiker und Jurist, Abgeordneter des Reichstags, Mitglied der Nationalliberalen Partei, 1891 Mitgründer und Vorsitzender des »Vereins zur Abwehr des Antisemitismus«. *34, 116, 148f., 159f., 162, 195, 216*

Goldmann, Alexander (gest. 1848); Teilnehmer am Märzaufstand in Berlin 1848. *243*

Gossler, Gustav von (1838–1902); Politiker, 1877 konservativer Abgeordneter des Reichstags, 1878 Mitglied des Oberverwaltungsgerichts, 1881 Präsident des Reichstags. *198*

Graetz, Heinrich (1817–1891); Historiker, Hauptwerk *Geschichte der Juden von den ältesten Zeiten bis auf die Gegenwart* (11 Bde., 1853–1875). *187f., 191*

Grimm, Herman (1828–1901); Historiker, Sohn von Wilhelm Grimm (1786–1859). *153, 180*

Hahn, Ludwig Ernst (1820–1888); Journalist, Leiter der Regierungspressestelle unter Bismarck, Hauptwerk: *Fürst Bismarck – Sein politisches Leben und Wirken.* *103, 154*

Hammerstein, Wilhelm von (1838–1904); Politiker, Führer der Deutschkonservativen, Abgeordneter des preußischen Landtags und des Reichstags. *228f.*

Hänel, Albert (1833–1918); Politiker und Jurist, Mitglied der Fortschrittspartei, seit 1874 Vizepräsident des Reichstags. *10, 158, 196, 204, 216, 228, 232ff.*

Hasselmann, Wilhelm (1844–1916); Politiker, Mitglied der Sozialistischen Arbeiterpartei, Abgeordneter des Reichstags. *161, 175f., 178*

Heine, Heinrich (1797–1856); Dichter, ab 1831 in Paris, unterbrochen durch zwei Reisen nach Deutschland 1843, 1844, *Deutschland ein Wintermärchen. 5, 18, 92ff., 154, 169, 190, 243*

Hödel, Max (1857–1878); Klempnergeselle, verübte 1878 Attentat auf Kaiser Wilhelm I. *145f.*

Hölder, Julius von (1819–1887); württembergischer Staatsmann, Rechtsanwalt, 1870–1881 Abgeordneter des Reichstags, 1881 württembergischer Minister des Inneren. *159*

Hugo, Victor (1802–1885); französischer Dichter, eines der Hauptwerke: *Der Glöckner von Notre Dame.* *89, 97*

Hunt, William Holman (1827–1910); englischer Maler, Präraffaelit. *43, 155*

Itzenplitz, Heinrich August von (1799–1883); Politiker, seit 1862 im preußischen Handelsministerium. *120*

Jacoby, Johann (1805–1877); Arzt und Politiker. *24ff., 102f., 166*

Jadczewski; Abgeordneter des Reichstags für die polnische Minderheit. *158*

Kapp, Friedrich (1824–1884); Politiker und Autor. Werke u. a.: *Geschichte der Sklaverei in den Vereinigten Staaten von Amerika,* 1861, *Der Soldatenhandel deutscher Fürsten nach Amerika,* 1864. *214f., 218f.*

Kardorff, Wilhelm von (1828–1907); Politiker und Industrieller, Freikonservativer, 1875 Mitbegründer des Zentralverbands deutscher Industrieller. *155, 158, 161*

Karlstadt, Andreas Bodenstein (1480–1541); Theologe, Luthers Doktorvater und späterer Widersacher. *100*

Kern, Johann Konrad (1808–1888); Außerordentlicher Gesandter der Schweizerischen Eidgenossenschaft in Frankreich 1857–1883. *87f., 91, 103*

Kinkel, Gottfried (1815–1882); Schriftsteller, Professor für Kunst- und Kulturgeschichte, Teilnahme am badisch-pfälzischen Aufstand, nach Befreiung durch Carl Schurz aus dem Spandauer Zuchthaus Flucht nach Großbritannien. *37ff., 84*

Kleist-Retzow, Hans Hugo von (1814–1892); Politiker, 1877 Abgeordneter des Reichstags, Mitglied des äußersten rechten Flügels der Deutschkonservativen. *51*

Lasker, Daniel (gest. 1852), Kaufmann in Jaroczyn, Vater von Eduard Lasker. *14ff., 30*

Lasker, Max Daniel (1827–1910); ältester Sohn des Kaufmanns Daniel Lasker, Bruder von Eduard Lasker, Begründer des Sanatoriums »Rebhaus« (Freiburg/Br.), Heirat mit Florine Weil (1836–1914); gemeinsame Kinder: Klara (1864–1945), Daniel Max (1866–1925), übernimmt später Tätigkeit im Sanatorium »Rebhaus«, Albert Eduard (1870–1924), Arzt, Ernst Friedrich (1872–etwa 1949). *134*

Lasker, Moritz; jüngerer Bruder von Eduard Lasker. *210, 213, 215*

Lassalle, Ferdinand (1825–1864); Philosoph, Ökonom, Politiker, Präsident des Allgemeinen Deutschen Arbeitervereins; sozialdemokratischer Vordenker. *60, 158, 171*

Lazarus, Moritz (1824–1903); Philosoph, Mitbegründer der *Zeitschrift für Völkerpsychologie und Sprachwissenschaft.216*

Lehndorff, Heinrich Emil August Graf von (1829–1905); preußischer General, Generaladjutant des Königs und späteren Kaisers Wilhelm I. *102*

Lenbach, Franz von (1836–1904); Maler, seit 1860 vor allem Porträtmalerei. *230*

Leo XIII. (1810–1903); 1878–1903 Papst. *176*

Levetzow, Albert von (1827–1903); Politiker, seit 1881 konservatives Mitglied des Reichstags. *12, 215, 228, 232, 234*

Levysohn, Arthur (1841–1908); Publizist, Korrespondent der *Kölnischen Zeitung* in Paris, September 1870 bis Januar 1871 Herausgeber einer Zeitung im Hauptquartier von Versailles, 1881 Chefredakteur des *Berliner Tageblattes. 101f.*

Liebermann, Max (1847–1935); Maler, Mitglied der Preußischen Akademie der Künste. *244*

Liebknecht, Wilhelm (1826–1900); Politiker, 1869 Mitgründer der Sozialdemokratischen Arbeiterpartei, Abgeordneter des Reichstags. *84, 109, 149, 163, 165f., 169*

Lindau, Paul (1839–1919); Schriftsteller, Gründer der Zeitschrift *Die Gegenwart. 112, 234f., 237*

Linderer, Joseph (1809–1878); Zahnarzt. *244*

Lippe, Leopold Graf zur (1815–1889); preußischer Justizminister 1862–1867. *68*

Loewe, Ludwig (1837–1886); Industrieller, Mitglied der Fortschrittspartei, 1876 Abgeordneter des Preußischen Landtags, 1878 Abgeordneter des Reichstags. *171f.*

Löwenthal, Hauslehrer der Söhne Daniel Laskers. *14f., 17*

Lucius, Robert von (1835–1914); Politiker, Abgeordneter des Preußischen Landtags und des Reichstags, 1879 Vizepräsident des Reichstags. *131, 169*

Ludwig II. (1845–1886); König von Bayern 1864–1886. *156, 184*

Luitpold (1821–1912); Prinzregent von Bayern 1886–1912. *109*

Madai, Guido von (1810–1892); Polizeipräsident von Berlin 1872–1885. *156*

Makower, Hermann (1830–1897); Rechtsanwalt, Begründer des Erziehungshauses in Pankow für ostjüdische Knaben, späteres Waisenhaus. Schriften: *Über die Gemeindeverhältnisse der Juden in Preußen,* 1873, *Unsere Gemeinde,* 1881. *18*

Maltzahn-Gültz, Helmuth von (1840–1923); Staatssekretär im Reichsschatzamt. *229*

Manteuffel, Edwin Hans Karl von (1809–1885); preußischer Generalfeldmarschall. *56*

Marx, Karl (1818–1883); Philosoph und Politiker, seit 1849 in London, Hauptwerk *Das Kapital.* Zusammenarbeit mit Friedrich Engels. *39f., 60, 94, 169*

Maybaum, Sigmund (1844–1919); Rabbiner, Studium im jüdisch-theologischen Seminar in Breslau, 1881 zur Jüdischen Gemeinde nach Berlin berufen. Werke u. a.: *Die Entwicklung des israelitischen Priestertums,* 1880; *Die Entwicklung des israelitischen Prophetentums,* 1883. *220f., 242*

Mendelssohn, Moses (1729–1786); Philosoph der Aufklärung. *16, 18*

Menzel, Adolph (1815–1905); Maler, Zeichner und Graphiker, Werke u. a. *Aufbahrung der Märzgefallenen* (unvollendet), *Das Flötenkonzert, Eisenwalzwerk. 31, 84ff.*

Meyerbeer, Giacomo (1791–1864); Komponist. *244*

Millais, John Everett (1829–1896); englischer Maler, Präraffaelit. *40*

Miquel, Johannes von (1828–1901); Politiker, Jurist, Mitbegründer der Nationalliberalen Partei, 1867 Mitglied des preußischen Abgeordnetenhauses

Reichenheim,Moritz(1815–1872); Stifter des Waisenhauses am Weinbergsweg in Berlin.   *243*

Reichensperger, August (1808–1895); Politiker, 1852 Mitbegründer der katholischen Fraktion im preußischen Abgeordnetenhaus, später Zentrum, Abgeordneter des Reichstags.   *77f., 80, 158*

Richter, Eugen (1838–1906); Politiker und Jurist, Abgeordneter des Reichstags, Mitglied der Fortschrittspartei, später der Freisinnigen Vereinigung. *184, 197, 199, 207f., 229*

Rickert, Heinrich (1833–1902); Journalist, Mitglied der Nationalliberalen Partei, ab 1874 Abgeordneter des Reichstags.   *176, 228f., 246*

Rochow, Gustav Adolf Rochus von (1792–1847); 1834 preußischer Innenminister.   *25f.*

Rogge, Bernhard (1831–1919); Theologe, 1862 Hofprediger und Garnisonspfarrer in Potsdam, 18. Januar 1871 Weiherede zur Kaiserkrönung in Versailles.   *97, 103*

Roon, Albrecht von (1803–1879); preußischer Kriegsminister, Generalfeldmarschall.   *52, 60, 67, 77, 84, 97, 120f., 124f., 141*

Rothschild, Mayer Amschel (1743–1812); Bankier, Gründer des Bankhauses Rothschild in Frankfurt am Main.   *98*

Sargent, Aaron Augustus (1827–1887); Gesandter der USA in Berlin 1882–1884.   *215, 225ff., 234, 239ff.*

Savigny,Friedrich Karlvon(1779–1861); Jurist.   *28*

Schmoller, Gustav (1838–1917); Nationalökonom, Professor in Halle, Straßburg und Berlin, 1899 Mitglied des preußischen Herrenhauses.   *115, 117*

Schurz, Carl (1829–1906); amerikanischer Politiker und Publizist deutscher Herkunft. Teilnehmer am badisch-pfälzischen Aufstand 1849, nach der Befreiung Kinkels aus dem Zuchthaus in Spandau Flucht über Großbritannien in die USA, 1877–1881 amerikanischer Innenminister. *37ff., 213*

Schuwalow, Pjotr Andrejewitsch (1827–1889); russischer Politiker, 1866–1874 Chef der Geheimpolizei, 1874–1879 Botschafter in London.   *146*

Schwarck, Wilhelm; Jurist, Oberstaatsanwalt in Berlin. *55, 58f., 61f.*

Seligsohn, Julius L.; Rechtsanwalt, 1942 im KZ Sachsenhausen ermordet. *244f.*

Silbergleit, Heinrich (1858–1939); Statistiker, von 1906 bis 1923 Direktor des Statistischen Amtes der Stadt Berlin. *244*

Simson, Eduard von (1810–1899); Politiker, 1848/49 Präsident der Frankfurter Nationalversammlung, Präsident im Reichstag des Norddeutschen Bundes und im Deutschen Reichstag. 1879–1891 erster Präsident des Deutschen Reichsgerichts in Leipzig, 1888 geadelt. *77, 135f.*

Spielhagen, Friedrich (1829–1911); Schriftsteller, Werke u. a.: *In Reih' und Glied*, 1866, *Allzeit voran!*, 1872, *Erinnerungen aus meinem Leben*, 1890. *216*

Spitzemberg, Hildegard Baronin von, geb. von Varnbüler (1843–1914); verheiratet mit Carl v. Spitzemberg 1826–1880 (Diplomat). *11, 77, 82, 84f., 111, 127, 140, 154, 238*

Stahl, Friedrich Julius (1802–1861); Politiker, Jurist, 1819 zum lutherischen Glauben übergetreten, 1849 durch König Friedrich Wilhelm IV. als Mitglied der Ersten Kammer, späteres Herrenhaus, berufen. *50f.*

Stauffenberg, Franz August von (1834–1901); Politiker, Staatsanwalt in Würzburg, Nationalliberaler, 1870 Abgeordneter des Reichstags, 1880 Sezessionist. *135, 159, 181, 183, 185*

Stieber, Wilhelm (1818–1882); preußischer Polizeibeamter, 1843 im Polizeipräsidium in Berlin, 1866 und 1870/71 Chef der Feldpolizei. *45, 55, 58ff., 66, 94, 96, 104*

Stoecker, Adolf (1835–1909), Theologe, Gründer der Christlich-sozialen Partei. *96, 144f., 148, 191ff., 201, 206ff., 228, 230*

Stolberg-Wernigerode, Fürst Otto von (1837–1896); Politiker, 1876 Botschafter in Wien, 1893 Präsident des preußischen Herrenhauses. *157, 196*

Stosch, Albrecht von (1818–1896); preußischer General und Admiral. *150, 157*

Streckfuß, Karl (1778–1844); Dichter, 1819 Oberregierungsrat in Berlin. *24f.*

und Chefarzt an die Landes-Nervenanstalt in Eberswalde berufen, 1874–1881 Abgeordneter des Reichstags. *210f.*

Zunz, Leopold (1794–1886); Historiker, Begründer der Judaistik. *20f., 32, 243*

»(...) ein fabelhafter Band (...), der Auskunft gibt über Blums bewegtes Leben, seine Politik, auch sein Engagement für einen reformierten Katholizismus, über seine letzten Tage als Freiheitskämpfer. Und über sein schmähliches, sein heroisches Ende.« *DIE ZEIT*

Bundesarchiv (Hg.)
»Für Freiheit und Fortschritt
gab ich alles hin.«
Robert Blum (1807 – 1848)
Visionär – Demokrat – Revolutionär
Bearbeitet von Martina Jesse und
Wolfgang Michalka.

272 Seiten, Broschur
zahlreiche Abbildungen
ISBN 978-3-86650-077-8
€ 19,80

 verlag für berlin-brandenburg

»(…) zum 100. Todestag [von Schurz] haben die Journalisten Marianne und Otto Draeger eine Biografie vorgelegt, die sich in weiten Teilen eher wie ein Abenteuerroman liest (…).«

Das Parlament

Marianne Draeger/Otto Draeger
Die Carl Schurz Story
Vom deutschen Revolutionär
zum amerikanischen Patrioten

304 Seiten, Hardcover
46 s/w-Abbildungen
ISBN 978-3-86650-100-3
€ 24,80

 verlag für berlin-brandenburg

»Irène Alenfeld (...) hat die Kalender und viele Dutzend Briefe nach dem Tod der Mutter im Schreibtisch im Zehlendorfer Elternhaus gefunden. Es war eine Überraschung. Irène Alenfeld hat daraus die 470-seitige Familiengeschichte ›Warum seid ihr nicht ausgewandert?‹ rekonstruiert. Abstrakte Zeitgeschichte rückt in den Briefen des Ehepaares und den Schulaufsätzen der Kinder beklemmend nahe (...).« *Der Tagesspiegel*

Irène Alenfeld
Warum seid Ihr nicht ausgewandert?
Überleben in Berlin 1933 bis 1945

480 Seiten, Hardcover
80 s/w-Abbildungen
ISBN 978-3-86650-015-0
€ 24,95

 verlag für berlin-brandenburg